◎国际商务案例集◎

国际商务法律环境案例解析

王素玉　编著

中国财经出版传媒集团
经济科学出版社
Economic Science Press

图书在版编目（CIP）数据

国际商务法律环境案例解析/王素玉编著. —北京：经济科学出版社，2015.12
（国际商务案例集）
ISBN 978 - 7 - 5141 - 6440 - 4

Ⅰ.①国… Ⅱ.①王… Ⅲ.①国际商法 - 案例 Ⅳ.①D996.1

中国版本图书馆 CIP 数据核字（2015）第 315750 号

责任编辑：杜　鹏　张　力
责任校对：杨　海
版式设计：齐　杰
责任印制：邱　天

国际商务法律环境案例解析

王素玉　编著

经济科学出版社出版、发行　新华书店经销
社址：北京市海淀区阜成路甲 28 号　邮编：100142
总编部电话：010 - 88191217　发行部电话：010 - 88191522
网址：www.esp.com.cn
电子邮箱：esp_bj@163.com
天猫网店：经济科学出版社旗舰店
网址：http://jjkxcbs.tmall.com
北京万友印刷有限公司印装
710×1000　16 开　19.5 印张　370000 字
2016 年 12 月第 1 版　2016 年 12 月第 1 次印刷
ISBN 978 - 7 - 5141 - 6440 - 4　定价：45.00 元
（图书出现印装问题，本社负责调换。电话：010 - 88191510）
（版权所有　侵权必究　举报电话：010 - 88191586
电子邮箱：dbts@esp.com.cn）

总　　序

20 世纪末的第二次全球化大潮使世界各国和地区的市场进一步融合，任何一国的企业，无论是否有意参与国际竞争，都已置身于国际商务环境之中。与此同时，中国自 2001 年加入 WTO 以来，对外贸易和对外投资迅猛发展，中国企业"走出去"开展跨国经营、参与国际竞争的意愿逐渐增强。为适应 21 世纪我国对外贸易和对外投资发展的需要，增强我国企业的国际竞争力，我国教育部于 2005 年首次批准设置国际商务本科专业。至今，国际商务专业已走过了 10 年的风雨历程。在这十年里，国际商务专业在国内学术界的争议声中不断成长，逐渐被社会认可，被市场需要。如今，国际商务专业已发展成非常有前景的热门专业。

经过 10 年的努力，国际商务专业的学科属性已基本成型。国际商务是一个独立的自足（Self-contained）的学科，是从各相关学科中吸取国际化经营所需的专业知识进行有机的融合而形成的新的学科体系（王林生，2013）。国际商务是在全球性、区域性、国家、地区、产业和企业多个层面上货物与服务进出口、国际生产制造和对外直接投资的综合活动（王炜瀚，2013）。由此可见，国际商务是一个十分庞大的学科，其实践领域可以涵盖国际贸易、国际投资、国际金融、国际商法、国际市场营销、跨文化管理、国际商务谈判等方方面面。

为进一步培养应用型、复合型、职业型高级国际商务专门人才，教育部于 2010 年批准设立国际商务专业硕士学位。国际商务人才培养目标突出目标市场及具体专业技能培养，突出国际化技能和国别技能培养，突出高层次国际商务人才培养。要实现上述目标，学生在校期间除了多参加实践活动之外，在教学活动中的案例教学显得尤为重要。

但目前，市场上与国际商务学科相关的案例集普遍存在零散、系统性差、时间滞后、无法满足国际商务教学实践等特点。因此，编辑、整理、收集为国际商务专业学生课堂教学使用的专门的案例集就显得尤为迫切且十分必要。

本套丛书既可满足高校培养应用型、复合型、职业型高级国际商务专门人才之需，弥补国际商务专业所需的各种技能训、练基地缺乏之需，也可满足为政府及企业国际化提供借鉴材料之需。

本套丛书由王云凤教授担任总主编，分别由郭天宝、王素玉、张智远、刘铁明、李建民、关嘉麟、李可七位老师编写。本套丛书能够出版，与吉林财经大学国际经济贸易学院教师多年形成的齐心协力、合作共赢的氛围是分不开的，它凝结了吉林财经大学国际经济贸易学院教师多年的科研和教学心血与宝贵经验。本套丛书由2014年吉林省财政专项国际商务专业硕士案例库建设项目资助。由于编写水平有限，疏漏或不当之处在所难免，敬请同行专家、学者及读者批评指正。

编委会

2016年2月

目 录

第一部分　联合国国际货物销售合同公约 …… 1

国际货物买卖合同纠纷之公约适用范围 …… 3
在国际货物买卖合同未做规定情况下公约是否适用 …… 7
合同是否成立以及要约人义务案例 …… 10
合同修改是否影响合同成立 …… 16
国际货物买卖合同付款纠纷案 …… 21
合同订立纠纷 …… 25
CISG 有关国际货物买卖的诉讼时效问题 …… 30
国际货物买卖合同中卖方对货物的担保义务案例 …… 37
买卖双方的责任与义务 …… 42
《联合国国际货物销售合同公约》要约变更纠纷 …… 45
如何认定一项意思表示是否为要约 …… 50
国际货物销售合同之损害赔偿责任 …… 53
国际货物买卖合同之买方义务案件 …… 57

第二部分　国际贸易运输和保险 …… 61

无单放货纠纷 …… 63
提单质押侵权纠纷案 …… 68
海上运输保险之告知义务案件 …… 78
危险品货物运输损害赔偿及共同海损 …… 85
国际货物运输保险案例 …… 94
平安险的责任范围争议案 …… 97
国际多式联运合同陆路运输段案件 …… 104
国际货物运输保险相关法律问题 …… 110
运费和船期损失争议仲裁案 …… 116

第三部分　国际投资法 ……………………………………… 121

中外合资企业出资纠纷 ………………………………………………… 123
中外合作经营企业出资及转让法律问题 ……………………………… 126
中外合资经营企业合同效力争议案 …………………………………… 130
公司外交保护法律问题 ………………………………………………… 139
返还投资款纠纷案 ……………………………………………………… 144
香港联城企业公司董事投资权益纠纷案 ……………………………… 148
国际投资法之股权份额确定案 ………………………………………… 156
投资争端解决国际中心管辖权争议案 ………………………………… 160
《华盛顿公约》下的投资认定 …………………………………………… 168
间接征收认定条件案 …………………………………………………… 173
间接征收的范围 ………………………………………………………… 181
多边投资担保中的公正与公平待遇 …………………………………… 184

第四部分　知识产权法 ……………………………………… 189

外国著作权的保护范围 ………………………………………………… 191
商标使用权的转让纠纷案 ……………………………………………… 196
商标权所有权之争案 …………………………………………………… 207
权利穷竭案例 …………………………………………………………… 212
商标侵权争议案 ………………………………………………………… 216
专利保护案之专利保护的客体范围 …………………………………… 219
专利授权条件 …………………………………………………………… 227
专利权纠纷案之平行进口 ……………………………………………… 230
精神权利的保护 ………………………………………………………… 233
知识产权的侵权认定案 ………………………………………………… 236

第五部分　WTO 规则 ………………………………………… 243

国民待遇的适用案 ……………………………………………………… 245
对转基因农产品的进口限制 …………………………………………… 255
对香烟辅助香料的进口限制 …………………………………………… 263
阿根廷鞋类产品保障措施案 …………………………………………… 269

第六部分　国际税法 ………………………………………… 277

税收管辖权问题 ………………………………………………………… 279

转让定价税务争端案 …………………………………………… 284
美国诉欧盟计算机设备关税税目分类案 ………………………… 291
国际税收无差别待遇争议 ………………………………………… 294
外国公司办事处所得税案件 ……………………………………… 297

参考文献 ………………………………………………………… 299

第一部分 联合国国际货物销售合同公约

国际货物买卖合同纠纷之公约适用范围

1. 案例背景

《联合国国际货物销售合同公约》(United Nations Convention on Contracts of International Sales of Goods，以下简称《公约》）在我国于1988年1月1日生效，其中规定，属于公约调整范围的案例，如国际货物买卖纠纷等案例，我国可以直接运用公约审理。根据公约的规定，当事人之间确立的习惯做法对当事人有约束力，一方违反习惯做法并导致对方损害的，守约方有权主张救济。从法理及诚实信用角度看，当一方违反习惯做法时，具有合理情由的守约方有权主张退货、赔偿损失、赔付利息。

2. 案情事实

原告：上海迅维机电设备有限公司（以下简称XW公司）。
被告：意大利科玛克股份公司（以下简称KMK公司）。
一审法院：中华人民共和国上海市第一中级人民法院。

XW公司自2006年8月至2007年12月期间委托案外人即上海对外经济贸易实业浦东有限公司（以下简称PD公司）与意大利KMK公司在上海签订合同，代理进口KMK公司产品Comac，并且贷款在XW公司和PD公司之间进行结算，货物从意大利运往中国上海；其贷款由PD公司直接支付给KWK公司。XW公司进口最后一批货物时间为2008年2月4日。2006年8月14日，KWK公司出具授权书写明：XW公司已被指定为Comac产品的授权代理商/经销商，负责扫地机、磨光机等器械的销售和服务。KWK公司保证，按照授权的要求，向其提供全面的技术支持和零部件等，进而确保顾客的满意程度；2007年2月14日，KMK公司又向XW公司出具了内容相同的授权书，其上面写明："KMK公司在此证明，XW公司已被指定为KMK公司产品授权经销商/代理商，负责洗地吸干机、扫地机、磨光机及真空吸尘器等方面的销售与服务。KMK 公司保证,按照授权经销商/代理商的要求,向其提供全面的技术支持和零部件等,以确保顾客的满意程度。KMK 公司将尽所能,全面帮助,在未来与 XW 公司扩大合作并建立强有力的长期商业合作。"

之后,KMK 公司又于 2008 年 1 月 8 日向使用其产品 Comac 的中国用户出具说明函,其上标明:"KMK 公司在此证明其指定位于北京经济开发区的案外人北京凯堡清洁设备有限公司(以下简称 KB 公司)为中国唯一被授权销售地面清洗机、地面清扫机、单擦机和真空吸尘器等方面的经销商。KMK 公司保证对经销商的各项要求提供全面的技术协助及配件供应等,并将致力于增强与 KB 公司的合作,共同建设牢固并长远的商业经济合作关系。"2008 年 1 月 21 日,KMK 公司又向其客户上海易初莲花超市有限公司出具说明函,其上标明:"从 2008 年 1 月 1 日起,KB 公司在北京、广州等地同时设立分公司、销售中心和展厅等方面,拥有遍布全中国的经销商网络,并将成为 KMK 公司在中国的独家进口商。KB 公司在北京总部上海、广州等地分公司都将拥有充足的扫地设备、单擦机,Comac 洗涤设备等,XW 公司将不再是 KMK 公司产品的指定进口商。XW 公司仍然可以向 KB 公司购买产品设备和配件,作为 KB 公司的战略,其将主要通过分销商进行销售。因为 KB 公司曾经努力将 XW 公司纳入销售网络,但遗憾的是 XW 公司对此不感兴趣,这意味着 XW 公司可能随即开始销售其他品牌的产品。"

KMK 公司发出上述说明函时,XW 公司有部分进口产品仍未销售。此外,自 2008 年 3 月至 2009 年 9 月,西安嘉仕清洁设备有限公司与 XW 公司签订《关于处理终止对 Comac 清洁设备代理并处理双方债权债务关系事宜的协定及备忘》,广州兆安清洁设备有限公司终止产品代理和合作,济南洁博士清洁器材有限公司向山东省人民法院提起反诉。3 家公司以 XW 公司与 KMK 公司终止产品代理关系为由,将向 XW 公司购买的部分产品退回。XW 公司遂提起诉讼,请求法院判令其向 KMK 公司退货,并主张 KMK 公司返还货款、赔偿利润损失及仓储费用。

3. 争议问题及判决结果

3.1 争议问题

(1) 关于原告和被告间的法律关系;
(2) 本案纠纷应适用的准据法;
(3) 被告取消授权的行为;
(4) 被告应当承担的民事责任。

3.2 判决结果

原审法院认为：

1. 该案件是买卖合同纠纷案件，而 KWK 公司认为双方之间存在买卖合同关系和 KWK 公司授权 XW 公司在中国经销 KWK 公司产品的经销关系。KMK 公司和 XW 公司存在连续合作的买卖合同关系，即换句话说，KMK 公司解除授权的行为严重影响了 XW 公司在国内剩余存货的销售，并且导致 XW 公司与多家经销商的经销关系终止，该行为违反了诚实信用原则以及 CISG 公约的规定。

2. 本案 KWK 公司知道 XW 公司进口其货物是为了在国内转售，所以其应该能预见到取消授权的行为将给 XW 公司造成严重的损失，所以，KWK 公司理应赔偿 XW 公司的预期利润损失以及利息损失。

但 KMK 公司不服一审判决，提起上诉。

二审法院认为：

首先，KWK 公司与 XW 公司之间为货物买卖合同关系，KWK 公司所出具授权书的行为不能改变当事人之间法律关系的性质。其次，KWK 公司（上诉人）取消授权的行为已经导致 XW 公司（被上诉人）库存中大量产品无法继续销售，并且已售出的产品也遭退货，违反了诚实信用原则，应当对此承担相应责任。

最后，二审法院据此驳回上诉，维持原判。

4. 分析和评述

（1）从原告（XW 公司）和被告（KWK 公司）之间的交易流程来看，原告（XW 公司）委托 PD 公司向被告（KWK 公司）进口货物，买卖合同由 PD 公司与被告直接签订，原告收到货物后支付货款，被告再以授权书的形式指定原告为产品授权经销商/代理商，故原告（XW）和被告（KWK）间为买卖合同关系。

（2）根据《联合国国际货物销售合同公约》（以下简称《公约》）规定，公约适用于营业地在不同缔约国的当事人之间订立的货物销售合同。本案当事人营业地分别位于中国和意大利，两国均是公约缔约国，故本案应当适用《公约》。

（3）根据《公约》规定，双方当事人确立的任何习惯性做法，对双方当事人均有约束力。原告和被告在 2006~2007 年间存在连续的买卖合同关系，被告每年出具相应的授权书，双方构成了较为紧密的买卖关系，被告出具授权书的行为可认为是交易中的习惯做法。被告解除授权的行为，影响了原告在国内剩余存货的销售，并导致原告与多家经销商的经销关系终止，该行为违反了诚实信用原则以及《公约》的规定。

(4)《公约》仅规定买方在三种情形下有权主张退货,但《公约》第 7 条第(2)项规定,《公约》未尽问题应依公约一般原则、各国国际私法规则处理。本案中被告取消授权的行为无法通过实际来履行、减少价款等救济方式得以弥补,所以依据诚信原则,原告有权要求被告接受退货,并退返海关款、还货款、关税、报关费等费用。同时,根据《公约》规定,一方当事人违约的,守约方可以要求损害赔偿,损害赔偿额应与守约方所遭受的包括利润在内的损失额相等,并且不得超过违约方订立合同时的预见。本案被告明知原告进口货物是为了在国内转售,应能预见到取消授权的行为将给原告造成损失,应当赔偿原告预期利润损失及利息损失。

【资料来源】

[1] 李巍. 联合国国际货物合同公约评释(第二版)[M]. 北京:法律出版社,2009.

[2] 韩世远. 履行障碍法德体系 [M]. 北京:法律出版社,2006.

在国际货物买卖合同未做规定情况下公约是否适用

1. 案件背景

《联合国国际货物销售合同公约》第 1 部分　适用范围和总则

第 1 章　适用范围

第 1 条

(1) 本公约适用于营业地在不同国家的当事人之间所订立的货物销售合同:

(a) 如果这些国家是缔约国;

(b) 如果国际私法规则导致适用某一缔约国的法律。

(2) 当事人营业地在不同国家的事实,如果从合同或从订立合同前任何时候或订立合同时,当事人之间的任何交易或当事人透露的情报均看不出,应不予考虑。

(3) 在确定本公约的适用时,当事人的国籍和当事人或合同的民事或商业性质,应不予考虑。

第 2 条

本公约不适用于以下的销售:

(a) 购供私人、家人或家庭使用的货物的销售,除非卖方在订立合同前任何时候或订立合同时不知道而且没有理由知道这些货物是购供任何这种使用;

(b) 经由拍卖的销售;

(c) 根据法律执行令状或其他令状的销售;

(d) 公债、股票、投资证券、流通票据或货币的销售;

(e) 船舶、船只、气垫船或飞机的销售;

(f) 电力的销售。

第 3 条

(1) 供应尚待制造或生产的货物的合同应视为销售合同,除非订购货物的当事人保证供应这种制造或生产所需的大部分重要材料。

（2）本公约不适用于供应货物一方的绝大部分义务在于供应劳力或其他服务的合同。

第4条

本公约只适用于销售合同的订立和卖方和买方因此种合同而产生的权利和义务。特别是，本公约除非另有明文规定，与以下事项无关：

（a）合同的效力，或其任何条款的效力，或任何惯例的效力；

（b）合同对所售货物所有权可能产生的影响。

第5条

本公约不适用于卖方对于货物对任何人所造成的死亡或伤害的责任。

第6条

双方当事人可以不适用本公约，或在第十二条的条件下，减损本公约的任何规定或改变其效力。

2. 案情事实

1996年7月，营业地位于美国华盛顿州的A公司与营业地位于阿根廷的B公司订立了一项买卖合同。合同中规定，A公司于1999年7月之前向B公司交付5架AX-400型客机，B公司则于合同生效后的5年内，分批向A公司支付4亿美元的货款。而之后因货款支付问题，A公司于美国某联邦法院对B公司提起诉讼。由于该合同未就法律适用做任何约定，因此A公司主张适用华盛顿州的法律，而B公司则认为，由于美国与阿根廷均为《联合国国际货物销售合同公约》的缔约国，故该合同应适用该《公约》。

3. 争议问题

（1）在合同未规定是否适用《联合国国际货物销售合同公约》的情况下，《联合国国际货物销售合同公约》可否适用于一项国际货物买卖合同？

（2）《联合国国际货物销售合同公约》是否适用于A公司与B公司签订的上述合同？

4. 分析和评述

对于本案而言：

（1）根据《联合国国际货物销售合同公约》的规定，营业地在不同国家的当事人之间所订立的货物销售合同，如果这些国家是缔约国，该合同则属于《联合国国际货物销售合同公约》的适用范围。《联合国国际货物销售合同公约》中又规定，虽然合同双方当事人的营业地分处于不同的缔约国，双方仍可约定其所订立的买卖合同不适用于《联合国国际货物销售合同公约》。因此，如果一项货物买卖合同的双方当事人分处不同的缔约国，双方又没有约定不适用《联合国国际货物销售合同公约》，那么，《联合国国际货物销售合同公约》就是适用的。

（2）由于A公司与B公司的营业地分别处于不同的《联合国国际货物销售合同公约》的缔约国，而且，双方又没有约定不适用《联合国国际货物销售合同公约》，因此，如果A公司与B公司所签订的买卖合同属于《联合国国际货物销售合同公约》所调整的买卖合同的范畴，那么，《联合国国际货物销售合同公约》就应该适用。但《联合国国际货物销售合同公约》并不适用于所有的国际买卖合同。对于以下6种销售，《联合国国际货物销售合同公约》是不适用的：购供私人、家人或家庭使用的货物的销售；经由拍卖的销售；根据法律执行令状或其他令状的销售；公债、股票、投资证券、流通票据或货币的销售；船舶、船只、气垫船或飞机的销售；电力的销售。由于A公司与B公司所订立的合同是关于飞机销售的合同，因此不能适用《联合国国际货物销售合同公约》。

【资料来源】

[1] 陈安．国际经济法学刊 [M]．北京：北京大学出版社，2006．

[2] 韩立余．国际经济法原理与案例教程 [M]．北京：中国人民大学出版社，2006．

合同是否成立以及要约人义务案例

1. 案件背景

本案例是以《联合国国际货物销售合同公约》的适用为前提,以合同是否成立为争议焦点并且涉及违约救济的案例。

《联合国国际货物销售合同公约》是联合国国际贸易法委员会主持制定,并于1980年在维也纳举行的外交会议上获得通过。《公约》于1988年1月1日正式生效。1986年12月11日我国交存核准书,在提交核准书时,提出了两项保留意见:①不同意扩大《公约》的适用范围,只同意《公约》适用于缔约国的当事人之间签订的合同。②不同意用书面以外的其他形式订立、修改和终止合同。我国现行《合同法》已对《涉外经济合同法》原来关于签订涉外经纪合同的形式的规定进行了修改,按照《合同法》第10条的规定,当事人订立国际货物合同,已不必一定要采取书面形式。因此,我国对《公约》的此项保留已不再生效,我国有关部门应尽快依照《公约》规定办理撤销该项保留的手续。

国际货物贸易的当事人履行义务,享受权利,或在发生争议需解决的时候都需要一个标准来确定,那就是法律。而可适用于国际货物贸易关系的法律既有各国国内法,又有国际条约和贸易惯例。《公约》被接受程度很高,但不是强制使用的。在国际货物买卖中,一方发出要约,另一方作出承诺。即形成合意,合同得以成立。

《公约》共分为四个部分:适用范围;合同的成立;货物买卖;最后条款。全文共101条。公约有建立国际经济新秩序的原则、平等互利原则与兼顾不同社会、经济和法律制度的原则。这些基本原则是执行、解释和修订公约的依据,也是处理国际货物买卖关系和发展国际贸易关系的准绳。

(1) 适用范围。第一,《公约》只适用于国际货物买卖合同,即营业地在不同国家的双方当事人之间所订立的货物买卖合同,但对某些货物的国际买卖不能适用该《公约》作了明确规定。第二,《公约》适用于当事人在缔约国内有营业地的合同,但如果根据适用于"合同"的冲突规范,该"合同"应适用某一缔约国的法律，在这种情况下也应适用《公约》，而不管合同当事人在该缔约国有无营业地。对此规定，缔约国在批准或者加入时可以声明保留。第三，双方当事人可以在合同中明确规定不适用该《公约》。

（2）合同的成立。包括合同的形式和发价（要约）与接受（承诺）的法律效力。

（3）要约人和受要约人的权利义务。第一，受要约人责任主要表现为三项义务：交付货物；移交一切与货物有关的单据；移转货物的所有权。第二，要约人的责任主要表现为两项义务：支付货物价款；收取货物。第三，详细规定受要约人和要约人违反合同时的补救办法。第四，规定了风险转移的几种情况。第五，明确了根本违反合同和预期违反合同的含义以及当这种情况发生时，当事人双方所应履行的义务。第六，对免责根据的条件做了明确的规定。

截至2014年6月，核准和参加该《公约》的共有81个国家，包括：阿尔巴尼亚、阿根廷、亚美尼亚、澳大利亚、奥地利、白俄罗斯、比利时、波斯尼亚和黑塞哥维那、保加利亚、布隆迪、加拿大、智利、中国、哥伦比亚、克罗地亚、古巴、塞浦路斯、捷克共和国、丹麦、多米尼加共和国、厄瓜多尔、埃及、萨尔瓦多、爱沙尼亚、芬兰、法国、加蓬、格鲁吉亚、德国、希腊、几内亚、洪都拉斯、匈牙利、冰岛、伊拉克、以色列、意大利、日本、吉尔吉斯斯坦、拉脱维亚、黎巴嫩、莱索托、利比里亚、立陶宛、卢森堡、毛里塔尼亚、墨西哥、摩尔多瓦、蒙古、黑山、荷兰、新西兰、挪威、巴拉圭、秘鲁、波兰、罗马尼亚、韩国、俄罗斯联邦、圣文森特和格林纳丁斯、塞尔维亚、新加坡、斯洛伐克、斯洛文尼亚、西班牙、瑞典、瑞士、阿拉伯叙利亚共和国、马其顿（前南斯拉夫共和国）、土耳其、乌干达、乌克兰、美国、乌拉圭、乌兹别克斯坦、委内瑞拉、赞比亚、贝宁、圣马力诺、巴西、巴林和刚果等。

2. 案情事实

2000年6月5日，瑞士某公司（要约人）与湖南某公司（受要约人）签订了买卖菜籽粕合同，质量标准及价格均已经确定，质量标准：油蛋白在38%以上，水分在12.5%以下。价格为FOB中国张家港78美元/吨。

6月7日，要约人接受发盘，并要求受要约人传真合同和信用证条款。6月9日，要约人收到受要约人传真的销售合同，之后要约人删除原合同中"不接受超过20年船龄的船舶"的要求，并将"运费已付"修改为"运费按租船合同支付"。要约人委托意大利米兰公司签字盖章后于2000年6月9日当天传真给受要约人。

申请人诉称：

2000年6月14日，受要约人传真给要约人香港办事处称要约人单方面修改合同，受要约人不能予以确认，将暂缓执行合同，并要求要约人暂缓开出信用证。

2000年6月23日，受要约人向要约人发函称，双方已达成的合同为无效合同，要约人所开出的信用证只能作废。

同日，要约人回函给受要约人解释，合同为FOB条件，对船龄与运费支付事宜的修改将不会对受要约人履行合同产生任何影响。要约人同时告知受要约人，要约人已将合同项下的货物转卖给了意大利的下手买家，并提醒受要约人，受要约人如不履行交货义务将构成违约；如受要约人拒绝交货，要约人只能通过购买替代货物向下家要约人履约，在该函中，要约人要求受要约人在2000年6月23日的工作时间内向要约人确认受要约人将履行合同。

2000年6月23日，受要约人向要约人回函坚持声称双方所达成的合同无效以及船龄及预付运费直接影响受要约人的装船之外，还声称由于合同本身并未生效，该合同项下的义务和责任都只能作废。

要约人已就从受要约人处所购买的7 000吨货物与意大利的另一家××公司达成了转卖协议，由于受要约人拒绝履行其与要约人所达成的合同，致使要约人面临对其下家要约人的违约。

要约人为履行与意大利要约人的合同，不得不以每吨98.50美元的高价从新加坡的××公司处购买7 350吨的替代货物。为此，要约人多支付了150 675.00美元的货款。

综上所述，要约人与受要约人就购销菜籽粕事宜已经通过要约和承诺达成一致。就合同订立和履行以及索赔等事宜一直是由要约人与受要约人联系，而且本案的合同也明确注明瑞士××公司（申请人）为货物的要约人。由于合同的货物后来被转售给意大利的下手买家，货物运输目的港也是意大利MONEFALCONE/VENICE港口，故要约人将本案合同的一部分事宜委托给意大利××公司处理，因此，本案合同是由意大利××公司签字和盖章，但意大利××公司是根据要约人的授权，代理要约人对合同签字和盖章，所以，合同的后果仍是由瑞士××公司（申请人）承担。尽管要约人在双方所签订的合同中作出了修改，但这些修改并不对受要约人的利益有任何影响，所修改之处不构成《联合国国际货物销售合同公约》第19条所规定的在实质上变更受要约人要约的条件，受要约人作为要约人也未立即对所作出的变更向要约人提出反对，直至2000年6月14日要约人开立了以受要约人为受益人的信用证，受要约人才针对要约人修改的部分提出其意见。因此，受要约人所提出的异议已经构成了《联合国国际货物销售合同公约》所规定的迟延，要约人作出的修改仍对受要约人有拘束力，双方合同已经成立。由于受要约人在此情况下无理拒绝履行合同，致使要约人不得不高价购买替代货物，受要约人已经构成违约，应承担全部责任。

在受要约人违约的情况下，申请人有权采取相应的合理救济措施，申请人所购买的替代货物的品质与合同所规定的货物品质一致，购买价格也低于国际市场上同类货物的市场价格，申请人所采取的救济措施完全合理。

根据《联合国国际货物销售合同公约》第 19 条规定：对发价表示接受但载有添加、限制或其他更改的答复，即为拒绝该项发价，并构成还价。但是，对发价表示接受但载有添加或不同条件的答复，如所载的添加或不同条件在实质上并不变更该项发价的条件，除要约人在不过分迟延的时间内以口头或书面通知反对其间的差异外，仍构成接受。如果要约人不作出这种反对，合同的条件就以该项发价的条件以及接受通知内所载的更改为准。有关货物价格、付款、货物质量和数量、交货地点和时间、一方当事人对另一方当事人的赔偿责任范围或解决争端等的添加或不同条件，均视为在实质上变更发价的条件。仲裁庭注意到，申请人确实在作出接受时在合同上进行了批注，但本案合同约定的价格条件是 FOB 价，按照 Incoterms 2000 的规定，要约人（申请人）必须自行负担费用订立从指定装运港运输货物的合同，因此，船龄及运费支付问题与受要约人（被申请人）无关，申请人对合同中关于船龄及运费支付的条款的批注并不影响被申请人的权利和义务，也不构成对合同条款的实质变更。何况被申请人没有及时作出反对，直至 2000 年 6 月 14 日才提出不能确认申请人的修改等。根据上述事实及法律规定，仲裁庭认定，申请人与被申请人之间的 SFD610 合同已经成立并生效，双方应按照合同的约定履行。

3. 争议问题及判决结果

3.1 争议问题

（1）国际货物买卖合同的成立必须具备哪些条件才成立？
（2）被申请人是否应赔偿申请人购买替代货物的损失？

3.2 判决结果

（1）受要约人赔偿要约人购买替代品的损失 150 675.00 美元；
（2）受要约人赔偿要约人利息损失 9 040.50 美元；
（3）驳回要约人的其他请求。

本案仲裁费 ×× 美元，由受要约人承担 90%，即 ×× 美元；要约人承担 10%，即 ×× 美元。上诉仲裁费已由要约人向仲裁委员会预缴，因此受要约人应向要约人支付 ×× 美元，以偿清要约人为其垫付的仲裁费。

应付款项应于本裁决生效后 45 天内执行完毕，如逾期未支付，受要约人应向要约人支付逾期利息，按年利率5%支付。

4. 分析和评述

在本案例中，由于受要约人未履行合同，致使要约人购买替代货物，受要约人应赔偿要约人替代货物的损失。《联合国国际货物销售合同公约》第75条规定：如果合同被宣告无效，而在宣告无效后一段合理时间内，要约人已以合理方式购买替代货物，或者受要约人已以合理方式把货物转卖，则要求损害赔偿的一方可以取得合同价格和替代货物交易价格之间的差额以及按照第74条规定可以取得的任何其他损害赔偿。仲裁庭认为，根据申请人提供的证据证明，申请人已实际买进了替代货物7 350公吨。因此，仲裁庭支持申请人的主张，被申请人应赔偿申请人购买替代货物的损失，其计算公式为（98.50美元/公吨－78.00美元/公吨）×7 350公吨＝150 675.00美元。

目前适用于国际货物买卖合同的法律包括有两部分：其一是国际法（其中包括《联合国国际货物销售合同公约》）；其二是相关国家的国内法。《国际货物销售合同公约》没有直接规定货物的定义，但规定了不适用该公约的销售。

排除适用范围：其一，明知或应知属供私人、家人或家庭使用的货物的销售；其二，经由拍卖的销售；其三，根据法律执行令状或其他令状的销售；其四，公债、股票、投资证券、流通票据或货物的销售；其五，船舶、船只、气垫船或飞机的销售；其六，电力的销售；其七，补偿贸易、来料加工、来件配装或咨询服务合同。

非买卖交易排除《公约》适用的情形。如下两种合同排除适用：其一，通过劳务合作方式进行的买卖，如补偿贸易；其二，通过货物购买受要约人进行的劳务合作，如技术贸易结合的情形。这两项不适用《公约》。对于上述合同中提供的劳务或服务没有构成供货方的绝大部分义务的，则仍被《公约》视为买卖合同，即在该种情形下，仍然适用公约。但《公约》只适用其中的买卖合同部分。

不规定的事项：其一，合同效力的认定；其二，确定货物的所有权；其三，货物造成的人身损害责任事项。

该案例中的中国和瑞士为《公约》的签订国家，两家公司属于营业地在不同国家的当事人，它们之间签订的菜籽粕买卖合同，属于《公约》的适用范围。

国际货物买卖合同的成立，必须具备两个条件：实质要件和形式要件。

合同生效的实质要件通常包括：第一，订立合同的主体具有相应的行为能力；第二，当事人订立合同的意思表示真实；第三，合同的内容不违反法律或社会公共利益。形式要件，合同的形式要件是指以何种形式作成的合同方具有法律效力的要求。合同的形式可以体现为书面形式、口头形式以及其他形式。

本案涉及的是国际货物买卖中合同的成立问题。合同成立，即合同当事人通过要约与承诺，达成合意。要约是希望和他人订立合同的意思表示，承诺是对要约人发出的要约表示接受的意思表示。反要约是指受要约方对收到的要约提出异议或者从本质上改变了原要约，其所发出的就不能视作是承诺而是反要约又称新要约。

要约是一方当事人为一定的目的向另一当事人发出的意愿根据一定条件达成协议的意思的表示。国际货物贸易合同的要约是为实现国际货物买卖目的，一方当事人向另一方当事人发出的同意按照一定条件订立合同的意思表示。做出该意思表示的人称为"要约人"，或"要约人"或"发盘人"等。要约应具备如下几个方面的条件：

（1）要约应向一个或者一个以上特定的人发出。

（2）要约的内容必须十分确定。所谓"十分确定"至少包括货物的名称、价格、确定价格的方法、货物的数量、数量确定的方法或者价格术语等基本内容。

（3）要约应表明一旦受要约人接受要约，要约人则应受其约束的意思，即要约人与受要约人之间的合同将按要约内容成立，要约人与受要约人都应承担相应的合同义务和责任。

仲裁庭经审理查明，申请人于2000年6月9日收到被申请人传真的已盖有被申请人公章的SFD610合同，删除了"不接受超过20年船龄的船舶"的条款，并将"运费已付"修改成"运费按租船合同支付"，并委托意大利××公司签字盖章后于2000年6月9日传真给被申请人，被申请人于2000年6月14日传真申请人表示不能确认申请人单方面修改的合同，并将暂缓执行合同。

根据《联合国国际货物销售合同公约》第78条"如果一方当事人没有支付价款或任何其他拖欠金额，另一方当事人有权对这些款额收取利息，但不妨碍要求按照第78条规定可以取得的损害赔偿"的规定，申请人有权要求被申请人赔偿利息的损失。但仲裁庭认为申请人主张的7%的年利率过高，计息期过长，所以，对申请人主张的利息数额不给予全部支持。仲裁庭认为被申请人向申请人支付自2000年6月至本裁决做出之日止的年利率3%的利息是合适的。

仲裁庭认为，本案仲裁费应由被申请人承担90%，由申请人承担10%。

【资料来源】

[1] 张学森. 国际商法［M］. 上海：上海财经大学出版社. 2007.

[2] 杨树梅，赵秀文，董安生. 国际经济法案例分析［M］. 中国人民大学出版社，2006.

合同修改是否影响合同成立

1. 案例背景

《联合国国际货物销售合同公约》
第19条
（一）对发价表示接受但载有添加、限制或其他更改的答复，即为拒绝该项发价，并构成还价。
（二）但是，对发价表示接受但载有添加或不同条件的答复，如所载的添加或不同条件在实质上并不变更该项发价的条件，除发价人在不过分迟延的期间内以口头或书面通知反对其间的差异外，仍构成接受。如果发价人不做出这种反对，合同的条件就以该项发价的条件以及接受通知内所载的更改为准。
（三）有关货物价格、付款、货物质量和数量、交货地点和时间、一方当事人对另一方当事人的赔偿责任范围或解决争端等等的添加或不同条件，均视为在实质上变更发价的条件。

第75条
如果合同被宣告无效，而在宣告无效后一段合理时间内，买方已以合理方式购买替代货物，或者卖方已以合理方式把货物转卖，则要求损害赔偿的一方可以取得合同价格和替代货物交易价格之间的差额以及按照第七十四条规定可以取得的任何其他损害赔偿。

第78条
如果一方当事人没有支付价款或任何其他拖欠金额，另一方当事人有权对这些款额收取利息，但不妨碍要求按照第七十四条规定可以取得的损害赔偿。

Incoterms 2000

Incoterms 2000 中，删去了"官方"一词，其原因是当决定某项收费是否是"官方"收费时，"官方"一词会造成某些不确定性。虽然删去了"官方"一词，但本意并非改变这一条款的实质意义。必须支付的"费用"仅涉及进口必然发生并按适用的进口管理规定必须支付的费用。其他任何由私人机构在货物进口时收取的费用不应包括在"费用"中,如与清关义务无关的贮存费。然而,若承担义务的一方非亲自履行该义务时,则履行此项义务可能发生付给海关经纪人或运输行(freight forwarders)的一些费用。

2. 案情事实

2000年6月5日,被申请人向申请人发盘出售10 000吨菜籽粕,质量标准为:油蛋白在38%以上;水分在12.5%以下。单价FOB中国张家港78美元/吨。

2000年6月7日,申请人接受被申请人的发盘,并要求被申请人将合同和信用证条款传真给申请人,被申请人于2000年6月9日将已盖有公章的SFD610的《售货合约》传真给了申请人。

申请人收到被申请人传真的《售货合约》后,删除了原合约上"不接受超过20年船龄的船舶"的要求,并将"运费已付"修改成"运费按租船合同支付",委托意大利米兰公司签字盖章后于2000年6月9日当天传真给被申请人。

后双方对于合同的成立及履行产生争议,经协商不能解决,申请人遂于2001年7月23日向仲裁委员会提请仲裁。

申请人诉称:

2000年6月14日,被申请人传真给申请人香港办事处称申请人单方面修改合同,被申请人不能予以确认,将暂缓执行合同,并要求申请人暂缓开出信用证。

2000年6月22日,被申请人向申请人发函称,双方已达成的合同为无效合同,申请人所开出的信用证只能作废。

同日,申请人回函给被申请人进一步向被申请人解释其合同为FOB条件,对船龄与运费支付事宜的修改将不会对被申请人履行合同产生任何影响;申请人同时告知被申请人,申请人已将合同项下的货物转卖给了意大利的下手买家,并提醒被申请人,被申请人如不履行交货义务将构成违约;如被申请人拒绝交货,申请人只能通过购买替代货物向下家买方履约,在该函中,申请人要求被申请人在2000年6月23日的工作时间内向申请人确认被申请人将履行合同。

2000年6月23日,被申请人向申请人回函坚持声称双方所达成的合同无效以及船龄及预付运费直接影响被申请人的装船之外,还声称由于合同本身并未生效,该合同项下的义务和责任都只能作废。申请人已就从被申请人处所购买的7 000吨货物与意大利的另一家公司达成了转卖协议,由于被申请人拒绝履行其与申请人所达成的合同,致使申请人面临对其下家买方的违约。

申请人为履行与意大利买方的合同,不得不以每吨98.50美元的高价从新加坡的××公司处购买7 350吨的替代货物。为此,申请人多支付了150 675.00美元的货款。

3. 争议问题及判决结果

3.1 判决结果

(1) 被申请人赔偿申请人购买替代货物的损失 150 675.00 美元；

(2) 被申请人赔偿申请人的利息损失 9 040.50 美元；

(3) 驳回申请人的其他请求；

(4) 本案仲裁费××美元，由被申请人承担 90%，即××美元，申请人承担 10%，即××美元。上述仲裁费已由申请人向仲裁委员会预缴，因此，被申请人应向申请人支付××美元，以偿付申请人为其垫付的仲裁费。

上述（1）、（2）、（4）项被申请人应付款项，应于本裁决生效后 45 天内执行完毕。如逾期未支付，被申请人应向申请人支付逾期利息，按年利率 5% 支付。本裁决为终局裁决。

3.2 争议问题

3.2.1 关于本案的法律适用问题

由于本案双方当事人营业地所在国均是《联合国国际货物销售合同公约》的缔约国，故本案争议适用《联合国国际货物销售合同公约》。

3.2.2 关于合同是否成立的问题

仲裁庭经审理查明，申请人于 2000 年 6 月 9 日收到被申请人传真的已盖有被申请人公章的 SFD610 合同，删除了"不接受超过 20 年船龄的船舶"的条款，并将"运费已付"修改成"运费按租船合同支付"，并委托意大利××公司签字盖章后于 2000 年 6 月 9 日传真给被申请人，被申请人于 2000 年 6 月 14 日传真申请人，表示不能确认申请人单方面修改的合同，并将暂缓执行合同。

3.2.3 关于被申请人的答辩问题

被申请人来函称其只是代理，与申请人未发生过任何联系，申请人应直接与岳阳××公司联系，由岳阳××公司出面解决。对此，仲裁庭认为，签订本案 SFD610 合同的双方当事人是申请人与被申请人，而不是岳阳××公司，且被申请人也未提出证据证明曾向申请人披露过岳阳××公司。据此，仲裁庭认定被申请人以自己的名义在 SFD610 合同上签字，是本案的当事人，理应受合同约束。被申请人与岳阳××公司之间是另一法律关系，不属于本案审理范围，仲裁庭对此不予审理。

3.2.4 关于申请人购买替代货物的损失问题

《联合国国际货物销售合同公约》第 75 条规定：如果合同被宣告无效，而在宣告无效后一段合理时间内，买方已以合理方式购买替代货物，或者卖方已以合理方式把货物转卖，则要求损害赔偿的一方可以取得合同价格和替代货物交易价格之间的差额以及按照第 74 条规定可以取得的任何其他损害赔偿。仲裁庭认为，根据申请人提供的证据证明，申请人已实际买进了替代货物 7 350 吨。因此，仲裁庭支持申请人的主张，被申请人应赔偿申请人购买替代货物的损失，其计算公式为（98.50 美元/吨 – 78.00 美元/吨）× 7 350 吨 = 150 675.00 美元。

3.2.5 关于利息损失的问题

根据《联合国国际货物销售合同公约》第 78 条"如果一方当事人没有支付价款或任何其他拖欠金额，另一方当事人有权对这些款额收取利息，但不妨碍要求按照第 78 条规定可以取得的损害赔偿"的规定，申请人有权要求被申请人赔偿利息的损失。但仲裁庭认为申请人主张的 7% 的年利率过高，计息期过长，所以，对申请人主张的利息数额不给予全部支持。仲裁庭认为被申请人向申请人支付自 2000 年 6 月至本裁决做出之日止的年利率 3% 的利息是合适的。

3.2.6 关于申请人要求被申请人支付律师费的请求

鉴于申请人未就此项请求提供相应的证据，仲裁庭不予支持。

3.2.7 关于本案仲裁费用的承担

仲裁庭认为，本案仲裁费应由被申请人承担 90%，由申请人承担 10%。

4. 分析和评述

根据《联合国国际货物销售合同公约》第 19 条规定：对发价表示接受但载有添加、限制或其他更改的答复，即为拒绝该项发价，并构成还价。但是，对发价表示接受但载有添加或不同条件的答复，如所载的添加或不同条件在实质上并不变更该项发价的条件，除发价人在不过分迟延的时间内以口头或书面通知反对其间的差异外，仍构成接受。如果发价人不作出这种反对，合同的条件就以该项发价的条件以及接受通知内所载的更改为准。有关货物价格、付款、货物质量和数量、交货地点和时间、一方当事人对另一方当事人的赔偿责任范围或解决争端等的添加或不同条件，均视为在实质上变更发价的条件。仲裁庭注意到，申请人确实在作出接受时在合同上进行了批注，但本案合同约定的价格条件是 FOB 价，按照 Incoterms 2000 的规定，买方（申请人）必须自行负担费用订立从指定装运港运输货物的合同，因此，船龄及运费支付问题与卖方（被申请人）无关，申请人对合同中关于船龄及运费支付的条款的批注并不影响被申请人的权利和义务，也不构成对合同条款的实质变更。何况被申请人没有及时作出反对，直至 2000 年 6 月 14 日才提出不能确认申请人的修改等。根据上述事实及法律规定，仲裁庭认定，申请人与被申请人之间的 SFD610 合同已经成立并生效，双方应按照合同的约定履行。

  各国法律没有分歧，《公约》规定要约于其送达受要约人时生效。但对于要约对要约人是否具有拘束力的问题，英美法与大陆法内的德国法之间存在着分歧。《公约》在这个问题上采取折中的办法，规定一切要约，即使是不可撤销的要约，原则上都可以撤回，只要撤回的通知能先于或与要约同时送达受要约人。一旦受要约人发出承诺通知，要约人就不能撤销其要约。《公约》还规定，在下述两种情况下，要约一旦生效就不能撤销：要约写明承诺的期限，或以其他方式表示它是不可撤销的；受要约人有理由信赖该项要约是不可撤销的，并已据以行事。英美法采取投邮生效原则，即只要载有承诺内容的函件一经投邮就立即生效，合同即告成立，即使函件在传递过程中发生延误或遗失，亦不影响合同的有效成立。大陆法则采取到达生效原则，即载有承诺内容的函件必须送达受要约人时才发生效力，如函件在传递中发生失误，合同就不能成立。《公约》基本上采用到达生效原则，但有一个例外，即如果根据要约的要求或依照当事人之间形成的习惯做法或惯例，受要约人可以用发货或支付货款的行为来表示承诺，不需要向要约人发出承诺通知者，承诺则于做出此种行为时生效。《公约》规定，如果在对要约表示承诺时载有附加或更改条件，原则上应认为是对要约的拒绝，并视为反要约，即受要约人向要约人提出要约。但如承诺中所更改或附加的条件并没有在实质上改变原要约所提出的条件，则除非要约人在不过分延迟的期间内提出异议，仍可视为承诺，在这种情况下，双方的合同条件应以要约所提出的条件和承诺所更改的条件为准。逾期承诺指超过要约的有效期到达的承诺。按照各国法律，逾期承诺应视为反要约。《公约》规定，逾期承诺仍具有承诺的效力，但须由要约人毫不迟延地把这种意思通知受要约人。如果要约人按此办理，则该项逾期的承诺于到达时即发生效力，而不是在要约人表示上述意思的通知到达受要约人时才生效。

【资料来源】

[1] 郭寿康，赵秀文. 国际经济法 [M]. 北京：中国人民大学出版社，2012.

[2] 陈晶莹. 国际贸易法案例详解 [M]. 北京：对外经济贸易出版社，2002.

国际货物买卖合同付款纠纷案

1. 案件背景

在国际货物买卖合同之中买方的主要义务是按照合同和公约的规定支付货款和收取货物。《公约》规定，付款地点如果合同中没有指定，买方应在卖方的营业地付款；如果是凭交货或交单付款，则应在移交货物或单据的地点付款。付款时间如果合同没有做出规定，买方应在卖方交货或交单时付款。但买方在未有机会检验货物以前，没有支付货款的义务。这项规定同国际贸易的习惯做法相矛盾，因为在国际贸易中，特别是以CIF条件成交时，通常都是凭单付款在先，货到检验在后，买方必须在卖方提出装运单据时支付货款，不能以未检验货物为理由拒付货款。故《公约》规定，如果上述买方检验货物的机会与双方议定的交货或支付程序相抵触，则可不受上述规定的限制。此外，买方还应采取一切应采取的行动，以便卖方能交付货物。这在双方以FOB条件成交时尤为重要。因为在FOB条件下，如果买方不及时指派装货船只，卖方就无从履行其交货义务。

《联合国国际货物销售合同公约》是为适应国际贸易迅速发展的需要，由联合国国际贸易法委会组织起草的，1980年4月10日在联合国维也纳外交会议上通过的国际条约，以国际货物买卖合同的订立规则和买卖双方的权利与义务为主要内容。该公约于1988年1月1日生效，截至2014年6月，核准和参加该公约的共有81个国家。1986年12月11日中国交存核准书，在提交核准书时，提出了两项保留意见：①不同意扩大《公约》的适用范围，只同意《公约》适用于缔约国的当事人之间签订的合同。②不同意用书面以外的其他形式订立、修改和终止合同。2013年1月中国政府正式通知联合国秘书长，撤回对《联合国国际货物销售合同公约》所作"不受公约第十一条及与第十一条内容有关的规定的约束"的声明，该撤回已正式生效。

《公约》第30条至第44条主要规定了卖方的义务；第53条至第60条规定了买方的义务。买方的义务主要有两项：支付货款和接收货物。下面将由案例来详细了解。

2. 案情事实

原告 A 公司与 B 公司订立买卖合同四份，约定由原告出售电机给 B 公司。合同签订后，A 公司依约将货物交付对方，总货款共计 47 761.20 美元，但经多次催要 B 公司未予支付。为此，A 公司将 B 公司及其股东 C 公司（以下简称伊莱特公司）诉至法院。

原告 A 公司诉称：2004 年 6 月 1 日至 30 日，原告与被告共签订三份合同，货款共计 47 761.20 美元。后原告根据 B 公司的通知，于 2005 年 5 月委托承运人将前述三份合同约定的货物送达 B 公司，并将商业发票和提单交给了 B 公司。B 公司本应在 2005 年即支付货款，但经原告多次催要，B 公司至今未履行支付义务。被告 C 公司是被告 B 公司的股东，没有按照规定缴纳出资，出资不到位。请求判令：①B 公司支付原告货款 47 761.20 美元并赔偿利息损失；②在 B 公司的资产不足以清偿上述债务的情况下，C 公司在出资不足的范围内对上述款项承担补充还款责任；③被告承担本案诉讼费用。

法院查明，原告诉称买卖合同事实成立；另查明，B 公司系中外合资经营企业，其股东为 C 和南京某有限责任公司，其中 C 公司认缴注册资本总额 3 333 333 美元，占注册资本总额比例33%。截至 2007 年 12 月 3 日，C 公司实缴注册资本 833 333.34 美元，其余出资未到位。

3. 争议问题及判决结果

本案中的争议问题的关键主要有以下三个，下面依次分析。

3.1 国际货物买卖纠纷准据法的确定

在本案中，首先要说明的是由于 A 公司（原告）是韩国法人，所以本案也是属于《公约》的范围，《公约》适用于营业地在不同国家的当事人之间所订立的货物买卖合同。但是当事人没有在合同中对纠纷解决适用的法律作出选择，而且被告所在地以及合同的履约地也在中国境内，所以对于此案既适用于中华人民共和国法律也适用于《联合国国际货物销售合同公约》。

对于出资不足的股东责任承担的法律适用，由于买方为及时支付货款，那么按照《公约》来说，如若货到检验在后，买方必须在卖方提出装运单据时支付货款，不能以未检验货物为理由拒付货款。

3.2 真实合法的合同应得到充分的遵守

本案中关于 B 公司的合同欠款问题。A 公司与 B 公司之间签订的四份买卖合同系当事人真实意思表示，内容合法有效，没有出现违法的地方，故此合同双方均应严格按合约来履行付款义务，而引起本案纠纷应承担相应的法律责任。当买方违约时，卖方可以要求履行买方义务。依据《公约》第 61~63 条的规定，如果买方不履行其在合同中约定的义务或公约规定的义务，卖方可以要求其履行义务，如支付货款、接收货物等。宣告合同无效。根据《公约》第 64 条的规定，卖方在下列情况下可以宣告合同无效：①买方的违约是根本违约；②买方在宽限的时间内仍没履行，或买方声明将不在规定的时间内履行。所以 A 公司要求 B 公司支付货款 47 761.20 美元并赔偿相应的利息损失的诉讼请求都是有着事实和法律依据的。

3.3 股东在应出资的范围内对公司债务承担责任

而对于 C 公司的责任承担问题，由于 A 公司以 B 公司的股东 C 公司未能按照规定缴纳出资为由要求 C 公司对 B 公司的欠款承担补充还款责任，并提供了 B 公司的工商登记资料证明 C 公司出资不到位的情况。根据我国公司法律规定，股东应当足额缴纳公司章程中规定的各自所认缴的出资额。B 公司的股东未能足额缴纳出资，应承担相应出资不足的民事法律责任。《公司法》第三十一条规定："有限责任公司成立后，发现作为设立公司出资的非货币财产的实际价额显著低于公司章程所定价额的，应当由交付该出资的股东补足其差额；公司设立时的其他股东承担连带责任。"第二十八条规定："股东应当按期足额缴纳公司章程中规定的各自所认缴的出资额。股东以货币出资的，应当将货币出资足额存入有限责任公司在银行开设的账户；以非货币财产出资的，应当依法办理其财产权的转移手续。"股东不按照前款规定缴纳出资的，除应当向公司足额缴纳外，还应当向已按期足额缴纳出资的股东承担违约责任。

A 公司要求在 B 公司的资产不足以清偿债务时，C 公司在出资不足的范围内对 B 公司的合同欠款承担补充还款责任的诉讼请求，有上述事实和法律的依据，应该予以支持。

根据上述规定，法院对于该案件的判决结果如下：

第一，B 公司应于判决生效之日起十日内支付 A 公司货款 47 761.20 美元并赔偿 A 公司相应利息损失（自 2006 年 1 月 1 日起至判决给付之日止按中国银行颁布的同期美元贷款利率计算）；

第二，在 B 公司资产不足以清偿上述欠款的情况下，C 公司在其出资不足的范围内对上述款项承担补充还款的责任。

4. 分析和评述

本案争议涉及货物买卖公约中买方的义务问题，这也是买卖合同中的核心内容之一。在国际货物买卖合同之中对于买方的义务规定是：按照合同和《公约》的规定支付货款和收取货物。《公约》规定，付款地点如果合同中没有指定，买方应在卖方的营业地付款；如果是凭交货或交单付款，则应在移交货物或单据的地点付款。付款时间如果合同没有做出规定，买方应在卖方交货或交单时付款。但买方在未有机会检验货物以前，没有支付货款义务。这项规定同国际贸易的习惯做法有矛盾，因为在国际贸易中，特别是以 CIF 条件成交时，通常都是凭单付款在先，货到检验在后，买方必须在卖方提出装运单据时支付货款，不能以未检验货物为理由拒付货款。故《公约》规定，如果上述买方检验货物的机会与双方议定的交货或支付程序相抵触，则可不受上述规定的限制。此外，买方还应采取一切应采取的行动，以便卖方能交付货物。这在双方以 FOB 条件成交时尤为重要。因为在 FOB 条件下，如果买方不及时指派装货船只，卖方就无从履行其交货义务。

《公约》则对买方的义务做出以下规定：第五十三条：买方必须按照合同和本《公约》规定支付货物价款和收取货物；第五十九条：买方必须按合同和本《公约》规定的日期或从合同和本《公约》可以确定的日期支付价款，而无须卖方提出任何要求或办理任何手续。

在本案中，B 公司（买方）本应按照销售公约中的规定，即要按照合同上的日期和时间的规定及时将货款支付给 A 公司。但由于 B 公司的资产不足以清偿上述债务的情况下，C 公司作为 B 公司的股东，在 B 公司出资不足的范围内对上述款项承担补充还款责任。

【资料来源】

[1] 龚柏华，王星. 国际商务研究 [J]. 上海对外贸易学院学报，2006 (3).
[2] 郑肇芳. 上海货物运营代理案例 [M]. 上海：上海人民出版社，2006.

合同订立纠纷

1. 案件背景

合同成立的实质要件是双方当事人之间意思表示一致,依法达成协议。当双方不在同一个国家或地区,用信函、电报、电传订立合同时,合同是否成立、何时达成交易,比较难判断。通过对本案的分析,我们可以依据国际贸易实践中关于要约和承诺的法律制定,来判断合同成立与否。

本案具体涉及合同成立的条件、要约及其构成要件、要约的撤回与撤销、承诺及承诺应满足的条件、我国关于合同形式问题的规定等。

合同成立是合同订立的重要组成部分。由于合同成立反映的是当事人自由协商的结果,尚不涉及法律的肯定或否定的评价,因此,它只需具备以下几个要件即已足够:

(1) 订约人。订约人是实际订立合同的人,既可以是未来合同关系的当事人,也可以是合同当事人的代理人。

(2) 意思表示一致。订约人须就合同条款至少是主要条款达成合意,合同才成立。

(3) 合同的成立应具备要约和承诺阶段。要约、承诺是合同成立的基本规则,也是合同成立必须经过的两个阶段。如果合同没有经过承诺,而只是停留在要约阶段,则合同未成立。

《公约》关于合同订立的规定体现在第11条:"销售合同无须以书面订立或书面证明,在形式方面也不受任何其他条件的限制。销售合同可以用包括人证在内的任何方法证明。"

2. 案情事实

1999年4月4日,美国沃特公司向我国建华贸易公司发来出售鱼粉的要约,并规定于当天下午5时前答复有效。该要约主要内容为:秘鲁或智利鱼粉,数量为 10 000 公吨，溢短装 5%，价格条款为 CFR 上海，价格为每公吨 483 美元，交货期限为 1999 年 5～6 月，信用证付款，还有索赔以及其他条件等。建华贸易公司在接到要约的当天随即向沃特公司发出传真，要求沃特公司将价格每公吨 483 美元减至当时国际市场价格每公吨 480 美元，同时对索赔条件提出了修改意见，并随附建华公司提议的中国惯用的索赔条款，并明确提出："以上两点如同意，请速知，并可签约。" 4 月 5 日，沃特公司与建华公司直接通过电话协商，双方各作了让步，建华公司同意接受每公吨 483 美元的价格，但坚持修改索赔条款，即"货到 45 天内，经中国商检机构检验后，如发现问题，在此期限内提出索赔"。最终沃特公司也同意了对这一条款的修改。至此，双方口头上达成了一致意见。4 月 7 日，沃特公司在给建华公司的电传中，重申了要约的主要内容和双方电话协商的结果。同日，建华回电传给沃特公司，并告知由建华公司的部门经理某先生在广交会期间与沃特公司签署合同。

4 月 22 日，沃特公司副总裁来广交会会见了建华公司部门经理，并交给他沃特公司已签了字的合同文本。该经理表示要审阅后再签字。

4 月 26 日，当沃特公司派人去取该合同时，建华公司的部门经理仍未签字。沃特公司副总经理随即指示被派去的人将建华公司未签字的合同索回。

5 月 2 日，沃特公司致电传给建华公司，重申了双方 4 月 7 日来往电传的内容，并谈了在广交会期间双方接触的情况，声称要对建华公司不执行合同、未按合同条款规定开出信用证所造成沃特公司的损失提出索赔要求，除非建华公司在 24 小时内保证履行义务。

5 月 3 日，建华公司在给沃特公司的传真中称：该公司部门经理某先生 4 月 22 日在接到合同时明确表示："须对合同条款作完善补充后，我方才能签字。"在买卖双方未签订之前，不存在买方开信用证问题；并对于沃特公司于 4 月 26 日将合同索回，建华公司认为沃特公司"已改变主意，不需要完善合同条款而作撤约处理，没有必要等我方签字生效"，并明确表示根本不存在要承担责任的问题。

5 月 5 日，沃特公司致电传给建华公司，称：该公司索回合同不表示撤约，双方之间有约束力的合同仍然存在，重申要对所受损失保留索赔的权利。

5 月 6 日，建华公司作了如下答复：首先，双方确认卖方递的报价、数量并不等于一笔买卖最终完成，这是国际贸易的惯例。其次，4 月 22 日，我方明确提出要完善、补充鱼粉合同条款时，你方只是将单方面签字的合同留下，对我方提出的要求不作任何表示。最后，4 月 26 日，我方明确提出要完善、补充鱼粉合同条款时，而匆匆将合同索回，并没提出任何意见。现在贵公司提出要我方开证履约，请问我们凭以开证的合同都被你们撤回，我们怎么能开证履约？上述说明，你方对本次交易已毫无诚意，时隔多日又重提此事，我们对你方的这种举动深表遗憾，因此，我们也无须承担由此而引起的任何责任。

5月15日，沃特公司电传建华公司，告知其公司副总裁将去北京，并带去合同文本，让建华公司签字。

5月22日，沃特公司又电传建华公司称：因沃特公司副总裁未能在北京与建华公司人员相约会见，故将合同文本快邮给建华公司，让其签字。并要求建华公司答复是否打算签合同还是仍确认双方不存在合同关系，还提出如不确认合同业务已存在，要建华公司同意将争议提交伦敦仲裁机构仲裁。

5月23日，建华公司的电传答复沃特公司，再次重申该公司5月3日和6日传真信件的内容。

6月7日，沃特公司又致电传给建华公司，重述了双方往来情况，重申合同业已成立，再次要求建华公司确认并开证。

6月12日，建华公司在给沃特公司的传真信中重申了是沃特公司于4月26日将合同索回，是沃特公司单方面撤销合同。并告知，建华公司的用户已将订单撤回，还保留由此而引起的损失提出索赔的权利。同时表示，在事隔一个多月后，建华公司已无法说服用户接受沃特公司的这笔买卖，将沃特公司快邮寄来的合同文本退回。

6月17日，沃特公司电告建华公司，指出建华公司已否认合同有效、拒开信用证等，沃特公司有权就此所受损害、费用损失提出索赔。双方多次协商联系，均坚持自己意见，始终未能解决问题。

1999年7月26日，沃特公司以建华公司违约为由，向法院提起诉讼，要求建华公司承担赔偿责任。

3. 争议问题及判决结果

3.1 争议问题

（1）双方于4月5日通过电话协商达成一致意见是否表示合同已于此时成立？

（2）建华公司要求签署书面合同是否仅仅是一种形式而不会影响合同的有效成立？

3.2 判决结果

该案件主要集中在合同是否成立及合同成立的形式问题上。沃特公司认为合同已经成立，而建华公司认为双方虽口头上就合同主要内容协商一致，但建华公司提出要签署书面合同，合同应从双方正式签署后生效。而建华公司没有在合同上签字,同时,沃特公司又将合同文本索回,所以合同并没有生效。

最后,法院支持沃特公司的请求,确认双方电话和往来函电证明合同已经存在,往来函电也是书面形式,判决建华公司赔偿沃特公司违约损失 85 万美元。

4. 分析和评述

这是一起关于合同是否成立的纠纷案件。《公约》第 11 条规定:"销售合同无须以书面订立或书面证明,在形式方面也不受人和其他条件的限制。销售合同可以用包括人证在内的任何方法证明。"这一条说明用口头或默示行为的方式订立的合同同样有效。但是考虑到一些国家出于外贸、外汇管制的需要,规定国际货物销售合同必须以书面形式订立,所以《公约》在订立时给予了必要的考虑。

本案中,法院之所以认定建华公司败诉负赔偿责任,主要是因为目前在国际贸易中广泛实施的以往来电子传真等函电形式发出要约、承诺,依此达成的交易都自觉的纳入了书面合同的范围。

4.1 关于要约的生效问题

《公约》第 14 条规定:"凡向一个或一个以上特定的人提出订立合同的建议,如果其内容十分明确且表明要约人有在其要约一旦得到承诺就将受其约束的意思,即构成要约。"同时《公约》第 15 条第 1 款规定:"要约于送达受要约人时生效。"规定要约生效时间对于计算要约有效期以及受要约人做出承诺的期限有重要意义。但是《公约》对于以电报信函发出的要约却做出相反的规定,第 20 条第 1 款规定:要约人在电报信函内规定的承诺期限,从电报交发时刻或信上载明的日期起算。相当于以一个要约还没有生效的日期作为要约有效期的起算日。

4.2 关于要约的撤回、撤销问题

撤销是指将生效的要约收回的行为。《公约》第 15 条明确授权要约人可以撤回要约,即使是不可撤销的要约也是如此,只要撤回通知与要约同时或先于要约送达受要约人。《公约》第 16 条第 1 款规定:"在未订立合同之前,要约得予撤销,如果撤销通知于受要约人发出接受通知之前送达受要约人。"第 16 条第 2 款规定要约在以下情况不得撤销:"(a) 要约写明要约的期限或以其他方式表示要约不可撤销;(b) 受要约人有理由相信该要约是不可撤销的,而且受要约人已本着对该要约的信赖行事。"

综上分析,要约的撤回必须是发生在要约到达受要约人之前或是与要约同时

到达，而本案中的"合同"只是对已成立的合同的一种确认。所以沃特公司交给建华公司的"合同文本"根本就不是要约，因而沃特公司将"合同文本"索回也不构成要约的撤回。

【资料来源】

［1］苗迎春．中美经贸摩擦研究［M］．湖北：武汉大学出版社，2009．

［2］李巍．联合国国际货物合同公约评释［M］．北京：法律出版社，2009．

CISG 有关国际货物买卖的诉讼时效问题

1. 案件背景

《联合国国际货物销售合同公约》第39条规定：买方对货物不符合同，必须在发现或理应发现不符情形后一段合理时间内通知卖方，说明不符合同情形的性质，否则就丧失主张货物不符合同的权利。无论如何，如果买方不在实际收到货物之日起两年内将货物不符合同情形通知卖方，他就丧失声称货物不符合同的权利，除非这一时限与合同规定的保证期限不符。然而中国《合同法》第一百二十九条规定：因国际货物买卖合同和技术进出口合同争议提起诉讼或者申请仲裁的期限为四年，自当事人知道或者应当知道其权利受到侵害之日起计算。因其他合同争议提起诉讼或者申请仲裁的期限，依照有关法律的规定。面对这两者诉讼时效上的差异，在具体的案件中还应该具体看待。

2. 案情事实

原告（反诉被告）：宝得利股份有限公司，住所地：美国纽约州纽约市民铁吾东百老汇11号10楼。

法定代表人：陈伟夫，总经理。

诉讼代理人：汪天可，广东金领律师事务所律师。

被告（反诉原告）：中国电子进出口广东公司，住所地：广东省广州市东风东路750号广联大厦18-21楼。

法定代表人：文国胜，总经理。

诉讼代理人：杨瑞华，该公司法律顾问。

诉讼代理人：杨燕平，该公司职员。

2000年11月16日，美国宝得利股份有限公司向中国电子进出口广东公司进口一批生姜，总价款为16 579.2美元，目的口岸为纽约，FOB广州。合同规定：

宝得利公司在签订合同之后，先预付总货款30%的订金，待货到验收后，七天内付清余款；质量要求：鲜姜要保证符合食品卫生标准，不烂、不碎、不发芽，姜块要大，每块最小要求在100克以上。

2000年11月28日，电子进出口公司送检的两批生姜经中华人民共和国出入境检验检疫局检验合格，取得植物检疫证书，在广州黄埔港装运，运往美国纽约。2001年1月1日和1月17日宝得利公司在美国纽约收到两批货物后，向美国农业部申请对两批生姜进行检验，检验结论为两批生姜均不符合美国食品卫生标准。之后，宝得利公司将该批生姜作为垃圾处理，并支付了垃圾处理费等相关费用。

2003年8月5日，宝得利公司的律师向电子进出口公司发出律师函认为电子进出口公司交付生姜不符合合同约定的质量要求构成违约，要求电子进出口公司承担违约责任。而后电子进出口公司提出反诉，要求宝得利公司支付剩余货款。

另查明，宝得利公司于2000年11月16日和12月3日分两次（人民币20 550元和人民币20 541.6元）共支付了货款总额30%的订金，电子进出口公司相应地开具了两份发票。同年12月5日，电子进出口公司向宝得利公司开具两张金额均为8 289.60美元的未加盖公司印章的随货发票。

广州市中级人民法院经审理认为：

（一）管辖地法院：原告和被告没有就本案合同选择管辖法院，被告住所地和合同履行地均在广东省广州市，根据我国《民事诉讼法》第二十四条"因合同纠纷提起的诉讼，由被告住所地或者合同履行地人民法院管辖"，本院对本案具有管辖权。

（二）适用法律：因原告和被告对处理合同争议所适用的法律未作选择，依照最密切联系原则，法院确认被告住所地和合同履行地的中华人民共和国内地法律作为解决本案争议的准据法。鉴于原告营业所所在地美国和被告营业所所在地中国均是《联合国国际货物销售合同公约》的缔约国，原被告双方之间的货物销售合同关系不属于《联合国国际货物销售合同公约》第2条、第3条排除适用的范围，而我国国内法对国际货物买卖合同没有明确的规定，根据我国《民法通则》第一百四十二条第二款规定的"中华人民共和国缔结或者参加的国际条约同中华人民共和国的民事法律有不同规定的，适用国际条约的规定"的精神，本案应适用《联合国国际货物销售合同公约》的有关规定。

（三）广州市中级人民法院阐述：宝得利公司和电子进出口公司之间发生的国际货物买卖合同关系合法有效。根据《联合国国际货物销售合同公约》第39条的规定，在收货之日起两年后宝得利公司已经丧失声称两批货物质量不符合合同约定的权利，宝得利公司未在实际收到本案两批货物之日起两年之内（即2003年1月1日和1月17日前）向电子进出口公司通知和主张货物质量的问题，视为其已接受了符合合同约定质量的货物。法院据此采纳了电子进出口公司有关宝得利公司就货物质量问题索赔已超过两年期限的抗辩，驳回了本诉原告的诉讼请求。

（四）电子进出口公司阐述：双方当事人对已经支付了30%的货款没有异议。虽然电子进出口公司曾在货物发运前开具了两份发票给宝得利公司，但这两份发票并未加盖电子进出口公司印章，属于在国际货物买卖过程中使用的随货发票，与我国国内法上作为付款凭证的发票的证明效力不同。宝得利公司没有进一步提供其他证据佐证其确实支付过剩余货款，单凭该两份发票无法证实宝得利公司已支付了剩余的70%货款给电子进出口公司，故法院支持反诉原告要求反诉被告支付剩余货款的诉讼请求。宝得利公司认为电子进出口公司的反诉超过诉讼时效的抗辩，因双方约定剩余70%货款的支付时间为货到验收后7日内，本案中宝得利公司收货后检验日期是2001年1月1日和1月17日，故付款期限应为2001年1月8日和1月25日，依照我国《合同法》第一百二十九条的规定，国际货物买卖合同纠纷的诉讼时效为四年，本案电子进出口公司于2005年1月8日提出反诉，并未超过诉讼时效。

3. 争议问题及判决结果

3.1 争议问题

本案是一起典型的国际货物买卖合同纠纷案，问题焦点在于：
（1）该国际合同法律关系应如何适用法律？
（2）该国际合同法律关系的诉讼时效应如何适用法律？
（3）在本诉中美国宝得利公司的诉讼请求是否超过诉讼时效？
（4）在反诉中中国电子进出口广东公司的诉讼请求是否超过诉讼时效？
（5）国际货物买卖中的随货商业发票是否具有支付凭证的证明效力？
（6）装运出口的生姜完全符合我国出境检验检疫要求，货运的保险温度也是由原告确认的，且货物风险已经发生转移，谁来承担货物的质量责任？

下面对上述问题一一解答。

（1）公约的法律适用。第一，对于公约意义上的国际货物买卖合同来说：首先，营业地处于不同缔约国的当事人之间的国际货物买卖合同的准据法的确定顺序是：①适用当事人选择的法律。②当没有第①项时，并且当事人没有明示或默示地排除《公约》的适用时，自动适用《公约》，此时对《公约》没有规定的事项，再次让当事人选择法律（国内实体法或国际条约），或国际惯例或习惯做法，否则按照法院地法的国际私法规则确定准据法。③当没有第①项时，并且当事人明示排除了《公约》的适用，此时应当按照法院地法的国际私法规则确定应当适用的法律。如果法院地法的国际私法规则指引适用某一缔约国的法律时，也不应当适用《公约》，而应当适用该国的国内实体法。其次，营业地处于不同的非缔约国，或者缔约国与非缔约国的当事人之间的国际货物买卖合同的准据法的确定顺序是：①适用当事人选择的法律。②当没有第①项时，按照法院地法的国际私法规则确定准据法。③如果根据第②项导致适用某一缔约国的法律时，也应当适用《公约》。但是，该缔约国在加入《公约》时对此项规定提出保留的除外。④如果根据第③项导致适用了《公约》，并且当事人明示排除了《公约》的适用，此时就应当适用该缔约国的国内实体法。

第二，对于非公约意义上的一般性国际货物买卖合同（这里的"一般性"指虽然属于《公约》调整范围的标的，但是不具有《公约》意义上的"国际性"）来说，首先适用当事人选择的法律（国内实体法或国际条约，或国际惯例或习惯做法）；当事人没有作出上述选择时，按照法院地法的冲突规则确定准据法。但是对于特殊的国际货物买卖合同，又存在着对当事人意思自治的若干限制。总之，只要不违反强行法的规定，并且当事人的营业地处于不同国家，则对于《公约》意义上的国际货物买卖合同，当事人仍可以选择适用《公约》。

（2）《公约》和我国合同法在诉讼时效方面的差异。有学者据此就得出我国《合同法》第一百二十九条与《公约》第 39 条存在着冲突。这显得过于鲁莽。其实，《合同法》也存在对应《公约》第 39 条的规定，《合同法》第一百五十七条："买受人收到标的物时应当在约定的检验期间内检验。没有约定检验期间的，应当及时检验。"第一百五十八条规定："当事人约定检验期间的，买受人应当在检验期间内将标的物的数量或者质量不符合约定的情形通知出卖人。买受人怠于通知的，视为标的物的数量或者质量符合约定。当事人没有约定检验期间的，买受人应当在发现或者应当发现标的物的数量或者质量不符合约定的合理期间内通知出卖人。买受人在合理期间内未通知或者自标的物收到之日起两年内未通知出卖人的，视为标的物的数量或者质量符合约定，但对标的物有质量保证期的，适用质量保证期，不适用该两年的规定。出卖人知道或者应当知道提供的标的物不符合约定的，买受人不受前两款规定的通知时间的限制。"因此，我国《合同法》第一百五十七条、第一百五十八条与《公约》第 39 条相对应。这种"二年"的通知期间"既非诉讼时效期间，也非除斥期间，而是民法上一种独立的期间类型。在通知期间内，买受人通知出卖人的，买受人主张出卖人承担违约责任的请求权开始进行诉讼时效的计算"。由此可以得出结论：《合同法》第一百五十七条、第一百五十八条承接、细化了《公约》第 39 条的规定；《合同法》第一百二十九条与《公约》第 39 条并非同种期间类型，故不存在冲突性；对于国际条约与国内法相同的规定，如前文所言，应适用国际条约，买方在"二年"期间满后没有通知的，就视为不存在合同违约情形，买方（在卖方并不违约的情形下）无权提起诉讼。

3.2 判决结果

依照《联合国国际货物销售合同公约》第39条，我国《合同法》第一百零九条、第一百二十九条、第一百二十六条第一款、第一百五十九条，我国《民事诉讼法》第二十四条的规定，判决如下：①宝得利股份有限公司于本判决发生法律效力之日起十日内向中国电子进出口广东公司清偿货款11 605.44美元，折合人民币95 852.47元；②驳回宝得利股份有限公司的诉讼请求。

4. 分析和评述

本案是一起典型的国际货物买卖合同纠纷案，涉及国际货物买卖合同纠纷的法律适用、诉讼时效以及国际术语的采用等方面的问题，其中诉讼时效期间的认定具有一定的特殊性。

4.1 法律适用

本案的处理适用了《联合国国际货物销售合同公约》。《联合国国际货物销售合同公约》可以基于缔约国当事人的选择而得到适用，但本案对《公约》的适用不是基于当事人的选择，而是在适用我国内地法的基础上得到适用的。意思自治原则和最密切联系原则是纠纷法律适用的两个重要原则，本案纠纷就是通过上述两原则确定了准据法为我国内地法律。本案纠纷之所以适用《联合国国际货物销售合同公约》，是基于我国《民法通则》第一百四十二条第二款规定的精神，这也是国际条约优先原则的体现。笔者认为，我国法院审理国际货物合同纠纷时，对是否适用联合国国际货物销售合同公约，应考虑以下因素：①合同当事人是否直接选择该公约。②当事人未选择适用法律的，根据最密切联系原则是否适用我国内地法。适用我国内地法的，应根据我国内地法确立的"涉外纠纷优先适用我国缔结或参加的国际条约的原则"，考虑适用《联合国国际货物销售合同公约》。③合同当事人的营业所所在国是否为缔约国，合同是否属于公约适用的范围，是否存在缔约国声明保留的情形。

4.2 诉讼时效

本案的本诉被告和反诉被告均提出诉讼时效抗辩。有关国际货物买卖合同纠纷的诉讼时效，我国《合同法》第一百二十九条规定，国际货物买卖合同纠纷的诉讼时效期间为当事人知道或应当知道其权利受到侵害之日起四年。但《联合国国际货物销售合同公约》是否对质量异议的诉讼时效做出了特别规定呢？本案中，原告与被告就诉讼时效问题提出的依据不同，本诉被告的抗辩是依据《联合国国际货物销售合同公约》第 36 条 "买方对货物不符合同，必须在发现或理应发现不符情形后一段合理时间内通知卖方，说明不符合同情形的性质，否则就丧失声称货物不符合同的权利。无论如何，如果买方不在实际收到货物之日起两年内将货物不符合同情形通知卖方，他就失去声称货物不符合同的权利，除非这一时限与合同规定的保证期限不符" 的规定做出的，被告认为本诉原告有关质量问题的主张超过了《公约》规定的二年期限，本诉原告则认为本诉未超过我国《合同法》第一百二十九条规定的四年诉讼时效。

《联合国国际货物销售合同公约》第 39 条的规定实际上规定了买方对质量不符情形的异议期间通常为二年。我国《合同法》第一百五十七条也有类似的规定。国内法学界对该异议期间的性质存在不同的看法。有观点认为异议期间属于除斥期间，一旦期间届满就发生权利消灭的法律效果；另有观点认为异议期间属于诉讼时效期间，一旦期间届满，发生权利功效减损的法律效果。我国《合同法》对此问题并没有明确表态，仅规定一旦异议期间届满，买受人又没有提出异议的，"视为标的物的数量或者质量符合约定"。笔者认为，在本案中将质量异议期间认定为诉讼时效期间，为卖方实际存在不完全履行行为又愿意在期间经过后承担该不完全履行的违约责任提供了机会，同时也不妨碍卖方的抗辩权，更符合契约自由原则，有利于平衡买卖双方的利益，更有利于实现实质公平。认定质量异议期间为诉讼时效期间，同时应注意该诉讼时效期间具有特殊性，与普通诉讼时效期间有区别，属于特殊诉讼时效，即该时效期间是不变期间，当事人在质量异议期间提出相应主张，质量异议期间并不发生中断，而是导致普通诉讼时效得到适用。本案的判决中并未提及质量异议期间的定性，但这不影响判决的最终结果，在我国合同法未对质量异议期间性质达成共识的前提下，这样处理做到了保持裁判与现行法律规定的一致性。

在反诉中，反诉原告与反诉被告有关货款支付的诉讼时效适用四年的诉讼时效并无争议，争议的焦点主要在于诉讼时效的起算点。反诉争议主要是货款支付问题，双方在合同中明确约定了货款支付的方式与时间，反诉被告回避了合同中的约定，坚持认为反诉原告出具的随货发票已经证明货款已支付。但是，反诉原告忽略了国际货物买卖过程中卖方出具的随货发票的特殊性，这一点也是处理国际货物买卖合同货款支付纠纷中应特别注意的问题。国际货物买卖中往往附随许多单证，随货的商业发票是常见的一种，但该种发票并不具有支付凭证的证明效力，不能单独作为买方支付货款的凭证。

4.3 质量瑕疵担保与风险转移

在本案审理过程中，本诉被告认为本案双方当事人在合同中约定该单买卖适用 FOB 广州进行交付，根据该交付条款，货物自装运港广州黄埔港越过船舷时起一切风险由买方承担，故本诉被告不应承担任何货物质量责任。笔者认为，本诉被告的该抗辩理由对国际贸易术语风险转移规则的认识是错误的。

2000 年《国际贸易术语解释通则》对 FOB 船上交付（指定装运港）术语的解释中明确了该种交付方式货物的风险自装运港越过船舷时由卖方转移至买方，该风险转移规则主要是针对海运或内河运输过程中可能遇到的货物灭失、毁损等风险做出的，涉及买卖过程中的风险分担，但货物风险的转移并不影响风险转移至买方后，买方向卖方追究货物瑕疵的担保责任。本案的货物质量争议正是涉及卖方的瑕疵担保义务，这是卖方应履行的一项主合同义务，区别于风险负担的卖方保证的是交付时货物本身的质量符合合同要求，而不是交易过程中货物可能因外来因素招致的损失的承担。如果有证据证明卖方在装运港确实交付了不符合合同质量要求的货物，则即使货物的风险已经转移至买方，卖方也不能因此免除货物质量的瑕疵担保责任。且 2000 年国际贸易术语解释通则也明确了其涵盖的范围只限于跨国境销售合同当事人的权利义务中与已售货物（指有形的货物，不包括无形的货物，如电脑软件）交货有关的事项，不涉及违约的后果，也说明了贸易术语的风险负担规则并不能等同于或覆盖合同质量争议的违约责任。虽然判断卖方交付的货物质量通常以交付时间为界线，这与风险转移界线可能存在重合，但瑕疵担保责任与风险负担是两种责任，人民法院在处理相关争议时应注意区分。综上，本诉被告以 FOB 风险转移规则来抗辩本案的货物质量争议不应得到法院的支持。

【资料来源】

[1] 张丽英. 国际经济法教学案例 [M]. 北京：法律出版社，2004.

[2] 张学森. 国际商法 [M]. 上海：上海财经大学出版社，2007.

国际货物买卖合同中卖方对货物的担保义务案例

1. 案件背景

通常，国际货物买卖合同的当事人根据"契约自由"的原则，可以在合同中协商确定他们之间的权利义务。凡是当事人双方在合同中已经明确规定的事项，双方就必须按照合同的约定履行。《国际货物销售合同公约》和各国国内法的规定，大多是非强制性的，当事人可以根据具体情况在合同中做出不同的规定。只有当合同对某些事项没有做出规定时，才需援引公约或国内法的有关规定来确定货物买卖合同当事人的权利义务。

国际货物买卖是跨越国界的交易，适用各国的国内买卖法来处理这类交易难免会使得不同国家的当事人感到不便，这种障碍不利于国际货物买卖的顺利发展。为此，联合国国际贸易法委员会、国际商会经过多年的努力，制定了货物买卖相关的国际公约或贸易惯例，使得国际货物买卖的法律在很多领域内实现了统一。这些统一法或统一惯例的制定为各国货物买卖提供了一套行为规范，其中最主要的是联合国国际贸易法委员会于1980年出台的《联合国国际货物销售合同公约》。《公约》制定过程中很好地协调了不同法系规则的关系，填补了法系间的差异，同时承认贸易惯例的效力，因此得到了广泛的认可。根据《公约》，国际货物买卖中卖方的主要义务是交付货物、移交一切与货物有关的单据、承担对货物的权利担保与品质担保等。为了统一国际货物买卖法，国际社会从20世纪30年代起就开始致力于制定能够被国际社会普遍接受的货物买卖公约。罗马国际统一私法协会在30年代起草的《国际货物买卖统一法公约》和《国际货物买卖合同成立统一法公约》由于存在明显的局限性和不足，没有得到国际社会的认可。1968年，联合国国际销售贸易法委员会下的国际货物买卖工作组在对以上两公约修改的基础上制定了《联合国货物销售合同公约》草案。该公约草案于1980年3月，在由62个国家代表参加的维也纳外交会议上正式通过，于1988年1月1日正式生效。《联合国国际货物销售合同公约》中规定卖方对货物的担保义务包括对货物的品质担保义务和对货物的权利担保义务两个方面。下面将会分别从这两方面进行详细论述。

卖方的主要义务有：交付标的物、转移所有权的义务、瑕疵担保责任。权利瑕疵担保：转让的所有权是完整的，第三人无权对标的物行使权利。权利瑕疵的类型：标的物全部或部分属于第三人所有；标的物上有第三人的抵押权、质押权、留置权存在；有第三人的承租权存在（买卖不破除租赁）。物的瑕疵担保：标的物本身存在缺陷。要件：瑕疵在订立买卖合同时已存在，否则出卖人不承担责任；瑕疵是买方不知道的，而且无过失；买受人应践行检查通知义务（如未约定检验时间，有保质期的按保质期，没有的为 2 年）。

2. 案情事实

2002 年 9 月，我国某进出口公司（买方）与美国某贸易公司（卖方）签订了两份购买柠檬酸的合同，第一笔合同的货物于 12 月运抵目的地后，买方发现存在结块现象，遂于次日向卖方提出索赔，并称将安排 SGS 检验。卖方拒绝赔偿，称结块是普遍的正常现象，但对买方安排 SGS 检验没有提出异议。SGS 委托 SJH 公司出具检验报告，证明集装箱完好无损，已取出放在托盘上的货物，为数众多的袋内货物已结块，有些袋外有干的棕色锈斑。第二笔合同的货物也存在类似的情况，并已经 SJH 公司做出类似的检验报告。由于买方的客户的坚持，买方不得不安排重磨和重新包装，因此要求卖方承担加工费用。

3. 争议问题及判决结果

3.1 争议问题

本案所涉及的法律问题是关于卖方对所交货物所承担的品质担保义务、买方对货物的检验权及风险转移三者之间的关系。按照买卖法的一般原则，如果合同已对货物的品质、规格有具体规定，卖方应按合同规定的品质和规格交货；如果合同没有具体规定，则卖方所交货物应符合法律规定的要求（《公约》第 35 条第 1 款。）根据合同或法律所做出的检验结果，是判断卖方提交的货物是否与合同相符的标准，也是买方据以向卖方索赔的依据。在国际货物买卖中，买方对于货物的检验权是其一项不可剥夺的权利。《联合国国际货物销售合同公约》（以下简称《公约》）第 58 条明确规定："买方在未有机会检验货物前，无义务支付价款，除非这种机会与双方当事人议定的交货或支付程序相抵触。"买方的这项权利是与卖方应当提交与合同相符的货物的义务相对应的。

3.2 判决结果

仲裁裁决结果：

（1）根据 BP80，柠檬酸和一水柠檬酸的状态都应是"无色结晶或结晶性粉末"。两笔合同的"商品名称、规格及包装"栏明确规定合同的标的物为 CITRIC ACID BP80，这样的规定说明卖方已经承诺所交货物应该符合 BP80。因此，仲裁庭认为卖方所交付的柠檬酸有结块现象是不符合合同规定的。

（2）只要买方在合同规定期限内向卖方通知货物有损并要求索赔，卖方的义务就并不因货物的移动而消失。仲裁庭认为卖方所称由于货物已放在仓库托盘上或已从目的港运往其他地方意味着买方已接受或转售货物，因此卖方不承担义务的论点不能成立。

（3）只有证明柠檬酸结块系海运所致，才有意义于确定风险转移并免除卖方的责任。仲裁庭认为卖方用 INCOTERMS 关于 CIF 合同的风险转移问题来证明对结块不承担责任的论点是不妥当的，因为买方的申请是基于卖方交付的货物不符合合同的规定，现已查明由于集装箱完好无损，可以排除海运中发生意外的可能，因此，柠檬酸结块同风险转移无关。

（4）因此，仲裁庭认为卖方应对所交柠檬酸结块承担责任，向买方做出赔偿。

4. 分析和评述

本案中，我们可以看到：

（1）买方在向卖方提出安排 SGS 检验时，卖方没有提出异议，而且，为防止情况发生变化，尽快做出检验是卖方声称根据合同第十条要求所做。买方在货物的检验中要注意以下几点：

①检验时间和地点。货物检验的时间方面：依据《联合国国际货物销售合同公约》第 38 条，买方必须在按情况实际可行的最短时间内检验货物或由他人检验。依据《公约》第 31 条（a）项规定，如果销售合同涉及货物的运输，卖方在将货物移交给第一承运人后，即履行交货义务，货物风险转移到了买方，但此时，买方一般无法检验货物是否相符，因此在这种情况下买方对货物的检验可以推迟到货到目的地后进行。如果货物在运输途中要改运或者买方需要再发运货物，因而没有合理机会加以检验，而卖方在订立合同时又知道或理应知道这种改运后或再发运的可能性，检验推迟到货物到达目的地后进行。包括如下几种做法：a. 工厂检验；b. 装船前或装船时在装运港检验；c. 进口国目的港检验；d. 出口国装运港检验，进口国目的港复验；e. 装运港检验重量，目的港检验品质。

②检验机构。一般是由专业性的检验部门或检验企业来办理,包括:官司方机构(如中国进出口商品检验局),非官司方机构(如 SGS),工厂企业,用货单位设立的化验、检验室。作为索赔依据的检验证明应是由卖方批准的公共的检验机构所发出的,而买方所委托的检验机构未得到卖方的批准,因此卖方不予承认。

③检验权的丧失。具体说来,检验权的丧失包括如下几种情况:(a)合同约定的检验期限已过;(b)合同约定的索赔期限已过;(c)买方没有在发现货物与合同不符之后的合理期限内向卖方提出索赔,丧失了声称货物不符合合同的权利;(d)买方表示无条件地接受了货物;(e)买方所做的检验不符合合同的规定,如没有通过约定的商检机构进行检验。买方在收到货物并检验发现存在结块现象后,遂即于次日向卖方提出索赔,并声明将提交 SGS 检验。这一行为表明买方在发现货物与合同不符后,已于合理的时间内向卖方要求赔偿。买方对货物的检验权与其声称的货物质量与合同不符的索赔权有着密切的联系,如果索赔权已经丧失,则检验权也失去其意义。

关于货物风险转移的问题。卖方承担货物品质担保的责任期限。根据《公约》的规定,该责任期限原则上应当与货物风险转移的时间相一致,即卖方只对风险转移至买方时符合合同和公约的规定,卖方就可以认为他履行了该项担保义务。

但有两个例外。第一个是,如果货物本身存在隐蔽的潜在的缺陷,而这些缺陷又是只有在风险转移到买方之后,才显露而被发现的,则尽管货物风险已经移转,卖方仍然要承担责任。比如,在合同中规定了保证期,那么即使风险已经移至买方,卖方亦仍然要承担货物与合同或规定不相符的担保责任。所谓风险转移是指货物可能遭受的各种意外损失。这些损失是由意外事件造成的,而不是由一方当事人的行为或不行为造成的。风险转移是指在买卖合同的履行过程中,风险由卖方身上转移到买方身上。谁承担风险,谁就应当对意外事件所造成的损失承担责任。例如在 FOB 合同中,风险的转移是以船舷为界。在货物越过船舷之前,由意外事件而产生的损失就应当由卖方承担,而在此之后,则由买方承担。风险转移只与意外事件所造成的损失承担有关,即如果在风险转移后,由于意外事件造成货物破损或者与合同不符的情况,则这时买方无权向卖方索赔。而本案的情况是,货物的集装箱完好无损。很明显,货物的结块是在风险转移时就存在的或者在风险转移后,抵达目的港时方变得明显,因此,卖方没有提交与合同条款相符的货物。卖方称由于货物放在仓库托盘上或已从目的港运到其他地方意味着买方已接受货物或转售货物,因此卖方不承担责任。这种说法是错误的。

买方在收到货物的次日,就通知了卖方关于货物不符合合同的情况,并提出索赔,这当然不能构成对货物的接受。至于转售货物,买方也仅是丧失了拒收货物、撤销合同的权利，而并不丧失就货物不符合合同而向卖方提出赔偿的权利。损害赔偿与解除合同是两种完全不同的违约补救方式，两者是独立的。解除合同权利的丧失并不影响要求损害赔偿的权利。因此，卖方应对货物不符的情况承担赔偿责任。

（2）品质担保问题：SGS 委托 SJH 公司出具检验报告，证明集装箱完好无损，已取出放在托盘上的货物，为数众多的袋内货物已结块，有些袋外有干的棕色锈斑。这属于货物品质的问题。《联合国国际货物销售合同公约》对卖方的货物品质担保义务作了详细规定，其中主要涉及以下四个问题。

其一，品质担保的要求与范围。《公约》要求卖方保证其所交货物必须与合同规定或本公约的规定相符，担保的范围包括质量、数量和包装，如果合同对货物的质量、数量和包装未做规定，则除双方另有协议外，所交货物应当符合下列要求：①应具有同类规格的货物所具有的通常用途或具有在订立合同时买方曾明示或暗示地通知卖方的特定用途，除非卖方并不依赖卖方或没有理由依赖卖方的技能和判断力。②在凭样买卖中，货物的质量与卖方向买方提供的货物样品或样式相同。③货物应按同类货物通用的方式装箱或包装，作为一项免责条款，如果买方在订立合同时知道或者不可能不知道货物与合同不符，卖方就无须按上述规定负货物与合同不符的责任。

其二，卖方承担货物品质担保的责任期限。根据《公约》的规定，该责任期限原则上应当与货物风险转移的时间相一致，即卖方只对风险转移至买方时符合合同和公约的规定，卖方就可以认为他履行了该项担保义务。但有两个例外。一个例外是，如果货物本身存在隐蔽的潜在的缺陷，而这些缺陷又只有在风险转移到买方之后，才显露而被发现的，则尽管货物风险已经移转，卖方仍然要承担责任；比如，在合同中规定了保证期，那么即使风险已经移至买方，卖方亦仍然要承担货物与合同或规定不相符的担保责任。

【资料来源】

[1] 李轩. 论 CISG 中风险转移 [J]. 经济与法. 2013（7）下.

[2] 喻淑兰，王成林. 国际贸易理论与实务 [M]. 北京：首都师范大学出版社，2010.

买卖双方的责任与义务

1. 案件背景

《联合国国际货物销售合同公约》中规定卖方对货物的担保义务包括对货物的品质担保义务和对货物的权利担保义务两个方面。卖方必须提交与合同相符的货物，法律上称之为品质担保义务，按照买卖法的一般原则，如果合同已对货物的品质、规格有具体规定，卖方应按合同规定的品质和规格交货；如果合同没有具体规定，则卖方所交货物应符合法律规定的要求，卖方的这种担保既可以是明示的，也可以是默示的。卖方权利担保是指卖方应对其所出售的货物享有合法的权利，没有侵犯任何第三人的权利，任何第三人都不会就该项货物向买方主张任何权利。但是在国际货物买卖中，双方当事人不能根据《公约》肯定地确定他们的有关权利义务及预测行为的法律后果。因而，建议当事人在订立合同时排除公约条款的适用，选择其他法律或在合同中对卖方的担保义务做出详细规定。

2. 案情事实

1993年5月，中国建龙公司与美国康杰公司签订了一项买卖合同，合同约定，美国康杰公司向中国建龙公司出售一批机床，而且中国建龙公司明确告诉美国康杰公司：这批机床将转口丹麦，并在丹麦使用。交货地点在为中国建龙公司所在地，若发生争议，选择美国法院为管辖法院。合同签订后，由于某种原因，这批机床并未转销丹麦，而是转销到比利时，一位比利时生产商发现该批机床的制造工艺侵犯了其两项专项权利，故要求中国建龙公司明确告诉美国康杰公司停止在美国销售这批机床，并要求赔偿损害。后据调查，该批机床的制造工艺确实侵犯了比利时的两项专项权利，这两项专利是在比利时批准注册的，其中有一项专利还在中国注册了。中国建龙公司及时将此情况通知给美国康杰公司，并要求其承担违约责任。美国康杰公司以在订立合同时不知道该批机床转口到比利时为由，拒绝承担违约责任，在协商未果的情况下，中国建龙公司在中国法院向美国康杰公司提起违约之诉，并要求美国康杰公司赔偿损失。

3. 争议问题及判决结果

3.1 争议问题

本案争议涉及国际货物买卖合同中卖方义务问题，这是买卖合同中的核心内容之一。在国际货物买卖合同中卖方的义务主要是交付货物、交付单证及对货物的品质和权利的保证。本案主要涉及的是卖方权利保证的问题，因此将针对此问题进行评述。

《联合国国际货物销售合同公约》第2章第2节规定了卖方应承担的第二项基本义务，即卖方交付的货物必须与合同所规定的数量、质量、规格相符，并按照合同所规定的方式装运或包装，包括买方对交付货物品质的担保义务和货物物权及知识产权担保的义务。

原告中国建龙公司向中国法院起诉，中国法院受理了这起案件，虽然在合同当中约定在履行过程中发生的争议，应到美国法院起诉，美国法院具有管辖权，但依据我国《民事诉讼法》，合同中交货地点和履行地点都在中国，这是一种存在平行管辖的情况，所以我国也依法享有管辖权。我国法院依据《联合国国际货物销售合同公约》有限担保义务的规定对此案进行了审理：根据《联合国国际货物销售合同公约》第42条，卖方义务保证对其所交付的货物，必须是第三方不得根据工业产权或其他知识产权主张任何权利或要求的货物，也就是说，卖方所交付的货物不得侵犯任何第三方的工业产权或知识产权。但是这条规定的使用前提是以卖方在订立合同时不知道或不可能知道的权利或要求为限。而且：①如果双方当事人在订立合同时在一国境内转售或作其他用，则根据其货物将在其境内转售或作其他使用的国家的法律；②在任何其他情况下，根据买方营业地所在国家的法律。只有在买方在订立合同时或不知道第三方存在有关知识产权的主张或要求，或是当买方收到第三者的权利要求或主张时没有将此情况及时通知卖方的情况下，卖方才可以免责。

3.2 判决结果

根据上述规定，法庭对该案件判决如下：

对既在比利时批准注册又在中国注册的这部分专利侵权，美国康杰公司对其出售的机床侵犯了该项专利的行为应向中国建龙公司承担违约责任，并赔偿相应损失。对仅在比利时批准注册的专利侵权行为，美国康杰公司不向中国建龙公司承担违约责任。

4. 分析和评述

从本案中，我们可以看到：

卖方的基本义务是按照合同和《公约》的规定交付货物，移交一切与货物有关的单据，并移转货物的所有权。

《公约》规定，如果合同没有指定具体交货地点，则在合同涉及货物运输的情况下，卖方的交货义务是把货物交给第一个承运人；如果合同项下的货物是特定物，或从指定存货中提取的货物或尚待制造的未经特定化的货物，而双方当事人在订约时已经知道这些货物处于某一特定地点者，则卖方应于该地点把货物交给买方处置；在其他情况下，卖方应在其订约时的营业地点把货物交给买方。当国际货物买卖合同采用某种贸易术语来确定交货地点时，应适用贸易术语的解释，而不适用《公约》的上述规定。《公约》还规定，卖方应按合同指定的日期交货；如果合同规定了一段交货的期限（如1个月），则卖方可在这段时间内的任何一天交货；在其他情况下，卖方应在订立合同后的一段合理时间内交货。至于何谓合理时间，公约未作具体解释，须按具体情况确定。

卖方的另一项主要义务是对货物的权利担保和品质担保，即卖方应保证他所交付的货物符合合同的要求，并保证他对出售的货物拥有合法权利，没有侵犯任何第三者的权益。《公约》规定，卖方交付的货物必须与合同所规定的数量、质量和规格相符，并须按照合同所规定的方式装箱或包装。即：货物应具有同一规格货物通常使用的用途；货物应适合买方在订约时曾明示或默示地通知卖方的任何特定的用途；货物的质量应与卖方向买方提供的样品或模型相同；货物应按同类货物通用的方式装箱或包装。公约还规定，卖方所交付的货物必须是第三者不能提出任何权利或请求权的货物，即没有侵犯任何第三者的所有权、担保物权和工业产权。但如果买方在知悉货物权利有瑕疵的情况下，仍然同意买受货物，或者卖方由于按照买方提供的技术图样、设计规格来制造产品而侵犯了第三者的工业产权（如商标权或专利权），则卖方对此可不承担责任。毫无疑问，美国康杰公司违反了其对货物知识产权担保的义务，应当承担违约责任。

【资料来源】

[1] 汤树梅，赵秀文，董安生. 国际经济法案例分析 [M]. 中国人民大学出版社，2006.

[2] 张丽英. 国际经济法教学案例 [M]. 北京：法律出版社，2004.

《联合国国际货物销售合同公约》要约变更纠纷

1. 案件背景

《联合国国际货物销售合同公约》，是由联合国国际贸易法委员会主持制定的，1980年在维也纳举行的外交会议上获得通过。全文共101条。共分为四个部分：（1）适用范围和总则；（2）合同的订立；（3）货物销售；（4）最后说明。1981年9月30日中华人民共和国政府代表签署本公约，1986年12月11日我国交存核准书，在提交核准书时，提出了两项保留意见：不同意扩大《公约》的适用范围，只同意《公约》适用于缔约国的当事人之间签订的合同；不同意用书面以外的其他形式订立、修改和终止合同。

《公约》中关于合同的订立，第18条规定：

（1）被发价人声明或做出其他行为表示同意一项发价，即是接受，缄默或不行动本身不等于接受。

（2）接受发价于表示同意的通知送达发价人时生效。如果表示同意的通知在发价人所规定的时间内，如未规定时间，在一段合理的时间内，未曾送达发价人，接受就成为无效，但须适当地考虑到交易的情况，包括发价人所使用的通信方法的迅速程序。对于口头发价必须立即接受，但情况有别者不在此限。

（3）但是，如果根据该项发价或依照当事人之间确立的习惯做法和惯例，被发价人可以做出某种行为，例如与发运货物或支付价款有关的行为，来表示同意，而无须向发价人发出通知，则接受于该项行为做出时生效，但该项行为必须在上一款所规定的期间内做出。合同签订中，如果受要约人对要约内容予以扩张、限制或者变更，便不是承诺，而是对要约的反要约。有关货物价格、付款、货物质量和数量、交货地点和时间、一方当事人对另一方当事人的赔偿责任范围或解决争端等等的变更，均视为在实质上变更要约，如对方未明确接受，则合同不成立。

第19条规定：

（1）对发价表示接受但载有添加、限制或其他更改的答复，即为拒绝该项发价，并构成还价。

（2）但是，对发价表示接受但载有添加或不同条件的答复，如所载的添加或不同条件在实质上并不变更该项发价的条件，除发价人在不过分迟延的期间内以口头或书面通知反对其间的差异外，仍构成接受。如果发价人不做出这种反对，合同的条件就以该项发价的条件以及接受通知内所载的更改为准。

（3）有关货物价格、付款、货物质量和数量、交货地点和时间、一方当事人对另一方当事人的赔偿责任范围或解决争端等等的添加或不同条件，均视为在实质上变更发价的条件。

2. 案情事实

2005年4月12日，中国外运山西公司将加盖其单方"中国外运山西公司进出口贸易部"印章的SA5077号合同传真发至中嘉（新加坡）有限公司在大连的办事机构，向其发出要约。要约主要内容为：同意购买伊朗产铬矿块4 000公吨，要求三氧化二铬含量为40%以上，基数为42%。价格为203.70美元/公吨CIF CY中国新港。付款方式为根据装运港的结果即期付款95%，余额5%根据卸货港的结果在CIQ基础上即期付款。装运时间为2005年6月底以前装运第一批2 000公吨，2005年7月底以前装运第二批2 000公吨。装运条款为允许分批装运，最小量为1 000公吨，不允许转运。信用证开证条款为被告于2005年6月初开立以原告为受益人的100%即期、不可撤销信用证。

2005年4月13日，中嘉（新加坡）有限公司将合同条款进行两处修改后复传给被告中国外运山西公司。具体修改为：①将合同条款第8条的装运时间由"2005年6月底以前装运第一批2 000吨"修改为"收到信用证后35天装运第一批2 000吨"；②将合同条款第12条的信用证开证条款由"该信用证开立时间为2005年6月初"修改为"该信用证开立时间为2005年6月3日前"。

中国外运山西公司收到对方修改的合同后，中国外运山西公司业务负责人宋燕平在合同上签署了姓名，但未将该合同给对方传回。

2005年4月14日，中嘉（新加坡）有限公司再次复传给中国外运山西公司，并在前次改动的基础上再次对SA5077号合同第11条的装运条款进行修改，将"不允许转船"修改为"允许转船"。并在合同页首写明"宋经理收，电话确认，您已同意以下修改条款，请复传！"

中国外运山西公司收到原告中嘉（新加坡）有限公司的上述4月13日、4月14日两次复传后，均未就改动后的合同进行复传，对方多次催促其履行合同，其未以书面形式答复。

中嘉（新加坡）有限公司于 2005 年 6 月 25 日和 2005 年 7 月 9 日将铬矿石 4 019.227 公吨装船，并出售给营口新型硅产品有限公司，价格为 162.5 美元/公吨 CNF 大连。该合同与原合同相比较，差价为 165 592 美元。

后中嘉（新加坡）有限公司诉至太原市中级人民法院，要求被告中国外运山西公司赔偿 165 592 美元。

3. 争议问题及判决结果

3.1 争议问题

本案双方当事人的争议焦点在于被告对原告所发要约的两处修改是否构成新发价，即是否构成对要约的实质性修改，合同是否最终成立的问题。

合同的成立是指双方当事人依法就合同的主要条款经过协商一致，即双方当事人意思表示一致的结果，是合同是否存在的重要标志。如果合同不成立，双方当事人之间没有合同关系，也就无须讨论合同的履行、合同的终止、变更和解除的问题，更不存在违约责任的问题。

承诺的内容应当和要约的内容一致，是订立合同的一项基本原则，只有意思表示一致合同才能成立。承诺是无条件地全部接受要约条件，因为承诺是受要约人同意按要约的全部内容与要约人订立合同的意思表示。如果受要约人对要约内容予以扩张、限制或者变更，便不是承诺，而是对要约的反要约，是新发价。承诺的内容与要约内容相一致，并不意味着承诺的内容与要约的内容绝对完全一致，只要求实质内容一致即可，也就是说只有承诺对要约的内容做出实质性变更才构成反要约，而对于要约的非实质性变更并不影响承诺的成立。

《中华人民共和国合同法》第三十条规定：承诺的内容应当与要约的内容一致。受要约人对要约的内容做出实质性变更的，为新要约。有关合同标的、数量、质量、价款或者报酬、履行期限、履行地点和方式、违约责任和解决争议方法等的变更，是对要约内容的实质性变更。

从上述规定可以看出，关于何种变更为实质性变更，《联合国国际货物销售合同公约》和《中华人民共和国合同法》均认为有关货物的价格、数量、质量、履行期限、履行地点、履行方式、违约责任和争议解决方式的变更为实质性变更。二者不同之处在于《中华人民共和国合同法》要求更严格，采取了穷尽列举方式，除上述列举外未允许作其他扩张解释，而《联合国国际货物销售合同公约》在上述列举后使用了"等等"字样，表明该公约允许裁判者在裁判时根据合同的具体情况做出何为实质性变更的判断，赋予了裁判者一定的自由裁量权。

3.2 判决结果

太原中院依据《联合国国际货物销售合同公约》第18条第（1）项、第19条、第35条，《中华人民共和国民事诉讼法》第六十四条之规定，判决：驳回原告中嘉（新加坡）有限公司的诉讼请求。本案诉讼费16 716元由原告中嘉（新加坡）有限公司负担。

4. 分析和评述

本案对于实质性要约的变更问题给予了一定的阐释，太原市中级人民法院认为：

（1）原告中嘉（新加坡）有限公司所在国新加坡及被告中国外运山西公司所在国中华人民共和国，均为《联合国国际货物销售合同公约》的缔约国，本案所涉及的买卖关系不在该《公约》第2条、第3条排除之列，因此审理本案应优先适用《联合国国际货物销售合同公约》。

（2）原告中嘉（新加坡）有限公司在收到被告中国外运山西公司2005年4月12日的发价（要约）后，在4月13日复传给被告的传真中进行了两处修改，该两处修改附加了开出信用证为装运前提，同时使装运时间由2005年6月底可能延后到2005年7月，是对装运时间的变更。而装运时间的变更可能影响到交货时间。因此，依据《联合国国际货物销售合同公约》的规定，该两处修改视为在实质上变更发价的条件，原告4月13日给被告的复传而构成新发价。2005年4月14日，原告中嘉（新加坡）有限公司在前次改动的基础上对合同第11条的装运条款进行修改，将"不允许转船"修改为"允许转船"，并在合同页首写明"宋经理收，电话确认，您已同意以下修改条款，请复传！"原告的这次修改是对交货方式的变更，同样构成新发价。对于原告的两次新发价，原告未能提供被告已作出承诺，并送达原告的证据。因此，原告关于合同已经成立的主张法院不予支持。本案所涉合同未成立，对双方当事人没有约束力。

原告中嘉（新加坡）有限公司出售给营口新型硅产品有限公司的铬矿石中，三氧化二铬的含量在SGS报告中显示为37.4%，我国商检局出具的报告显示为38.82%和38.89%，均不足40%。而原、被告双方的合同要求三氧化二铬的含量以42%为基数，不低于40%。因此，原告提供的证据不足以证明其出售给营口新型硅产品有限公司的铬矿石确实属于为原告筹备的货物。再者，铬矿石中三氧化二铬的含量低于40%也不符合原、被告双方所发出要约的要求，即使履行也可能被拒绝付款。

本案中，原告中嘉（新加坡）有限公司对被告中国外运山西公司所发要约的三处修改中,第一处和第二处附加了开出信用证为装运前提,改变了装运时间,属于对合同履行期限的变更。第三处将不允许转船改为允许转船,属于对合同履行方式的变更。上述几处修改完全属于《联合国国际货物销售合同公约》规定的对要约作出实质性变更的情形,构成新要约。原告中嘉(新加坡)有限公司主张合同成立的理由不能成立,其要求被告赔偿损失的主张不应予以支持。

【资料来源】

[1] 龚柏华,王星. 国际商务研究[J]. 上海对外贸易学报,2006(3).

[2] 叶全良,韦琦,陈瑶. 国际商务与保障措施[M]. 北京:人民出版社,2005.

如何认定一项意思表示是否为要约

1. 案件背景

关于要约,《公约》第 15 条规定:

(1) 发价于送达被发价人时生效。

(2) 一项发价,即使是不可撤销的,得予撤回,如果撤回通知于发价送达被发价人之前或同时,送达被发价人。

《公约》第 16 条规定:

(1) 在未订立合同之前,发价得予撤销,如果撤销通知于被发价人发出接受通知之前送达被发价人。

(2) 但在下列情况下,发价不得撤销:

(a) 发价写明接受发价的期限或以其他方式表示发价是不可撤销的;或

(b) 被发价人有理由信赖该项发价是不可撤销的,而且被发价人已本着对该项发价的信赖行事。

《公约》第 17 条规定:

一旦发价,即使是不可撤销的,于拒绝通知送达发价人时终止。

《公约》第 18 条规定:

(1) 被发价人声明或做出其他行为表示同意一项发价,即是接受,缄默或不行动本身不等于接受。

(2) 接受发价于表示同意的通知送达发价人时生效。如果表示同意的通知在发价人所规定的时间内,如未规定时间,在一段合理的时间内,未曾送达发价人,接受就成为无效,但须适当地考虑到交易的情况,包括发价人所使用的通信方法的迅速程序。对口头发价必须立即接受,但情况有别者不在此限。

(3) 但是,如果根据该项发价或依照当事人之间确立的习惯做法和惯例,被发价人可以做出某种行为,例如与发运货物或支付价款有关的行为,来表示同意,而无须向发价人发出通知,则接受于该项行为做出时生效,但该项行为必须在上一款所规定的期间内做出。

《公约》第 19 条规定：

（1）对发价表示接受但载有添加、限制或其他更改的答复，即为拒绝该项发价，并构成还价。

（2）但是，对发价表示接受但载有添加或不同条件的答复，如所载的添加或不同条件在实质上并不变更该项发价的条件，除发价人在不过分迟延的期间内以口头或书面通知反对其间的差异外，仍构成接受。如果发价人不做出这种反对，合同的条件就以该项发价的条件以及接受通知内所载的更改为准。

（3）有关货物价格、付款、货物质量和数量、交货地点和时间、一方当事人对另一方当事人的赔偿责任范围或解决争端等等的添加或不同条件，均视为在实质上变更发价的条件。

2. 案情事实

1995 年 6 月 7 日，我国 A 公司应美国 B 公司的请求，报出某种产品 1 000 公吨，每公吨 CIF 纽约 210 美元，即期装运、不可撤销信用证付款的报价，并规定报价的有效期至 6 月 17 日。B 公司于 6 月 12 日来电表示接受 A 公司的报价。A 公司在收到对方的电报后，发现拟售商品的国际市场价格猛涨，于是，以"货已售出"为由，通知 B 公司撤销原先的报价；同时指出，由于原先的报价中并无"实盘"的字样，因此，应认定为一项虚盘，而虚盘是可以撤销的。而 B 公司认为：A 公司 6 月 7 日的报价，尽管没有标明"实盘"字样，仍是一项要约；B 公司 6 月 12 日的电报是一项有效的承诺；如果 A 公司拒绝按照报价的条件交货，则必须赔偿 B 公司的损失。

3. 争议问题和评述

关于争议问题：

（1）A 公司 6 月 7 日向 B 公司发出的报价是否为一项要约？

（2）"实盘"与"虚盘"的区别是什么？

对争议问题的评述。

（1）要约是一方向另一方提出的，按照某种条件订立合同的意思表示。一项有效的要约应同时具备三项条件：第一，必须向特定的人提出，而不是向一般的公众提出。第二，必须载明确定的合同条件。按照《联合国国际货物销售合同公约》的规定，一项意思表示，只要是指明了货物的名称，并且明示或默示地规定了货物的价格或规定确定价格的方法，以及明示或默示地规定货物的数量或规定确定数量的方法，即可认为是载明了确定的合同条件。第三，必须表明在收到对方的接受意思表示时将受其约束。依据上述条件，A公司6月7日做出的报价应被认定为一项要约。因为：第一，它是向一家特定的公司发出的。第二，它载明了订立合同的确定的条件。第三，它通过表明接受约束的期限，表明了在接到对方的接受意思表示时，将受其约束。

(2) 实盘是我国外贸实践中经常使用的一个概念，它通常具有两个特征：一是提出完整、明确、肯定的交易条件，如商品名称、品质规格、计价单位、价格、数量、装运期及支付方式等；二是规定有效期限，以供受盘人考虑是否接受。在期限内，发盘人受实盘的约束。如果受盘人接受实盘，则合同成立；如果超过有效期，则实盘失效，发盘人不再受其约束。因此，实盘就是要约。虚盘是与实盘相对应的一个概念，是指有保留地愿意按一定条件达成交易的一种意思表示。虚盘中所附的保留，通常写有"以我方最后确认为准"、"以未售出为条件"等。由于虚盘并不期待对方接受而使合同成立，对发盘人没有约束力，因此，虚盘不是一项要约。

【资料来源】

[1] 杨桢. 英美契约法论 [M]. 北京：北京大学出版社，2007.

[2] 雷奥古斯特. 国际商法 [M]. 北京：机械工业出版社，2010.

国际货物销售合同之损害赔偿责任

1. 案件背景

《公约》第74条规定：

一方当事人违反合同应负的损害赔偿额，应与另一方当事人因他违反合同而遭受的包括利润在内的损失额相等。这种损害赔偿不得超过违反合同一方在订立合同时，依照他当时已知道或理应知道的事实和情况，对违反合同预料到或理应预料到的可能损失。

《公约》第75条规定：

如果合同被宣告无效，而在宣告无效后一段合理时间内，买方已以合理方式购买替代货物，或者卖方已以合理方式把货物转卖，则要求损害赔偿的一方可以取得合同价格和替代货物交易价格之间的差额以及按照第74条规定可以取得的任何其他损害赔偿。

《公约》第76条规定：

（1）如果合同被宣告无效，而货物又有时价，要求损害赔偿的一方，如果没有根据第75条规定进行购买或转卖，则可以取得合同规定的价格和宣告合同无效时的时价之间的差额以及按照第74条规定可以取得的任何其他损害赔偿。但是，如果要求损害赔偿的一方在接收货物之后宣告合同无效，则应适用接收货物时的时价，而不适用宣告合同无效时的时价。

（2）为上一款的目的，时价指原应交付货物地点的现行价格，如果该地点没有时价，则指另一合理替代地点的价格，但应适当地考虑货物运费的差额。

《公约》第77条规定：

声称另一方违反合同的一方，必须按情况采取合理措施，减轻由于该另一方违反合同而引起的损失，包括利润方面的损失。如果他不采取这种措施，违反合同一方可以要求从损害赔偿中扣除原可以减轻的损失数额。

2. 案情事实

卖方为一家中国公司，买方为一家瑞士公司，双方订立了一份 1 万公吨生铁的买卖合同。买方在商定的交货日期之前出具了必要的信用证，随后应卖方的要求同意延长交货日期。在新的交货日期之前，卖方通知买方，卖方的供应商拒绝按原先商定的价格交付货物，并将它们出售给另一个客户。在这之后，卖方通知买方不能交货，并且卖方将向买方赔偿不履行合同造成的损失。于是买方提交这起争端进行仲裁。

买方意见：买方称因卖方违约迫使买方从其他货源以较高的价格购买货物，以履行其对第三方负有的合同义务，因此买方与其他供应商订立了两份合同。买方声称蒙受了利润损失。由于其中的一份替代货物购买合同是在卖方违约之前订立的，买方主张计算损害赔偿的货物价格应该是卖方违约后当月中国市场的时价。此外，买方要求卖方赔偿开具信用证和违约金产生的费用以及利息。

卖方意见：卖方未对赔偿责任提出异议，但是对计算损害赔偿的方法提出异议。卖方还辩称，国际市场的时价是更适合这种情况的参照价；卖方又辩称买方提供的提单未指明其中的一次替代货物交易的供应商，因此不足以证明买方购得替代货物的价格。

仲裁庭意见：仲裁庭驳回了卖方后一项争论点，认为根据《联合国国际货物销售合同公约》第 74 条的规定，对有争议的替代货物交易计算利润损失，必须是原合同价格与该交易的实际购入价格之间的差额。关于第二次替代货物交易，仲裁庭认同卖方关于《联合国国际货物销售合同公约》第 76 条规定的"时价"应是国际市场价格的观点。

3. 争议问题及判决结果

3.1 问题焦点

本案涉及的关于《公约》损害赔偿制度的相关原则、规则和问题。主要涉及《联合国国际货物销售合同公约》第 74 条和第 76 条的规定。该案提起的前提条件损害赔偿的请求权。本案是卖方违约不履行销售合同，因此买方要求卖方赔偿因其违约导致的损害赔偿额。《公约》第 45 条第 1 款规定，如果卖方和买方不履行在合同和本《公约》中的任何义务，双方可以按照第 74 条至第 77 条的规定，要求损害赔偿。从这一条款可以看出，买方和卖方的损害赔偿请求权直接产生于另外一方客观上不履行合同和《公约》所要求承担的任何义务。

3.2 判决结果

（1）卖方不履行合同中规定的送货义务而构成违约。

（2）卖方应支付给买方 105 250 美元，来补偿买方因产生价格差异所遭受的损害。

（3）卖方应支付给买方从 1997 年 7 月至 1997 年 12 月 24 日的利润损失以 6% 的年利率进行赔偿，即 2 802.82 美元。

（4）所有其他的索赔应当予以驳回。

（5）30% 的仲裁费应由买方承担，70% 应由卖方承担。卖方应以人民币支付给买方，因为仲裁费已由买方预付。

（6）所有应支付的上述款项在裁决做出后的 45 日内进行支付，任何逾期支付款项以每年 6% 的利息率支付。仲裁裁决是终局的，具有约束力。

4. 分析和评述

《联合国国际货物销售合同公约》第 74 条至第 77 条的适用范围。国际货物销售中违约的情形非常多，受损害一方提出的损害赔偿请求也不一样，因此不可能制定出适用于所有违约情形的具体的损害赔偿计算方法，而只能制定出一个基本的原则和规则。《联合国国际货物销售合同公约》第 74 条规定了计算损害赔偿的基本原则：一方当事人违反合同应负的损害赔偿额，应与另一方当事人因他违反合同而遭受的包括利润在内的损失额相等。《联合国国际货物销售合同公约》第 75 条和第 76 条适用于采用替代交易和未采用替代交易的情况下因违约而解除合同时损害赔偿的计算办法。即使合同解除后，对于当事人根据第 75 条、第 76 条规则不能获得赔偿的损失，他们可依据第 74 条一般规则请求赔偿。第 77 条规定了要求损害赔偿的一方有减少损失的责任，称为减损原则，如果受害方没有按照此要求减少损失，那么根据第 74 条的规定追偿的损害赔偿额将会减少，减少的数额是本来应该减轻损失的数额。所以，第 74 条可适用于任何情况下的损害赔偿计算，而且不管对方是否有过错，这里适用的是"无过错责任原则"。

《联合国国际货物销售合同公约》第 74 条至第 77 条相互之间的关系。受害方可以选择根据第 74 条规定要求损害赔偿，即使其也有权根据第 75 条和第 76 条规定要求损害赔偿。第 75 条和第 76 条明确规定受害方可以根据第 74 条规定追偿其他损害赔偿。第 75 条规定：如果合同被宣告无效，而在宣告无效后一段合理时间内，买方已经以合理方式购买替代货物，或者卖方已经以合理方式把货物转卖，则要求损害赔偿的一方可以取得合同价格和替代货物价格之间的差价以及按照第 74 条规定可以取得的任何其他损害赔偿。所以根据第 75 条，损害赔偿的前提是合同被宣告无效和进行替代交易,而损害赔偿额则是合同价格和替代货物价格之间差价以及根据第 74 条请求的附带损失赔偿。第 76 条则规定了货物有时价及未进行替代交易的情形下损害赔偿的计算方法,这种情形下损害赔偿额为合同价与时价之间的差价加上附带损失。第 77 条也是在第 74 条的基础上规定的减损原则。因此也可以说,第 75 条、第 76 条、第 77 条是对《联合国国际货物销售合同公约》第 74 条的补充。

本案中,卖方应支付给买方 105 250 美元,来补偿买方因产生价格差异所遭受的损害和 2 802.82 美元的利润损失。从此处可知,买方获得的赔偿与其所遭受的损失相等,也就是第 74 条的潜在规则,即完全赔偿原则。虽然第 74 条没有对如何计算损失做出具体规定,但是该条授权法庭判决受损害方因对方违约所遭受的损失可以得到赔偿。该条意在确定损害赔偿额的标准,即损害赔偿不能以违约方因违约所获得的利益为标准,而必须以受损害方所遭受的损失为标准来确定赔偿额。受损害方遭受多大的损失就应该获得多大的赔偿,没有遭受损失就不能够获得赔偿。

该案中买方获得的损失不管是价格差异还是利润损失,都是事先凭借常识可判断出的,双方都可理解的,即都是可预见的。第 74 条对可预见性规则做出明确规定,即这种损害赔偿不得超过违反合同一方在订立合同时,依照当时已知道或理应知道的事实和情况,对违反合同所预料到或理应预料到的可能损失。当事双方预见到或理应预见到的损失可分两种:一种是损害为某种违约行为在通常情况下自然发生的,违约与损害后果的联系一目了然,可以直接凭常识预见到和判断出的,这种损害赔偿不需要事先告知违约方某种事实和情况就可以成立;另一种是损害是某种特殊情况下违约造成的后果,违约与损害之间的因果联系取决于某种特殊情况的存在,这种特殊情况只有在事先声明的情况下才能被双方所理解,而不能够凭常识判断出来的,要获得这种特殊的损害赔偿必须事先说明这种特殊情况,否则应推定违约方不能合理预见。

该案中时价是以国际市场价格确定的,而不是以当月中国市场的时价确定的。仲裁庭认同卖方关于《联合国国际货物销售合同公约》第 76 条规定的"时价"应是国际市场价格的观点。在诉讼程序开始时,仲裁庭要求买方提供在 1997 年 3 月至 5 月国际市场行情。买方坚持认为把中国当时的市场价格作为时价,并且提交了两份已签订的中国的基本生铁合同作为参考。但是仲裁庭决定,这两个签署提交的合同不能解释一般的中国基本生铁市场行情,尽管价格差异是在中国市场行情基础上计算出的。因此,本案中的时价应该是国际市场的时价确定。

【资料来源】

林一飞,张亮. 国际贸易法律与诉讼仲裁实务 [M]. 北京:对外经济贸易大学出版社,2010.

国际货物买卖合同之买方义务案件

1. 案件背景

德国和瑞士都是《联合国国际货物销售合同公约》的缔约国,因此本《公约》适用于双方的贸易合同纠纷。

如果合同规定了货物执行标准是按照某一方标准则,则根据《公约》第35条的规定,如果卖方并不知道提供的货物不符合买方所在国相关条约,卖方在交易过程中是没有违约责任的。

如果合同没有规定货物的具体执行标准,则根据第35条第2款的规定:除双方当事人业已另有协议外,货物除非符合以下规定,否则即为与合同不符:①货物适用于同一规格货物通常使用的目的;②货物适用于订立合同时曾明示或默示地通知卖方的任何特定目的,除非情况表明买方并不依赖卖方的技能和判断力,或者这种依赖对他是不合理的;③货物的质量与卖方向买方提供的货物样品或样式相同;④货物按照同类货物通用的方式装箱或包装,如果没有此种通用方式,则按照足以保全和保护货物的方式装箱或包装。

如果买方在订立合同时知道或者不可能不知道货物不符合同,卖方就无须按上一款①项至④项负有此种不符合同的责任。这四项规定是判断货物是否与合同相符的客观规定。案例中并没有提供关于合同具体的内容,双方争论的是铬含量的问题,案例中这一产品的元素超过推荐含量,并不超过规定上限,即使使用这种产品,没什么坏处,同样也没有好处,可见卖方提供的贻贝符合规定标准,即使没有符合推荐标准,也能够进行销售,卖方没有义务去了解这批货物在德国的适销条件,卖方在合同中应有相关规定,否则卖方对此不承担责任。在案例中,作为卖方的供应商履行了 DDP 合同的义务,并且将货物按时运送到了买方的仓库,我们推断,卖方提供的货物满足了货物相符的四项法定要求,卖方提供的货物并不与合同不相符。

2. 案件事实

德国一家渔业进口商与一家设在瑞士的供应商，签订了以每公斤 3.7 美元的价格购买 1 750 公斤新西兰贻贝的 DDP 合同。卖方随后按时把货物运到属于买方的一处仓库。在收货两个月后，德国政府机构对这批新西兰贻贝作了检测，发现其中含有过高的镉元素，虽可食用但对健康没有好处。接着，这家德国进口商将该情况传真给卖方，说明因为含量过高的镉元素导致贻贝"有害"食用者健康，所以它计划将这批贻贝退回。而卖方声称不接受退货，同时强调这批贻贝是适合食用的，因为镉元素含量只不过高于推荐含量标准，并未超过允许的水平。卖方还指出买方并未及时发出货物不符合同的通知。而买方则声称这批贻贝是不合格的，因为其所含镉元素超出了推荐标准。

3. 争议问题

买方是否有义务去检验货物是否符合合同情形？

《公约》第 38 条规定：①买方必须在按情况实际可行的最短时间内检验货物或由他人检验货物。②如果合同涉及货物的运输，检验可推迟到货物到达目的地后进行。③如果货物在运输途中改运或买方须再发运货物，没有合理机会加以检验，而卖方在订立合同时已知道或理应知道这种改运或再发运的可能性，检验可推迟到货物到达新目的地后进行。从上述条款中可以清晰得到，买方需要在最短时间内检验货物或由他人检验。当货物由卖方移交给买方的时候，对货物所有的权力也相应的移交给买方。因此无论从《公约》的角度还是从对货物拥有权的角度来看，对于货物是否符合合同情形应该由买方去验证。在货物按时转交给买方之后，对货物的所有权已经相应地转移给买方，因此，从对自己有利的角度出发，买方应该检验货物是否符合合同，否则默认为货物符合合同。《公约》中也并未规定哪一方对货物不符合同进行举证的义务，也就是卖方并没有义务去举证。并且按照谁主张谁举证的一般原则来看，买方有权利进行举证，而卖方无义务对货物不符合合同进行举证。因此，在这个案例中，作为买方的德国进口商，需要提供足够的证据证明卖方提供的货物不符，而卖方没有义务去举证。对公约中"合理时间"如何理解。买方有义务去检验货物是否符合合同情形。

根据之前的分析，卖方提供的货物与"推荐标准"不符，并不必然构成货物不符，而且在事实上，在这个案例中的某些机构规定的有关鱼类产品的化学物质含量的标准并不构成强制约束力，而且人们一般也不会在短时间内使用大量海鲜，根据《公约》第 35 条，双方协议的内容是判断货物是否相符的首要标准，而双方并没有在合同中约定相应的标准,因此,根据这一点,买方不能退货。即使在这一点上满足条件,由于买方在货物到达后的两个月才由相关部门检测,法院也可能据此认为买方超过了"合理期限"而无法申请退货。

4. 分析和评述

根据《公约》,合同上关于货物的数量、质量、规格、装箱方式、包装等描述拥有最高的权限,即任何情况都应当以合同的要求为准。本案例中,买卖双方对于镉的含量究竟是"推荐标准"还是"食用标准"并没有在合同中有详细的说明和划分。在不明确表示的情况下,应当以最低限度的"食用标准"为默认的标准,所以在这批贻贝是否合格的问题上,我们认为是合格品。关于第二个问题中所提到的举证原则,《公约》中没有明确的说明应当由卖方先行提供货物"合格"的证据,当然,买方也不需要针对卖方这个不存在的"证据"进行质证。即在本案例中,适用"谁主张谁举证"的原则,在这一点上,卖方也没有过错。关于"合理时间"的讨论。CISG 的条文中只提到了买方应在"最短时间"进行货物的检验。我们理解"最短时间"应当有两大原则:一是买方的态度问题。在本案例中,"两个月后"的检验结果有两种可能。首先有可能是买方在接货的同时就通知了第三方即政府部门的检验机构进行检验,但是由于政府效率以及检验水平的限制等原因,使得检验结果两个月之后才得出来;或者,买方并没有通知第三方检验部门,这一次质量检验是由政府质检部门主动找上门来的,甚至说,这一次检验在买方的预料之外都不为过。如果是第一种情况,那么可以认为这两个月是"合理时间",买方已经按照"诚信原则"尽早通知了检验部门,"两个月"是由客观条件造成的。如果是第二种情况,那么可以认为这两个月已经超过了"合理时间",买方无视了"诚信原则",两个月的时差是由买方的主观因素造成的。二是货物的完整性问题。根据《公约》第 82 条的精神,如果买方通知之时,货物已经有部分销售、毁坏、变质等改变货物性状、质量的事件发生,那么就认为超出了"合理时间"。

【资料来源】

[1] 韦经健,王彦志. 国际经济法案例教程 [M]. 北京:科学出版社,2005.

[2] 陈晶莹. 国际贸易法案例详解 [M]. 北京:对外经济贸易大学出版社,2002.

第二部分　国际贸易运输和保险

无单放货纠纷

1. 案件背景

关于《海牙规则》的背景知识，《海牙规则》是指为统一世界各国关于提单的不同法律规定，并确定承运人与托运人在海上货物运输中的权利和义务而制定的国际协议。

其中规定了承运人和托运人的义务，其主要内容分述如下：

（1）承运人的责任。《海牙规则》第3条规定了承运人必须履行的最低限度责任：①承运人须在开航前和开航时恪尽职责使船舶适航，其具体含义有：在开航前和开航时船舶适于航行；船员的配备、船舶装备和供应适当；船舶要是和货物的安全运送和保管。②适当和谨慎地装载、搬运、配载、运送、保管、照料和装卸所运货物。根据该规则规定，凡是在合同中约定解除或减轻承运人依《海牙规则》承担上述责任义务的条款一律无效。

（2）承运人的责任豁免。《海牙规则》实行的是承运人的不完全过失责任。其第4条第2款和第4款列举了18种情况下免除承运人依法承担的责任，它们是：①承运人对船长、船员、领航员或承运人的其他受雇人在驾驶船舶或管理船舶中的过失；②非承运人过时发生的火灾；③海难；④天灾，海上或其他可航水域的危险或意外事故；⑤战争；⑥公敌行为；⑦政府或主管部门的行为；⑧建议限制、扣押；⑨罢工；⑩暴乱和骚乱；⑪海上救助；⑫托运人、货物所有人或其代理人的行为；⑬货物的自然属性或固有缺陷；⑭货物包装不良；⑮唛头不清、不当；⑯经谨慎处理仍未发现的船舶潜在缺陷；⑰非承运人或其受雇人，代理人实际过失或私谋造成的其他原因；⑱合理绕航。

（3）承运人的责任期间和诉讼时效。按照《海牙规则》第1（c）条规定，承运人的责任是从货物装上船起，至卸下船终止的整个期间。

按照《海牙规则》第3条第6款的规定，货物自卸货港交货前或交货时，收货人应将货物的灭失和损害的一般情况以书面方式通知承运人；在损害不明显时，该通知应在交货之日起3天之内提交；如在交货时，承运人和收货人已对货物进行联合检验,则无须再提交书面通知;无论在任何情况下,从货物交付日或应交付日起,托运人或收货人应就货物的灭失或损坏情况在1年内提起诉讼,否则免除承运人依照《海牙规则》应当承担的一切责任。

(4) 托运人责任。《海牙规则》第3条第5款、第6款规定了托运人的两项责任:①保证义务。托运人在托运货物时应妥善包装,并保证货物装船时所提供的货物品名、标志、包装或件数、重量或体积的正确性。②通知义务。托运人托运危险货物,应按照有关海上危险货物运输的规定妥善包装做出危险品标志的标签,并将其正式名称、性质及应当采取的预防措施通知承运人。

2. 案情事实

1992年12月7月,德国美最时洋行(以下简称美最时洋行)与旭升国际(香港)公司(以下简称旭升公司)签订了一份买卖合同;并约定:美最时洋行供给旭升公司300吨铝箔,分3批装运,每批100吨,价格条件为CIF,单价每吨3 850美元,以开立不可撤销信用证的方式付款;启运港为欧洲主要港口,目的港为中国汕头港,通过香港转运。12月9日,旭升公司与深圳华盛进出口贸易公司(以下简称华盛公司)签订了《成交确认书》,将300吨铝箔转售给华盛公司。12月17日,华盛公司就其中一批100吨铝箔,通过中国银行深圳分行开出美最时洋行为受益人,金额为416 700美元的不可撤销信用证。1993年2月10日,美最时洋行将净重100.566吨、毛重128.566吨的铝箔,计210箱,分装7个20英尺的集装箱,在汉堡港交由中国远洋运输公司集装箱部(以下简称中远集装箱部)经营的"强河轮"承运。船舶代理人Cosric Shipping Agency GMBH代理中远集装箱部签发了中国远洋公司提单格式的一式三份正式提单,提单编号ANTSIN01。

提单记载:托运人美最时洋行,通知人华盛公司,收货人凭指示,装运港汉堡、目的港深圳。3月11日,该批货物运抵香港,15日、16日由招商局货柜航运有限公司从香港转运至深圳交给深圳宝吉复合材料有限公司(以下简称宝吉公司),但未向宝吉公司收回正本提单。宝吉公司收货后使用了其中的56箱,净重26.699吨,其余154箱净重73.857吨被用于债务抵押。

招商货柜公司发现宝吉公司无法提交ANTSIN01号正本提单后,为防止宝吉公司处分货物,以货物承运人的身份向海事法院申请诉前财产保全,并以无正本提单提货为由起诉提货人宝吉公司。6月17日,招商货柜公司依法追回了宝吉公司用于债务抵押的154箱铝箔,向深圳海洋货仓有限公司支付了4月6日至6月16日期间的仓储费用为8 227.25元人民币。7月14日,招商货柜公司收到美最时洋行提交的全套正本提单。27日,美最时洋行提取154箱铝箔运往香港,以

CIF 香港每吨单价 3 300 美元的价格转售给中国纸浆纸张公司。

1993 年 9 月 1 日，海事法院对招商货柜公司无正本提单提货纠纷一案做出判决，判决宝吉公司赔偿招商货柜公司 26.699 吨铝箔货款 102 791.15 美元，以及支付另外 73.875 吨铝箔的仓储费人民币 8 227.85 元。该判决已发生法律效力。

美最时洋行于 1994 年 6 月 19 日向海事法院提起诉讼，请求海事法院判令两被告赔偿：①26.699 吨铝箔损失 10 279.15 美元及其利息；②货物转售差价损失 40 639.50 美元及其利息；③转运费、仓储费、保险费等损失计 61 661.51 港元及其利息；④通信费、律师费、差旅费。

为证明广远公司是 ANTSIN01 号提单项下货物的承运人，美最时洋行出具一份 Cosric Shipping Agency GMBH 公司于 1993 年 10 月 31 日的函，函称"强河轮"的经营人为广远公司。但该公司于 1994 年 12 月 5 日再次致函美最时洋行并抄送招商货柜公司时，声明对 1993 年 10 月 31 日函的内容予以纠正。

招商货柜公司答辩认为：美最时洋行 1993 年 7 月 14 日凭提单提货，招商货柜公司随即交付货物，只是欠交 26.699 吨。本案争议应为货物短少，是美最时洋行在买卖合同落空后，未及时通知承运人如何处置货物造成的，责任在美最时洋行。依据提单规定，本次运输适用《海牙规则》，诉讼时效为 1 年。本案货物于 1993 年 3 月 10 日卸下，时效应于 3 月 11 日起算。美最时洋行于 1994 年 7 月 1 日起诉已超过 1 年诉讼时效。此外，美最时洋行未及时提货，产生的仓储费应自己承担。

广远公司答辩认为：广远公司不是"强河轮"的船东，也不是"强河轮"的经管人，与本案无关。

3. 争议问题和判决结果

这是一个关于国际海上货物运输的案例分析，本案涉及的焦点问题是美最时洋行与广远公司是否存在海上货物运输合同关系，经审理，答案是否定的。本案的另一个争议焦点是无提单放货的赔偿问题，其中涉及了多方面的海运提单使用问题。本案涉及的问题主要还有：关于被告收回提货单的时间问题，关于原告的诉讼主体资格问题以及被告是否承担原告损失的赔偿责任以及赔偿的数额问题。

我国《海商法》第四十二条规定："（一）'承运人'是指本人或委托他人以本人名义与托运人订立海上货物运输合同的人。（二）'实际承运人'是指接受承运人委托，从事货物运输或者部分运输的人，包括接受转委托从事此项运输的其他人。"第六十条规定："承运人将货物运输委托给实际承运人履行的，承运人仍然应当依照规定对全部运输负责。对实际承运人承担的运输，承运人应当对实际承运人的行为或实际承运人的受雇人，代理人在受雇或者受委托的范围内的行为负责。"第六十一条规定，"对承运人责任的规定，适用于实际承运人。对实际承运人的受雇人，代理人提起诉讼的，适用本法第五十八条第二款和第五十五条第二款的规定。"第七十一条规定："提单，是指用以证明海上货物运输合同和已经由承运人接受或者装船以及承运人保证据以交付货物的单证。提单载明的向记名人交付货物，或者按照指示人的指示交付货物，或者向提单持有人交付债务的条款，构成承运人据以交付货物的保证。"

美最时洋行在汉堡港将货物交由中国远洋运输公司集装箱部经营的"强河轮"承运。船舶代理人 Cosric Shipping Agency GMBH 代理中远集装箱部签发了中国远洋公司提单。事实上，"强河轮"非广远公司所有或经营，不是本案的提单承运人，美最时洋行与广远公司不存在海上货物运输关系。

根据提单的签发，可以认定本案的货物承运人为中远公司。货物运抵香港后由招商货柜公司将货物运送到深圳，由此可以认定招商货柜公司是接受承运人的委托，从事本案所涉及的货物部分运输的人，是本案的实际承运人。根据上述海商法的有关规定，提单是据以交付，提取货物的凭证。不论承运人还是实际承运人都应将货物交与持正本提单提货的人。而招商货柜公司无正本提单交货，应当承担责任，作为提单承运人的中远公司也应承担责任。因此应由中远公司和招商货柜公司承担连带责任。

《海牙规则》第 3 条第 6 款第 3 项规定："除自货物交付之日或应当交付之日 1 年以内已经提起诉讼外，在任何情况下，承运人和船舶都被解除其对货物灭失和损害的一切责任。"

本案提单选择适用的法律是《海牙规则》，时效期限为 1 年。美最时洋行 1993 年 7 月 14 日向招商货柜公司出示提单，主张提货与其向海事法院提起诉讼的时间 1994 年 6 月 19 日，并未超过海牙规则规定的"自货物交付之日或应当交付之日起的 1 年期限"。

4. 分析和评述

本案例涉及了关于提单的有关知识，提单是班轮运输中的重要法律文件。依《汉堡规则》第 1 条第 7 款的规定，提单是指用以证明海上运输合同和承运人接管或装载货物，以及承运人保证据以交付货物的单证。单证中关于货物应按记名人的指示或者不记名人的指示交付，或者交付给提单持有人的规定，便是这一保证。我国海商法也采用了《汉堡规则》有关提单的定义。由上述可以总结，提单具有下列法律特征：

第一，提单是海上运输合同的证明。提单只是运输合同的证明而非运输合同本身。首先，从理论上说，合同是以当事人双方达成一致为生效的主要条件，而提单只是由一方当事人签发的。其次，从时间上说，运输合同是在提单签发之前成立的。提单是运输合同的证明只是就承运人和托运人之间的关系而言，而提单的受让人没有参加运输合同的缔结，他对托运人与承运人之间在订舱时有什么约定并不知情，因此对运输合同的内容只能依提单上的记载。各国法律及学说也一般认为提单在承运人与提单的受让人之间就不仅是运输合同的证明，而是运输合同本身。

第二，提单是承运人出具的接收货物的依据。提单是在承运人收到所交运的货物后向托运人签发的，提单的正面记载了许多收据性的文字。提单的证明作用在托运人手中和托运人以外的第三方持有人手中的效力是不同的。提单在托运人手中时只是初步证据，所谓初步证据指如承运人有确实的证据证明其收到的货物与提单上的记载不符，承运人可以向托运人提出异议。但在托运人将提单背书转让给第三人的情况下，对于提单受让人来说，提单就成了终结性的证据。因为提单的受让人是根据提单上的记载事项受让提单的，他对货物的实际情况并不知情，如提单中的记载不实是由于托运人的误述引起的，承运人可以向托运人提出抗辩。但承运人不得以此对抗提单的受让人，这样可以保证提单的流通性。

第三，提单是承运人交付货物的凭证。不记名提单和指示提单具有流通性。承运人在目的港应向提单持有人或合法受让人交货。提单持有人对在途货物有处分权。

【资料来源】

中国法院网，http：//www.chinacourt.org.

提单质押侵权纠纷案

1. 案件背景

1.1 《中华人民共和国海商法》

《海商法》是调整海上运输中船、货各方有关当事人间权利、义务关系的法律规范的总称。海指海洋及与海相通的江、河、湖等水域；商指国内海上贸易及国际远洋贸易；《海商法》主要调整商船海事（海上事故）纠纷，但若发生海上船舶碰撞，则军舰、渔船、游艇等船舶以及水上飞机都在海商法调整范围之内。海商法的内容相当广泛。主要有：船舶的取得、登记、管理，船员的调度、职责、权利和义务，客货的运送，船舶的租赁、碰撞与拖带，海上救助，共同海损，海上保险等。

《海商法》第71条：提单是指用以证明海上货物运输合同和货物已经由承运人接收或者装船，以及承运人保证据以交付货物的单证。提单中载明的向记名人交付货物，或者按照指示人的指示交付货物，或者向提单持有人交付货物的条款，构成承运人据以交付货物的保证。

《海商法》第七十七条除依照其第七十五条的规定作出保留外，承运人或者代其签发提单的人签发的提单，是承运人已经按照提单所载状况收到货物或者货物已经装船的初步证据；承运人向善意受让提单的包括收货人在内的第三人提出的与提单所载状况不同的证据，不予承认。

1.2 《中华人民共和国担保法》

《中华人民共和国担保法》是为促进资金融通和商品流通，保障债权的实现，发展社会主义市场经济而制定的。

《中华人民共和国担保法》第七十六条规定，以汇票、支票、本票、债券、存款单、仓单、提单出质的，应当在合同约定的期限内将权利凭证交付质权人。质押合同自权利凭证交付之日起生效。

1.3 《中华人民共和国民事诉讼法》

《民事诉讼法》是国家规定处理民事审判程序的法律,是现代国家重要的基本法之一。它是法院审判民事案件和一切诉讼参与人进行民事诉讼活动所必须遵守的准则,是法院对企事业单位、机关、团体和个人的民事权益实行司法保护的程序法。

《中华人民共和国民事诉讼法》第一百五十三条规定:

第二审人民法院对上诉案件,经过审理,按照下列情形,分别处理:

1. 原判决认定事实清楚,适用法律正确的,判决驳回上诉,维持原判决;
2. 原判决适用法律错误的,依法改判;
3. 原判决认定事实错误,或者原判决认定事实不清,证据不足,裁定撤销原判决,发回原审人民法院重审,或者查清事实后改判;
4. 原判决违反法定程序,可能影响案件正确判决的,裁定撤销原判决,发回原审人民法院重审。

当事人对重审案件的判决、裁定,可以上诉。

1.4 《关于贯彻执行〈中华人民共和国民法通则〉若干问题的意见(试行)》第68条

一方当事人故意告知对方虚假情况,或者故意隐瞒真实情况,诱使对方当事人做出错误意思表示的,可以认定为欺诈行为。

1.5 《中华人民共和国民法通则》

《民法通则》是中国对民事活动中一些共同性问题所作的法律规定,是民法体系中的一般法。所谓民事活动是指:公民或者法人为了一定的目的设立、变更、终止民事权利和民事义务的行为。如买卖、运输、借贷、租赁等。进行民事活动时,应遵循自愿、公平、等价有偿、诚实信用、守法的原则。

《民法通则》第五十八条规定:

下列民事行为无效:

1. 无民事行为能力人实施的;
2. 限制民事行为能力人依法不能独立实施的;
3. 一方以欺诈、胁迫的手段或者乘人之危,使对方在违背真实意思的情况下所为的;
4. 恶意串通,损害国家、集体或者第三人利益的;
5. 违反法律或者社会公共利益的;

无效的民事行为,从行为开始起就没有法律约束力。

1.6 《中华人民共和国合同法》

《合同法》是调整平等主体的自然人、法人、其他组织之间设立、变更、终止民事权利义务关系的法律规范的总称。现行《中华人民共和国合同法》，1999年3月15日第九届全国人民代表大会第二次会议通过，1999年10月1日正式实施。

《合同法》第五十二条规定：

有下列情形之一的，合同无效：

1. 一方以欺诈、胁迫的手段订立合同，损害国家利益；
2. 恶意串通，损害国家、集体或者第三人利益；
3. 以合法形式掩盖非法目的；
4. 损害社会公共利益；
5. 违反法律、行政法规的强制性规定。

第五十三条　合同中的下列免责条款无效：

1. 造成对方人身伤害的；
2. 因故意或者重大过失造成对方财产损失的。

2. 案情事实

音视公司系经国家工商行政管理部门核准注册的中外合作经营企业，投资中方为格力集团，投资外方为越标公司。该公司自成立之日起至1997年7月25日期间，一直由越标公司承包经营。《承包经营合同》约定：企业的经营权交给越标公司，越标公司负责生产管理和海外市场销售，组织必要的部分原材料进口；承包期间，在企业的经营活动中，如发生经济纠纷，由越标公司承担责任。

南通银行系经中国人民银行核准注册的金融企业。1986年12月5日，国家外汇管理局向南通银行颁发了汇管字第122号《经营外汇业务许可证》，其经营外汇业务范围主要有外汇放款、外币票据贴现、外汇托收、中外合作经营企业的进口贸易结汇和押汇等业务。

1996年10月3日至1997年2月3日期间，音视公司委托宏丰公司将33单货物从珠海运至香港，订舱单载明：承运人为宏丰公司，发货人为音视公司，收货人和通知人均为越标公司。宏丰公司通过珠海外轮代理公司签发了33份空白指示提单给音视公司。上述提单均载明：托运人为音视公司，承运人为宏丰公司，起运港为珠海，卸货港和提货地点为香港，并标明运费未付。33份提单均有音视公司的空白背书。在提单记载开航日期的第二天或第三天，越标公司向宏丰公司出具保函，称："在收到提单正本后，立即把其还给宏丰公司；就任何第三者向宏丰公司作出关于所运货物的任何索求，向宏丰公司作出全面的补偿以及如任何关于所运货物的文件（包括提单）被质押给任何银行或人士，宏丰公司不会因此有任何损失。"上述提单记载的货物抵港后，宏丰公司在没有收回正本提单的情况下，依据越标公司出具的上述保函将货物放给了越标公司。

音视公司取得上述正本提单后，与南通银行签订了20份《押汇契约》和10份《不符点买单契约》，将上述33份正本提单质押给南通银行，取得了南通银行的外汇贷款。以D/P方式买单签订的是《押汇契约》，每份契约均约定押汇金额，并约定押汇货物均是押汇人所有并无价款未清或其他纠葛事情，且交存之运货单据所载各节均属实在，如有不符概归押汇人与保证人负责……以L/C买单签订的是《不符点买单契约》。以《不符点买单契约》押汇的时间距提单记载的开航日期在3天至44天之间。以《押汇契约》押汇的时间，大多数在提单记载的开航日期之后3个月以上，有的长达6个月。上述押汇合同签订后，音视公司将上述33份正本提单空白背书并交南通银行收执。南通银行随即将相关单据寄给香港汇丰银行进行托收，但收货人越标公司一直未到银行付款赎单。1997年9月30日，南通银行遂以上述33份提单持有人的身份向香港高等法院对承运人宏丰公司提起诉讼，请求法院判令宏丰公司根据提单交付货物或承担相应的法律责任。

1998年3月26日，宏丰公司向广州海事法院对音视公司、越标公司、南通银行、珠海公司提起诉讼，认为音视公司明知提单项下的货物被越标公司凭保函提走，仍向南通银行质押，构成欺诈，质押行为无效。越标公司、格力公司作为音视公司股东，没有对音视公司非法押汇行为尽到监管职责，应对音视公司的非法质押行为承担连带之责。请求法院判令：①音视公司、越标公司、南通银行使用33份提单押汇行为无效；②越标公司、音视公司返还33份提单；③格力公司对越标公司、音视公司的非法押汇行为承担连带责任；④越标公司、音视公司、格力公司、南通银行负担本案的全部诉讼费用。

经审理，一审法院认为：

根据我国《担保法》第七十五条的规定，提单可以成为权利质押的标的，但是，以提单作质押的担保行为，应遵循诚实信用原则，本案所涉提单的签发、凭保函提货以及提单质押等行为发生期间，收货人越标公司是音视公司的承包经营人，根据越标公司与音视公司的承包经营合同的约定，越标公司既是收货人，又是以音视公司名义托运货物的托运人，该事实表明音视公司对越标公司已凭保函提货的事实是知道的。提单能用于质押的原因是提单代表了提单项下货物的权利，该货物权利被实现后，提单就失去了物权凭证的效力，也不能再以该提单设立质押。音视公司明知提单项下的货物被越标公司凭保函提走，仍用该提单向南通银行质押，构成欺诈。根据《民法通则》第五十八条第一款第3项的规定，音视公司与南通银行的提单质押无效；越标公司出具的保函对越标公司和宏丰公司有效，越标公司应履行保函中所作的承诺，将33份提单返还给宏丰公司。因音视公司由越标公司承包经营，音视公司无权处分33份提单，33份提单应经越标之手返还给宏丰公司；没有证据证明南通银行取得音视公司质押提单的程序是非法的，但音视公司向南通银行的押汇行为是对南通银行的欺诈，南通银行对音视公司因贷款而发生的债权仍然存在，但这一关系不属于本案审理范围，需另案处理；音视公司与格力公司是互为独立的两个企业，法人企业以自己全部财产独立承担民事责任。没有证据显示格力公司干涉音视公司的经营活动，宏丰公司要求格力公司承担连带责任，没有依据，不予支持。

1999年9月28日，根据《中华人民共和国民事诉讼法》第一百三十条、《中华人民共和国民法通则》第五十八条第一款第（三）项的规定，广州海事法院做出一审判决：一、确认被告音视公司与南通银行以33份提单质押汇行为无效；二、被告越标公司、音视公司应在本判决发生效力之日起10日内将33份提单返还给宏丰公司；三、驳回宏丰公司对格力公司的诉讼请求。

3. 争议问题及判决结果

上诉人的诉讼请求：上诉人音视公司、南通银行不服原判决，向广东省高级人民法院提起上诉。

上诉人音视公司请求二审法院判令撤销原判决，认定音视公司与南通银行的提单质押行为有效，并判令音视公司无须返还33份提单给宏丰公司。

上诉人南通银行认为原审判决认定事实有误，实体处理不当，请求二审法院驳回宏丰公司的诉讼请求并确认押汇行为有效。

被上诉人的答辩意见被上诉人宏丰公司辩称：原审判决认定事实清楚，适用法律正确。请求二审法院驳回上诉，维持原判。

原审被告越标公司、格力公司没有答辩。

二审法院认为：

本案争议焦点是南通银行是否为本案争议的33份提单的善意持有人，音视公司与南通银行的押汇合同是否有效，以及音视公司是否应与越标公司共同承担返还提单的责任。

我国《海商法》第七十一条明确规定，提单是承运人保证据以交付货物的单证，即是说提单具有物权凭证的功能。据该规定，提货人须凭正本提单方可从承运人提到货物，而承运人则负有向合法提单持有人交付货物的义务。宏丰公司向音视公司签发了本案的无记名提单，音视公司在提单上进行空白背书，该提单已合法转让，通过合法流转程序取得正本提单的持有人享有该提单项下货物的有关权益，宏丰公司须以提单记载向合法持有提单人交付货物。宏丰公司在没有收回正本提单的情况下，仅凭越标公司出具的保函就将本案所涉的33单货物放给越标公司，导致33单货物的正本提单尚在流通的情况下，提单项下的货物被提走的法律后果，造成该后果的过错在宏丰公司。提单的流通性特征使其可以成为质押标的物。南通银行具有经营外汇业务的资质，其与音视公司签订的20份《押汇契约》和10份《不符点买单契约》为法律许可，是双方真实意思表示，应依法确认为有效。音视公司将33份正本提单空白背书并将其交付南通银行收执。我国《担保法》第七十六条规定："以提单质押的，应当在合同约定的期限内将权利凭证交付给质权人。质押合同自权利凭证交付之日起生效。"因此，南通银行与音视公司签订的上述30份押汇合同应依法认定为是已经生效的合同。

音视公司与南通银行的押汇行为发生在越标公司承包经营音视公司期间，音视公司的生产经营活动由越标公司控制，越标公司理应知晓音视公司的质押行为。越标公司出具保函提货，有主观过错，应承担相应的法律责任，但并不当然引起提单质押效力的丧失。此时的提单尚处于流通状态，完全可能因为提单的流转而出现善意的提单持有人。宏丰公司应预见到无正本提单放货的风险和后果。南通银行通过质押取得了音视公司提交的全套正本提单，同时也支付了相应的对价，贷款给音视公司。南通银行合法有偿取得提单。押汇合同中约定的押汇时间的长短只是约束质押人或收货人何时付款赎单，并不能据此要求质权人必须在接受提单后立即根据提单提货以实现质权。南通银行作为质权人对质押人提供的提单仅负有表面真实性的审查义务，没有对承运人和托运人之间的合同关系进行审查和了解的义务。没有证据表明南通银行事先知道越标公司凭保函将货物提走，或与音视公司存在恶意串通等违法行为。南通银行是本案33份提单的善意持有人。南通银行通过质押形式合法持有了提单，就依法享有上述提单项下的物权。宏丰公司以货物被提走提单已丧失物权凭证功能为由，提出南通银行与音视公司之间的押汇合同无效的主张理据不足，应予驳回。原审判决以音视公司欺诈南通银行为由，进而做出音视公司与南通银行之间的押汇行为无效的认定是错误的。对原审判决的第一判项，本院依法予以撤销。

本案33份保函在香港出具，越标公司承诺在收到正本提单后返还给宏丰公司并保证宏丰公司不受任何损失。宏丰公司接受保函放货，表明越标公司与宏丰公司达成意思一致，越标公司应依保函所作的承诺将本案所涉33份提单返还给宏丰公司。原审判令越标公司返还33份提单给宏丰公司是正确的，本院予以维持。尽管在承包经营期间，音视公司生产经营活动为越标公司所控制，但音视公司、越标公司系互为独立的法人，越标公司以自己名义对外进行民事活动所产生的法律后果，如未获音视公司的授权和追认，应由其自己承担。越标公司对宏丰公司的承诺发生在香港，且未获音视公司追认，对音视公司没有约束力。音视公司是上述33份提单的持有人，将其质押给南通银行是其行使提单项下权利的体现。保函约束越标公司与宏丰公司，越标公司在知晓音视公司提单质押情形下出具保函不影响提单质押行为的有效成立。音视公司将提单质押给南通银行并未构成对宏丰公司的侵权。宏丰公司提出音视公司将33份提单质押构成侵权，应返还33份提单的主张，理据不足，不予支持。原审判决判令音视公司与越标公司共同承担返还33份提单的责任显属不当，依法应予纠正。

综上所述，音视公司、南通银行上诉有理，依法予以维持。原审判决认定事实清楚，但适用法律和实体处理部分不当，依法应予纠正。案经审判委员会讨论，依照《中华人民共和国民事诉讼法》第一百五十三条第一款第（二）项的规定，二审法院于2002年2月22日做出（2000）粤高法经二终字第289号民事判决，判决：一、撤销广州海事法院（1998）广海法深字第040号民事判决第（一）判项；二、变更原审判决第（二）判项为：越标公司应于本判决发生效力之日起10日内将本案所涉的33份提单返还给宏丰公司；三、维持原审判决第（三）判项；四、驳回宏丰公司提出的确认音视公司、越标公司、南通银行使用的33份提单质押押汇行为无效的诉讼请求；五、驳回宏丰公司对音视公司提出的诉讼请求。

4. 分析和评述

通过本案可以了解到以下情况。

对于凭保函提货的法律效力，在关于提单的三个国际公约并没有明文规定，我国《海商法》亦未对此做出规定。根据凭保函提货的法律关系，保函是担保人向承运人出具的、对承运人因无正本提单放货产生的损失承担赔偿责任的书面承诺，是担保人与承运人之间的担保契约关系，而担保人与提单持有人之间并无权利义务关系。据此分析，凭保函提货的法律效力可分两方面：

第一，无论保函有效与否，承运人不能以保函对抗善意的提单持有人。

这是由提单的特性决定的：首先，提单是权利凭证，"谁拥有提单，谁就取得提货的权利"。我国《海商法》第七十一条规定："提单中记载的向记名人交付货物，或者按照指示人的指示交付货物，或者向提单持有人交付货物的条款，构成承运人据以交付货物的保证。"据此，根据我国海商法，承运人应凭正本提单交货，提单的这一功能使其成为在目的港向承运人提货的唯一证据，因而又被称为"打开浮动仓库的钥匙"。

其次，提单具有缴回性质。收货人提货时必须以提单为凭，而承运人交付货物时，必须收回提单或在提单上作作废的批注，这是公认的国际惯例。

最后，提单具有文义性质。我国《海商法》第七十七条规定："除本法第七十五条的规定做出保留外,承运人或者代其签发提单的人签发的提单,是承运人已经按照提单所载状况收到货物或者货物已经装船的初步证据;承运人向善意受让提单的包括收货人在内的第三人提出的与提单所载状况不同的证据,不予承认。"据此,对于托运人而言,提单是承运人按照提单所载状况收到货物或者已装船的初步证据;对于善意受让提单的包括收货人在内的第三人而言,提单具有最终的证据效力。换言之,承运人对提单持有人付有依提单交付货物之义务。

根据提单的上述特性,在凭保函提货情形下,并不影响承运人须依提单记载的内容对提单持有人交付货物的义务。根据《海商法》第七十一条,提货人请求交付货物,应将提单交还给承运人。该规定并非限制承运人交付货物所订立,提货人不凭提单请求交付运送物时,承运人可以拒绝交付货物;如承运人不拒绝,而将货物交给未持有提单的收货人,随后有提单持有人请求交付货物,承运人仍不能免除其依提单文义应负的义务。换言之,即使提货人出具保函要求提货,是否接受由承运人决定。如提货人提货后不能及时取得并及时缴回提单,担保人应按保函的约定,赔偿承运人因此所受的损害。而出具保函的担保人与提单持有人之间没有任何权利义务关系。

就本案而言,尽管提单项下的货物被越标公司凭保函提走,但提单未被承运人收回而在流转过程中,提单的物权凭证功能并未丧失,仍可用于质押。南通银行作为提单的合法持有人仍有权向宏丰公司主张权利,宏丰公司不能以货物凭保函提走而对抗南通银行。一审法院认为:"提单之所以能被质押是因为提单代表了提单项下的货物权利,该货物权利被实现后,提单就失去了其物权凭证的效力,也就不能再以该提单设置质押权,因而本案 33 份提单不能用于质押。"这一认定有不妥之处。在正常情形下,承运人凭正本提单交货并收回提单后,提单不再具有物权凭证功能应无疑义。但本案中宏丰公司是凭越标公司的保函而不是凭正本提单向越标公司交货的,正本提单没有被宏丰公司收回,仍处于流转过程中,此时提单仍具有物权凭证的功能,当然可用于质押。

第二,保函是否有效取决于影响保函契约效力的法律因素,包括契约的主体资格、意思表示、担保人的担保能力等方面。

这些因素决定了该保函是有效、无效,抑或是可撤销或变更。因而保函的效力不可一概而定,须依具体情形而定。如保函有效,承运人向提单持有人承担责任后,可据保函要求担保人承担赔偿责任;如保函无效,保函当事人承担的是缔约过失责任;如属欺诈,则保函可撤销或变更。

就本案而言,笔者认为,越标公司向宏丰公司出具的保函应认定为有效。一方面,本案存在可凭保函提货的客观情况;另一方面,当事人的意思自治应得到尊重,没有证据表明存在使该保函无效的因素。根据有效的保函,越标公司应履行保函中约定的义务,将取得的提单交还给宏丰公司,越标公司不去付款赎回提单，无法将提单交还给宏丰公司，属违约行为，应承担将提单返还给宏丰公司的违约责任。一审法院认为："越标出具的保函对越标公司和宏丰公司有效，越标公司应履行保函中所作的承诺，将33份提单返还给宏丰公司。"这无疑是正确的，二审法院对该认定予以认可。但一审法院认为，"因音视公司由越标公司承包经营，音视公司无权处分33份提单，33份提单应经越标之手返还给宏丰公司"，因而判决"被告越标公司、音视公司应在本判决发生效力之日起10日内将33份提单返还给宏丰公司"有所不妥，因为将提单返还给宏丰公司是越标公司根据保函产生的义务，该保函并不能约束音视公司。二审法院将判项变更为"被告越标公司应在本判决发生效力之日起10日内将33份提单返还给宏丰公司"更为妥当。

托运人明知货物凭保函提走仍向银行质押借款是否构成欺诈？

第一，提单项下的货物在目的港被提货人凭保函提走，提单持有人向出口所在地的银行办理出口押汇业务是否构成欺诈？就本案而言，越标公司是音视公司的外方股东，音视公司由越标公司承包经营，音视公司对越标公司凭保函提货的事实应当知晓，音视公司仍向南通银行出口押汇是否构成欺诈？笔者认为，是否构成欺诈要看该出口押汇行为是否符合欺诈的构成要件。最高人民法院《关于贯彻执行〈中华人民共和国民法通则〉若干问题的意见（试行）》第六十八条规定："一方当事人故意告知对方虚假情况，或者故意隐瞒真实情况，诱使对方当事人做出错误意思表示的，可以认定为欺诈行为。"由此可知，欺诈的构成要件如下：其一，须有欺诈故意；其二，须有欺诈行为；其三，须被欺诈人因受欺诈而陷于错误判断；其四，须被欺诈人基于错误判断而为意思表示。那么，本案是否具备欺诈的构成要件呢？笔者认为并不构成。出口押汇业务中，音视公司将33份空白指示提单空白背书后交给南通银行，南通银行是上述提单的合法持有人，其有权凭正本提单向宏丰公司要求交付货物，即使提单项下的货物在目的港被提货人凭保函提走，提单的物权凭证功能并不丧失，宏丰公司的交付义务也不因此免除。音视公司未告知货物被保函提走的事实与南通银行根据全套正本提单出口押汇行为之间没有因果关系，南通银行完全是凭自己对提单物权凭证功能的独立判断而进行出口押汇行为的。因而，音视公司与南通银行之间的出口押汇行为应为有效。

一审法院认为"音视公司明知提单项下的货物被越标公司凭保函提走，仍用该33份提单去银行押汇，这是一种欺诈行为，根据《民法通则》第五十八条第一款第（三）项的规定，音视公司向南通银行使用上述33份提单的押汇行为无效"有所不妥。二审法院认为一审法院关于"音视公司欺诈南通银行、音视公司与南通银行的押汇行为无效"的认定是错误的，并对一审法院的该判项予以撤销，是正确的。

第二，欺诈的法律适用。本案一审判决是适用《民法通则》第五十八条第一款第（三）项，判决"音视公司向南通银行质押行为构成欺诈，质押行为无效"。由于《民法通则》对欺诈的规定不完善，只要构成欺诈民事行为便属无效，主张欺诈的主体也没有做出规定，法院审理案件时容易曲解和误用。在司法实践中，出现了欺诈人因不履行合同约定的义务而主张合同存在欺诈而无效，这对被欺诈人不公平。此外，还出现了合同以外的第三人主张合同存在欺诈而无效，此对合同当事人亦不公平。同时也扩大了无效合同的范围，损害了民商事交易行为的安全和效率。

针对《民法通则》对欺诈规定的不完善及由此产生的弊端，《合同法》进行了修改，体现在两方面：①按欺诈性质的不同将其后果分为合同无效或可变更或者撤销两种。根据《合同法》第五十二条第（一）项规定，只有合同一方以欺诈手段订立合同，损害国家利益，合同无效；而一般性质欺诈，根据《合同法》第五十三条第二款规定，合同一方以欺诈手段使对方在违背真实意思情况下订立的合同，合同是可撤销或变更的。上述修改缩小了因欺诈导致合同无效的范围。②主张合同存在一般性质欺诈而请求人民法院或仲裁庭变更或者撤销的主体是被欺诈方。《合同法》第五十三条第二款对此有明确规定："一方以欺诈、胁迫手段或者乘人之危，使对方在违背真实意思的情况下订立的合同，受损害方有权请求人民法院或仲裁庭变更或者撤销。"将一般性质欺诈的合同的撤销或变更权赋予了合同被损害方，被损害方可以选择请求撤销或变更合同。如被损害方不行使撤销权，一般性质欺诈的合同仍属有效。上述修改一方面保护了受欺诈方的合法权益，另一方面进一步缩小了因欺诈导致合同无效的范围。

如前所述，本案音视公司对南通银行的提单质押行为并不构成欺诈，因一审认定构成欺诈且当时《合同法》并未生效，因而适用《民法通则》第五十八条第一款第（三）项的规定，判决质押行为无效。本案二审审理时，《合同法》已生效，根据最高人民法院《关于适用〈中华人民共和国合同法〉若干问题的解释》第三条的规定："人民法院确认合同效力时，对合同法实施以前成立的合同，适用当时的法律合同无效而适用合同法有效的，则适用合同法。"因此，就本案而言，即使认定音视公司对南通银行的提单质押行为构成欺诈，适用民法通则无效，而适用合同法，该欺诈因没有损害国家利益而属一般性质的欺诈，该欺诈并不必然导致合同无效，受欺诈的南通银行可以请求法院变更或撤销合同，因南通银行没有行使该权利，音视公司对南通银行的质押行为是有效的，适用《合同法》将得出与二审判决在质押行为效力方面相同的结论。

【资料来源】

[1] 汤树梅，赵秀文，董安生. 国际经济法案例分析 [M]. 北京：北京中国人民大学出版社，2006.

[2] http://Findlaw.cn.

海上运输保险之告知义务案件

1. 案件背景

作为海上保险，保险人与被保险人都要遵守一定的要求和原则，英国1906年《海上保险法》第17条规定："海上保险契约之基础，系忠诚信实，倘一方不顾绝对的忠诚信实，他方得宣布是项契约失败"，由此可以看出最大诚实信用原则要求被保险人在信守一般诚信原则的基础上需承担特定的告知义务。《海上保险法》中第18条规定："（一）在契约订立前，被保险人应依本条之规定，将其所知之重要有关情节，尽量告知保险人。该被保险人应明了之一切事务，如被保险人未想告知时，保险人的宣布契约失败，（二）凡能影响谨慎保险人，关于确定保险费之事项，或关于确定是否承保之事项，均认为重要有关系情节。（三）未经保险人发问时，下列情节无须告知。①关于减少为限制情节者。②关于保险人应为明了之情节者，凡彰明公开之事项，及保险人由普通事务中重要情况，均系保险人应认为重要情况。③关于保险对于某项事务之报告，有表示免除之情节者。④关于因明示或默示特别条款之规定，其情节无须赘为告知者。（四）关于某项未经告知之情节，乃系事实问题，于每件事项发生时认定之。（五）'情节'包括被保险人收受之消息，及报告……"由此可以看出，第18条和第19条对于告知义务的规定并不受第17条有关最大诚信原则的约束，而且告知义务已经有专门的法律调整，是相对独立的法律范畴。其中，似乎第18条的第二款对"重要情况"作出了一点解释，同时该条第四款还规定"未曾告知的详细情况是否属于重要，在各种情况下是一个事实问题"。所谓的告知义务是指合同一方在合同订立前或订立时，向另一方所做的口头或书面陈述，他是被保险人及其代理人单方面对保险人所负的法律义务；其内容包括在订立海上保险合同时，被保险人应该将有关的保险标的的重要情况如实告知保险人；合同成立后，保险人对危险的显著增加，以及保险事故发生后，向保险人所做的通告报告。在告知义务方式上，有无限告知主义和有限告知主义之分。无限告知主义指对于保险人没有询问的情况，被保险人也须主动告知。英国采取的是无限告知主义。

我国的《海商法》在告知方式上也采用无限告知主义，其第二百二十二条规定的告知的内容并不局限于投保单上所列项目和保险人所询问的事项，而是一切影响保险人是否承保及保险费率的重要情况。我国《海商法》第二百三十五条、第二百三十六条就是对刚刚所提到的被保险人的第二种告知义务的规定。告知义务存在与海上保险合同成立之前。对于被保险人在保险合同订立后才得知的"重要情况"，其没有义务向保险人补充告知这一"重要情况"，保险人也无权以没有告知为由宣告保险单失效。但应注意的是，当保险契约订立后被保险人才得知的"重要情况"，而这一重要情况又直接影响到标的的安全，那么被保险人仍然有义务警告主管保险标的的人或部门。否则，保险人可以被保险人的恶意不正当行为为由而拒绝赔偿。而合同订立后、危险增加时，被保险人的通知义务，限于保险合同对此种义务有约定的情况。因此被保险人应当在合同约定的时间内将危险增加的有关情况及时地通知保险人。

在本案中主要涉及告知义务的认定问题、告知义务的方式及其所包含的"决定性标准"和"影响标准"等相关问题。

2. 案件事实

原告 Container Transport International Inc.（简称 CTI）是一家经营出租集装箱业务的公司，为了解决该公司与客户经常发生的涉及集装箱损失责任的争执，该公司同意在承租人交纳额外的费用后，由 CTI 承担本应由承租人支付的一定金额的维修费用。CTI 公司就该笔费用分别向 Crum & Forster、Lloyds 及 Oceanus 投了保。由于 Oceanus 认为，原告在向其投保时未向其告知前几年的索赔以及保险费数据，也没有向其告知在要求 Lloyds 续保时被拒绝的情况。由于这些"重要情况"原告未告知，因此被告宣布原被告之间的保险合同无效。

3. 争议问题及判决结果

3.1 争议问题

在国际货物运输保险中基本原则都有哪些？本案例实质上是有关"重要情况"的标准问题，并且对于谨慎的投保人来说影响其决定的哪些情况，如何判断"重要性"：被保险人有义务告知保险人的有关保险标的的"重要情况"是什么？

3.2 问题依据

国际货物运输保险的基本原则是最大诚实信用原则和保险利益原则。

最大诚实信用原则。最大诚实信用原则是各国保险法和国际保险实践所普遍要求的一项基本原则，要求投保人在订立保险合同时须履行以下三项义务，投保人或被投保人违反此项原则的法律后果是保险合同不成立，即使订立，保险人也可主张解除合同：①主张声明；②如实声明；③不违反保证。

保险利益原则。①保险利益，又称可保利益，不是仅指投保人或被保险人对保险标的所享有的经济利益，而是泛指投保人或被保险人对保险标的所享受的权利或承担的义务。②保险利益的构成条件是：保险利益具有合法性；保险利益具有可确定性；保险利益具有价值性。保险利益原则也是各国保险法和国际保险实践普遍遵循的一项基本原则，保险法和保险实践一般要求投保人或被保险人在投保时对保险标的具有保险利益。但是国际货物运输保险时间中，则要求在保险标的物发生时须具有保险利益即可。

在有限购置的情况下，被保险人对于什么应该告知时明确的，因为只需要依保险人的提问来如实告知即履行了告知义务。而在无限告知义务的情况下，英国法律采用了"重要情况"作为告知的标准。依英国1906年《海上保险法》第18条第1款的规定，在订立合同前，被保险人必须向保险人告知其所知的一切重要情况。该条的第二款对何为"重要情况"进行了限定：影响谨慎的保险人确定保险费或决定是否承保该项风险的情况，即为重要情况。

3.3 问题分析

在如何判断"重要性"上，英国判例先后出现过三种影响标准，即"决定性影响标准"、"影响标准"和"可能提高风险标准"。

"决定性影响标准"源于CTI案的一审，审理该案的Lloyds法官创立了确定"重要情况"的标准，即如该情况对一个谨慎的保险人接受或拒绝保险或改变保险费率产生"决定性影响"即属重要情况。该标准又被称为"决定性影响标准"。而仅证明一个谨慎的保险人的思想可能会受到该情况的影响是远远不够的。该案一审原告胜诉，被告公司不应以原告没有履行告知义务而宣告保险合同无效。

"影响标准"源于CTI案的上述审，该案的上诉审推翻了一审创设的判断重要情况的"决定性影响标准"，转为采用对被保险人更不利的"影响标准"。依该标准，在订立合同时，如果某一情况将对一个谨慎的保险人的决定及观点产生影响，即视为"重要情况"。至于保险人在知道此情况后，是否确实会因受该情况的影响而拒绝承保或者提高保险费率，则无关紧要。因此，上诉审推翻一审所创设的标准，判定保险人胜诉。然而，依该案上诉审对"重要情况"的解释：第一，保险人可以被保险人未告知谨慎的保险人在订立合同时希望考虑的情况为由宣布保险合同无效，保险人无须证明未告知的情况将会对谨慎的保险人的判断产生决定性的影响；第二，保险人宣布合同无效不以被保险人的未告知诱导其订立合同为前提。即两者之间可以没有因果关系。该标准明显增加了保险人依未告知而宣布保险合同无效的机会，而对被保险人则过于苛刻。因而也受到了英国法律界和商业界的批评。

"可能提高风险标准"源于 Pan Atlantic Insurance Co. v. Pine Top Insurance Co. 一案，该案对"影响标准"进行了修改，创立了"可能提高风险标准"，即某个情况是否重要应取决于一个谨慎的保险人是否认为该情况"可能提高风险"。"可能提高风险"并不意味着保险人将对是否承担风险这一问题作出不同的决定，因为有许多保险人以相同的合同条款接受承保风险的商业上的原因。该案在上诉审时上议对"重要情况"作出了权威的解释，认为重要情况是指一个谨慎的投保人未告知或误述实际有关保险人订立合同，保险人才有权宣布保险合同无效，即两者之间应当有因果关系。依该案确立的原则，保险人只有在完成下列证明的情况下才能宣布保险合同无效，即被保险人未告知或误述某一重要情况而诱导其订立了保险合同，且该情况是一个谨慎的保险人在评价风险时需要考虑的情况。

英国 1906 年《海上保险法》第 18 条在规定被保险人的告知义务时，对重要情况的判定，采用的是"谨慎保险人"的标准。而我国在借鉴该法的时候，却没有沿用"谨慎"的概念。英国法官 Atkin 在 Associated oil Carriers Ltdv Union Insurance Society of Canton Ltd. 一案的判决中，首次对"谨慎的保险人"这一概念进行了诠释。他认为：保险人律师所主张的标准表明该保险人的智慧远远超出了人类的通常水平，但法律并没有理由要求该保险人比当时市场中营业的具有丰富经验的明智的保险人具有更广泛的知识面和预见力。这一判断标准表明英国对于谨慎保险人采用的是同等条件下抽象的保险人这一客观标准，而不是以某个特定保险人为参照的主观标准。一般来说，法官考虑谨慎保险人从两个方面着手：其一，签订该保险合同时的市场背景和保险产品本身；其二，谨慎保险人应当具有一般保险人所拥有的相应知识、经营技术并尽到相应的注意义务。"谨慎保险人"标准是一个纯客观的标准，以多数人的立场来衡量某一事实的重要性，比之特定的保险人具有更强的稳定性。而我国《海商法》的规定所设定的是一个纯粹的主观标准，仅考虑具体个案中的保险人是否受到未告知情况的影响这一事实问题，对于情况的重要性缺乏一个法律上的客观标准。这一"实际保险人"标准虽然避免了"谨慎保险人"标准给被保险人带来的不利，但因缺乏客观标准，从而在另一个方面对被保险人不利："谨慎保险人"并不认为具有重要性的未告知情况，个案中特定的保险人举证其主观认为具有重要性。此外，对于法官而言，确认特定保险人的主观判断是一个事实问题，还须一个客观标准来解决个案中的法律问题。而我国引用的《海商法》并没有引入谨慎保险人的概念，所以建议《海商法》中引入"谨慎保险人"的判断标准，使得"重要情况"的判断有一个相对客观、有实际操作性的标准。

结合英国 1906 年《海上保险法》及其实践和中国《海商法》的有关规定可以知道，在海上保险合同订立前，被保险人有义务告知保险人的有关保险标的的"重要情况"包括两种。

一是被保险人知道的情况。

被保险人知道的情况是指被保险人在与保险人洽订合同时，本人已经实际知道的有关保险标的的每项情况。被保险人无论是通过何种方法或手段所了解到的情况，只要该情况足以影响保险人对风险的判断，被保险人都有义务作如实的告知。同时，被保险人还应告知从这些基本事实中，只要作合理的推理、综合便能得到的推定事实。

二是被保险人在通常业务中应当知道的情况。

这是一个客观的标准。被保险人在通常业务中应当知道的情况是指那些只要被保险人做了通常业务过程中所应有的谨慎即可以了解的情况。通常所应有的谨慎是指在某一具体情况下，根据当时的情况，一个尽职的当事人能被合理地期望和要求履行了某项作为或不作为。

根据中国《保险法》的规定，在合同有效期内，保险标的危险程度增加的，被保险人按照合同约定应当及时通知保险人。中国《财产保险合同条例》第十四条也做了相应的规定。而且海上保险单条款中确有类似性质的条款。例如：《中国人民保险公司船舶保险条款》第六条第二款规定："当船舶的船级社变更，或船舶等级变动、注销或撤回，或船舶所有权或船旗改变，或转让给新的管理部门，或光船出租或被征购或被征用，除非事先征得保险人同意，本保险应自动终止。但船舶有货载或正在海上时，经要求，可延迟到船舶抵达下一港口或最近卸货港或目的港。"

案件的一审中，Lloyds 法官创立了确定"重要情况"的标准，即如该情况对一个谨慎的保险人接受或拒绝保险或改变保险费率产生"决定性影响"即属重要情况，该标准又被称为"决定性影响标准"。而仅证明一个谨慎的保险人的思想可能会受到该情况的影响是远远不够的。所以，该案一审原告胜诉，被告公司不应以原告没有履行告知义务而宣布保险合同无效。

该案的上诉审推翻了一审创设的判断重要情况的"决定性影响标准"，转为采用对被保险人不利的"影响标准"，保险人胜诉。上诉审的 Kerr 法官认为，"决定性影响标准"将被保险人如实告知的范围限于将改变一个谨慎的保险人的决定的那些情况，这无疑是违反最大诚实信用原则的。有鉴于此，上诉法院认为，在判断某一状况是否为重要情况时，应采取"影响标准"。依该标准，在订立保险合同时，如果某一情况将会对一个谨慎的保险人的决定及观点产生影响，即为重要情况。至于保险人在知道此情况后，是否确实会因受该情况的影响而拒绝承保或者提高保险费率，则无关紧要。因此，上诉审推翻一审所创设的标准，判定保险人胜诉。

4. 分析和评述

本案是关于告知义务的著名案例，告知义务属于最大诚实信用原则的一部分，依照英国1906年《海上保险法》第18条、第19条的规定，告知义务的主体包括被保险人和被保险人的代理人。被保险人在告知义务上是最主要的主体，代理人在英国《海上保险法》中是独立的告知主体。从法理上讲。告知义务不是保险合同设定的义务，保险人不能强制投保人履行。投保人投保时对危险事项的说明是作为订立合同的一种预备行为，是订立合同的基础。投保人履行告知义务，并非履行保险合同所规定的义务，而是履行法定的义务；它是订立合法有效的保险合同的前提。如果能够证明投保人未能履行这一法定义务，其后果将会导致保险合同的无效，甚至保费不予退回（在投保人出于恶意时）等情况。

在洽商订立海上保险合同的过程中，被保险人应该把自己知道的或推定应当知道的有关保险标的的重要情况尽量告知保险人，以便保险人判断是否接受承保或者决定承保的保险费率。依英国《海上保险法》第19条的规定，在由代理人为被保险人投保时，该代理人必须向保险人告知下列：第一，他所知道的每一重要情况，保险代理人是为知晓其在通常业务中应当知晓或被保险人已通知他的每一情况；第二，被保险人有义务告知的每一重要情况，除非他得知该情况过迟，无法及时通知该代理人。从该规定可以看出，在应告知的"重要情况"上，代理人有义务告知的范围与被保险人是相同的，如由于被保险人疏忽未将其知道的重要情况通知代理人，同样会视为被保险人没有尽通知义务，唯一的例外是当被保险人得知该情况过迟而来不及通知代理人时，才不视为违反告知义务。英国1906年《海上保险法》第18条第1款规定："根据本条的规定，在订立合同前，被保险人应将其知道的每一项重要情况向保险人披露，被保险人应该知道其在一般业务过程中必须知道的一切情况，如果被保险人没有向保险人做这种披露，保险人可以宣告合同无效。"我国《海商法》第二百二十二条也规定："合同订立前，被保险人应当将其知道的或者在通常业务中应当知道的有关影响保险人据以确定保险费率或者确定是否同意承保的重要情况，如实告知保险人。保险人知道或者在通常业务中应当知道的情况，保险人没有询问的，被保险人无须告知。"而正如前面所述，在其规定的告知的内容并不限于投保单上所列项目和保险人所询问的事项，而是一切影响保险人是否承保及保险费率的重要情况。在无限告知的情况下，被保险人承担的是一种积极的义务，他必须主动向保险人披露重要情况，而不是在被询问时才告知。有限告知主义又称主观告知，因此又称"询问告知主义",即投保人问了才说,不负无限告知的义务。《中华人民共和国保险法》(以下简称《保险法》)第十七条的规定采取的是有限告知主义。依该条规定,订立保险合同,保险人应当向投保人说明保险合同的条款内容,并可以就保险标的或者被保险人的有关情况提出询问,投保人应当如实告知。投保人故意隐瞒事实,不履行如实告知义务的,或因过失未履行如实告知义务,足以影响保险人决定是否同意承保或提高保险费率的保险人有权解除合同。从上述可以看出,无限告知义务重于有限告知义务。

结论:如果保险合同中没有做出明确的约定,保险标的危险程度增加是指由于与保险标的有关的环境和情况有变化,使得保险标的的危险情况超过了合理谨慎的保险人在保险合同成立时对保险标的的危险程度的合理预计,或者说超过了对承保风险的合理预计。保险标的危险程度增加与否是一个事实问题,有待保险人举证。根据我国《海商法》第二百三十六条的规定,一旦保险事故发生,被保险人应立即通知保险人。世界上许多国家的海商法都对出险时被保险人的告知义务做了规定。值得注意的是,被保险人的此项通知义务是连续的,他不仅有义务通知保险事故或损失的发生,还有义务通知其后的发展。

【资料来源】

[1] 韦经健,王彦志. 国际经济法案例教程 [M]. 北京:科学出版社,2005.

[2] 张丽英. 国际经济法教学案例 [M]. 北京:法律出版社,2004.

危险品货物运输损害赔偿及共同海损

1. 案例背景

海牙规则（Hague Rules）全称为《统一提单的若干法律规定的国际公约》（International Convention for the Unification of Certain Rules of Law Relating to Bills of Lading, 1924），简称《海牙规则》（Hague Rules：H. R.），是关于提单法律规定的第一部国际公约。其于1924年8月25日在比利时首都布鲁塞尔签订，1931年6月2日起生效，为统一世界各国关于提单的不同法律规定，并确定承运人与托运人在海上货物运输中的权利和义务而制定的国际协议。早期，作为最大货主的美国于1893年通过了《哈特法》（Harter Act），这部法律的最大特点就在于对免责的限制。《哈特法》这种规定对航运界产生了重大影响，并为1924年《海牙规则》所接受。《海牙规则》规定了承运人最低限度义务、免责事项、索赔和诉讼、责任限制和适用范围以及程序性等几个方面。对于承运人免责事项，《海牙规则》第4条第2款列举了11项免责事项。11项免责事项，尤其是航行和管船过失亦免责奠定了《海牙规则》关于承运人的不完全过失责任制的基础。对于索赔和诉讼时效，《海牙规则》均规定了较短时间。索赔通知为交货前或当时，货物灭失、损坏不明显为移交后3日内并以书面形式。但双方进行联合检查者除外。《海牙规则》规定了1年的诉讼时效：自货物交付或应当交付之日起1年内。对于责任限制，《海牙规则》规定了每件或每单位100英镑的最高赔偿额。但托运人装货前就货物性质和价值另有声明并载入提单的则不在此限。

《海牙规则》共16条，其中第1至第10条是实质性条款，第11至第16条是程序性条款，主要是有关公约的批准、加入和修改程序性条款，实质性条款主要包括以下内容。

第一，承运人最低限度的义务。

所谓承运人最低限度义务，就是承运人必须履行的基本义务。对此《海牙规则》第3条第1款规定："承运人必须在开航前和开航当时，谨慎处理，使航船处于适航状态，妥善配备合格船员，装备船舶和配备供应品；使货舱、冷藏舱和该船其他载货处所能适当而安全地接受、载运和保管货物。"该条第 2 款规定："承运人应妥善地和谨慎地装载、操作、积载、运送、保管、照料与卸载。"即提供适航船舶，妥善管理货物，否则将承担赔偿责任。

第二，索赔与诉讼时效。

索赔通知是收货人在接受货物时，就货物的短少或残损状况向承运人提出的通知，它是索赔的程序之一。收货人向承运人提交索赔通知，意味着收货人有可能就货物短损向承运人索赔。《海牙规则》第 3 条第 6 款规定：承运人将货物交付给收货人时，如果收货人未将索赔通知用书面形式提交承运人或其代理人，则这种交付应视为承运人已按提单规定交付货物的初步证据。如果货物的灭失和损坏不明显，则收货人应在收到货物之日起 3 日内将索赔通知提交承运人。

《海牙规则》有关诉讼时效的规定是："除非从货物交付之日或应交付之日起一年内提起诉讼，承运人和船舶，在任何情况下，都应免除对灭失或损坏所负的一切责任。"

第三，托运人的义务和责任。

(1) 保证货物说明正确的义务。《海牙规则》第 3 条第 5 款规定："托运人应向承运人保证他在货物装船时所提供的标志、号码、数量和重量的正确性，并对由于这种资料不正确所引起或造成的一切灭失、损害和费用，给予承运人赔偿。"

(2) 不得擅自装运危险品的义务。《海牙规则》第 4 条第 6 款规定：如托运人未经承运人同意而托运属于易燃、易爆或其他危险性货物，应对因此直接或间接地引起的一切损害和费用负责。

(3) 损害赔偿责任。根据《海牙规则》第 4 条第 3 款规定：托运人对他本人或其代理人或受雇人因过错给承运人或船舶造成的损害，承担赔偿责任。可见，托运人承担赔偿责任是完全过错责任原则。

2. 案情事实

2000 年 5 月，连云港医保就出口漂白粉事宜向福星连办出具了海运出口委托书，表明发货人连云港医保，收货人 DONAUCHEM KFT，通知方 VINYL LTD，800 袋漂白粉，半危。福星连办将此事转委托给青岛轻丰，青岛轻丰再转委托给山东长恒国际货运代理公司（以下简称山东长恒），山东长恒又转委托给山东中粮。

2000 年 5 月 8 日，山东中粮致山东韩进（系韩进海运在青岛的代理）函中称：我司所配青岛—布达佩斯 1×20' HJ BREMEN 第 49 航次 B/L NO. CTAO2TS5R596 因货物特殊，请置水线以下，并远离一切热源。在另一份函中，山东中粮要求订 5

月10日韩进船，将此货放于隔离舱内，并保证温度不高于50℃。5月11日，连云港医保给福星连办出具了保函：我司因业务需要，倒签提单8天，倒签至5月2日，我司对倒签提单产生的后果负全部责任。

福星连办的经办人员利用持有亚洲货运空白提单的便利，在未征得亚洲货运同意的情况下，签发了亚洲货运的5月2日已装船提单，该提单上的托运人是连云港医保。5月30日，山东韩进出具收到17 408.84元运费的发票。5月31日，青岛轻丰出具发票给福星连办，表明海运费、杂费21 581元。

"韩"轮驶离青岛后，先后在上海、香港及新加坡等挂港，该轮在甲板上面和下面装载了20'和40'集装箱，其中包括根据国际危规属于危险品的货物，根据装货港船舶管理方得到的相关资料，编制了危险品清单，并将上述危险品进行了特殊存放。由于被告托运的漂白粉没有告知是危险品，因此韩进海运在装载该货物时未将其作为危险品进行装载，也没有任何特殊标志。

在新加坡港，"韩"轮装载了燃油，其中一部分存放于4号货舱下面和旁边的4号燃油舱。夜班值班船员发现甲板某处起火或冒烟，立即通知了船长。在船长指挥下，调查发现船舶第4舱前部很热，但自动烟感应警报器没有发出警报。在当时的情况下，船长命令拉响火警，警示所有船员。因为4舱内及其舱盖板和舱口围板的温度很高，消防队员不能进入4舱，对火源及其具体位置的调查不能进一步开展。船长经过与船东应急小组商议后，命令向4舱内释放二氧化碳，同时用海水冷却舱盖及舱口围板和保护积载在甲板上的集装箱。03：30，开始注入二氧化碳，随后封闭该舱的所有开口。二氧化碳很快发生效力，4舱的温度迅速降低。08：00，开始对该舱进行通风。消防队员接受了必要的告诫后进入了货舱，但他们除了浓烟外，没有看到任何明火。11：30，4舱的通风道被打开。在得到船东同意后，消防队员继续入舱查找火源，发现在船前部右舷23排07列14层处，集装箱温度很高，内部可能起火。船方决定在集装箱的顶部开一个洞，以便向箱内洒水，彻底扑灭箱内的火势。14：30，在集装箱上开洞，发现箱内货物已烧焦，16：35，通过2根消防水龙带将海水泵入箱内。大约4小时后，位于23/07/14位置的集装箱内的火势被完全扑灭。4舱内的情况明显得到了控制。船长命令对4舱继续观察并开始从压载舱向外泵出消防时注入的海水。

5月25日，经检查发现与23/07/14相邻的集装箱（位于其顶层）有起火的危险。随即在该箱壁上开了个洞，以便检查其内部的情况，但没有发现起火的迹象，为了避免水湿货物，船员只在外部对其箱壁喷水。

5月26日早晨，局势似乎已被控制，消防队员进入4舱前部，靠右舷部位，在21排发现明显被烟熏黑并难于使用的部分集装箱。

此间，韩进海运告知了相关箱内的货物。船员在温度较高的箱上开洞灌水。5月27日05：00，4舱内的温度有升高的趋势，并能闻到燃烧塑料的味道，向舱盖及舱口围板喷水。发生火灾后，4舱污水深度高出双层底2米，以至于底层集装箱受淹。

6月7日23：30，"韩"轮抵汉堡港。6月8日06：30，"韩"轮靠汉堡港码头，07：00开始卸货。在开始从4舱内21排和23排卸箱时发现，在右舷07列，顶层的集装箱明显被烧过，21排往下到底层的集装箱后部明显被烧过，部分底部和箱门被烧严重受损，箱内货物灭失。特别是一个装红色氧化铁的集装箱和21/07/02位置的集装箱内的货物被烧光，只留下底垫板和漂白粉残留物。4舱内的所有其他集装箱都被烟熏变色并且集装箱和舱内留有浓烈刺鼻的气味。

很明显，21/07/02位置的集装箱是火源，因为该箱被彻底烧掉，该箱被存放在右舷底部箱堆顶层，邻近4号燃油舱和双层底。经检查得知，该箱内装的货物是漂白粉，属于国际危规5.1级危险品，编号1748，易自热自燃物。红色氧化铁也污染了4舱和其他集装箱，4舱内目的港是汉堡、鹿特丹和弗里克斯托的所有货物都受到烟、蒸汽、湿气、热和水的损害，特别是底层集装箱。

被烧毁的集装箱目的港为汉堡，该箱被严重烧毁，无法辨认，根据船舶代理人提供的积载计划和船图得知，该箱的箱号为HJCU8701653，装运的货物为800袋漂白粉。另外装氧化铁的集装箱箱号为SPKU2106234和SPKU2107650，分别装有2 240袋氧化铁。6月11日，韩进海运委托有关方清洗4舱和集装箱。13日04：10，158个集装箱重新装船完毕，10：30，"韩"轮离开汉堡，23：30，抵达弗里克斯托。5个底部受损的集装箱被存放在一艘驳船上，另一个集装箱因注水太重，无法吊卸，只能在驳船上扒箱。火灾专家进一步调查的结果表明，4舱内的火灾是由装于右舷、底部箱堆、双层底（内装有温度较高的重燃油）上的集装箱内所装的袋子包装的次氯酸钙引起，在船员无法察觉危险的情况下，次氯酸钙进入了立即反应的状态。根据最新的研究结果，此种物质装入集装箱后，应严格保证温度在30℃以下。红色和黄色氧化铁造成的污染是在4舱火灾发生后，因融化和冲坏包装带造成的，虽然上述货物可以造成污染，但并不自燃。当水淹没到底层集装箱顶部时，装在集装箱中的次氯酸钙的反应停止了。

目的港为弗里克斯托的集装箱被卸下。4舱内的12个受损集装箱被当地消防队和海关打开。6月15日02：00，"韩"轮离开弗里克斯托港驶往鹿特丹港，并于06：30到达，4个因火灾措施而受损的集装箱受到了检验。16日02：30，"韩"轮离开鹿特丹港。

该航次的火灾事故和受损情况，由相关专家在各港进行了检验，出具了相应的检验报告和共同海损理算书。该理算书于2001年6月22日做出并确定，共同海损1 195 358.40美元，其中，"韩"轮船东船舶分摊439 580.27美元，韩进海运燃料分摊1 547.44美元，韩进海运承运的货物分摊413 633.33美元，中外运集装箱公司承运的货物分摊226 092.66美元，胜利班轮公司承运的货物分摊

55 121.98 美元，韩进海运集装箱分摊 38 648.58 美元，中外运集装箱公司集装箱分摊 16 705.50 美元，胜利班轮有限公司集装箱分摊 4 028.64 美元。

除上述共同海损分摊外，韩进海运还接到下述索赔：因火灾受损货物的货主提出的索赔 22 496 美元，因受热受损货物的货主提出的索赔 199 513.11 美元。韩进海运受到的集装箱的单独海损 7 896.91 美元。

船东受到的单独海损 77 881.01 美元，其中包括船东保险人的检验人的出场费 26 092.34 美元和船东聘请的律师费用 33 926.84 美元。韩进海运遭受的除上述费用以外的单独海损 5 595.24 美元。

韩进海运以托运人山东中粮、亚洲货运及实际承运人连云港医保在向原告托运货物时，未明确说明货物是危险品，也未提出严格运输要求；连云港医保作为实际托运人，明知货物为危险品，但未按国际危规及中国相关法律的要求，使用安全可靠的危险品包装，致使货物自燃起火，发生严重火灾事故，造成火灾和用水灭火引起的货损、雇用拖轮、救助船、进避难港、聘请检验人、律师及共同海损理算等，使原告遭受了 955 645.32 美元的损失、责任和费用，而以原告的损失、责任和费用为由，于 2001 年 5 月 24 日向青岛海事法院提起诉讼，请求被告连带赔偿 1 512 582.46 美元及利息。

3. 争议问题及判决结果

3.1 争议问题

在庭审中，原告委托代理人称，之所以其以本人的名义将本次事故引起的所有损失（包括共同海损和单独海损）向被告请求是因为，相对船东来讲，原告是承租人，也是本航次的经营人，本次事故是由于经营所引起，因此船东的损失应由原告承担；相对中外运集装箱运输公司、胜利班轮公司及各货主而言，原告未尽到适航义务，由此造成的损失其理应承担赔偿责任。

被告山东中粮辩称，山东中粮是货运代理公司，在本案中只是代理他人向承运人订舱，山东中粮在向韩进海运订舱时，韩进海运明知山东中粮的代理人身份，根据《民法通则》的规定，代理人代理被代理人进行代理活动，所产生的法律后果应由被代理人承担。故本案韩进海运将山东中粮列为被告属诉讼主体错误，应依法予以驳回。

被告亚洲货运辩称，亚洲货运与原福星船务公司连云港代表处（以下简称福星连办）有业务关系，福星连办是亚洲货运为了连云港口岸国外代理指定货单证操作方便而委托的专门负责该业务的代理人，没有要求福星连办的揽货业务，与亚洲货运没有关系，与亚洲货运所赋予代理人的代理权不相符。为了方便指定代理人在装船后能及时拿到提单，亚洲货运将少量空白提单置于福星连办处，以便必要时经亚洲货运授权后及时签发给上述指定货托运人。

2000年5月上旬，本案所涉货物的实际发货人连云港医保，委托福星连办作货运代理，福星连办转委托天津轻丰货运有限公司青岛分公司（以下简称青岛轻丰）代理，并在该公司订舱。订舱时在托运单上明确地写明"1×20'半危"，货名是"漂白粉"（lime chlorinated）。

青岛轻丰在确认福星连办订舱的传真件上也明确写明，青岛至布达佩斯1×20'半危，并确认了这票货已订舱的船名航次、提单号、船期，以及海运费等各项费用。同时福星连办在订舱时将货名漂白粉是5.1类危险品的情况、国际危规号等全部提供给了青岛轻丰。

货上船后，连云港医保要求倒签提单8天，青岛轻丰通知说船公司不同意倒签提单。为了发货人能按信用证要求按期结汇，青岛轻丰提示用代理提单做倒签，船公司提单做电放。在发货人连云港医保给福星连办出具了倒签保函这种情况下，福星连办借用了亚洲货运的提单做倒签，使发货人顺利地结汇。

船开后20天左右，船公司的提单迟迟未给电放，在这种情况下，福星连办和发货人带现金向青岛轻丰支付了海运费，将韩进提单取回，交给了发货人连云港医保，青岛轻丰也是按已确认的半危品的海运费及港口各项费用收款的。

福星连办在接受发货人连云港医保的委托时，发货人告知这一票货的中文名称是漂白粉，英文名称是 lime chlorinated。发货人连云港医保提供的证据说明英文 beaching powder 和 lime chlorinated 都叫漂白粉。

时隔一个月左右，青岛方面告知福星连办，承运这票货的船到荷兰鹿特丹附近时该票货自燃，船员消防自救向大舱里喷水，同时其他箱货也受损失。事后了解到山东中粮、中化天津向韩进海运订舱时未说明本票货物系半危品，原告未按半危品受载、照料货物，而发生燃烧。

以上事实证明，福星连办已经向青岛轻丰明确说明漂白粉是危险品，同时也说明了本案与亚洲货运出借倒签提单的行为之间并无因果关系。但是本案中所指亚洲货运提单是福星连办在没有经过答辩人同意的情况下，擅自使用亚洲货运提单随便签发予托运人，亚洲货运根本不知道案中所指货运订舱的任何消息及资料，而且也没有听到福星连办为了上述需求而借用亚洲货运提单的口头或书面申请，很显然所签这种提单，亚洲货运不予认可，是无效的。更何况所签提单不符合亚洲货运的签发提单的规范，即必须盖签单专用章。而案中所指提单没有盖此专用章，而使用校对章代替，还有，亚洲货运规定必须各口岸实际提单签发人签名，而不是代理人可以替亚洲货运的人员签字，这种未经允许的顶替，显然亚洲货运也不能接受和认可。

虽然韩进提单上最终显示 Astg Container Ltd（亚洲货运）作为托运人，可是纵观案件的整个流程，就会清楚地知道，亚洲货运的名字是在货物已装船后数日，在签发提单时，才仅仅为了倒签的特殊需要，被人别有用心地加以利用。很显然的一个事实和道理：造成事故的原因是肇事者的不负责任的行为所致，与提单上的托运人由连云港医保改为亚洲货运没有因果关系。

被告连云港医保未提供答辩状，当庭辩称，货物包装完全符合国际危规及国内有关危货的规定，在将业务委托给福星连办的时候，已说明危险品，并已付相关费用。事故发生的原因，是韩进海运未按危险品要求进行运输、照料货物，因此，原告应负一定责任，或其他当事人应对此承担责任。

3.2 判决结果

山东中粮对本案没有责任，驳回韩进海运对山东中粮的诉讼请求；亚洲货运与本案无关，驳回韩进海运对亚洲货运的诉讼请求；韩进海运就下述向连云港医保提出的赔偿请求本院予以支持，船舶分摊的共同海损 439 580.27 美元、韩进海运燃料分摊的共同海损 1 547.44 美元、集装箱分摊的共同海损 38 648.58 美元及单独海损 7 896.91 美元、单独海损 5 595.24 美元和韩轮船东遭受的单独海损 17 861.83 美元，共计 503 233.36 美元，上述款项的利息也应得到赔偿，该利息的起算时间，因各种费用的支付时间不同，分别计算特别困难，共同海损理算中包含了一定利息，因此以共同海损理算书做出之次日起算为宜，即自 2001 年 6 月 23 日起算至本判决确定支付之日止，利率按照中华人民共和国银行的同期贷款利率计算。韩进海运的其他请求与主张，理由不充分，不予支持。依照《中华人民共和国海商法》第六十八条规定，青岛海事法院于 2002 年 8 月 3 日判决如下：

1. 被告连云港医保赔偿原告韩进海运损失 511 130.27 美元及利息，该利息自 2000 年 6 月 23 日至本判决确定支付之日止，以中华人民共和国银行的同期贷款利率计算。上述款项于本判决生效之日起十日内付清，逾期支付迟延履行期间的债务利息；
2. 驳回原告韩进海运对被告山东中粮的诉讼请求；
3. 驳回原告韩进海运对被告亚洲货运的诉讼请求。

案件判决后，双方当事人均未提出上诉。

4. 分析和评述

本案是一起比较复杂的危险品货物运输损害赔偿及共同海损承担纠纷案，涉及各种关系的认定以及多方的法律、公约的适用。主要应抓住以下两个专业性较强的焦点问题。

4.1 多种法律关系的认定及各自法律责任的承担

本案涉及的法律关系较多，从以下三个线索分析，可以更好地理清本案的关系脉络。

4.1.1 承运人一方的内部法律关系

在本案中，韩进海运承运人的身份没有质疑。承运人一方又涉及两个法律关系：一个是，本案原告韩进海运与韩轮船东之间的定期租船合同关系，韩轮船东是定期租船合同的出租人，韩进海运是定期租船合同的承租人，双方的权利义务关系依照双方签订的定期租船合同的约定处理；另一个是韩进海运分别与中外运集装箱公司和胜利班轮公司签订的舱位分组协议，依其约定，双方的权利义务分别依据《海牙规则》和《海牙维斯比规则》予以确定。上述两个关系并非本案的主要法律关系，但在本案确定原告请求赔偿数额时均有涉及。

4.1.2 托运人一方的内部法律关系

本案第三被告连云港医保是实际货主，根据《中华人民共和国海商法》第四十二条关于"托运人"的规定，即"本人或委托他人以本人名义或委托他人为本人与承运人订立海上货物运输合同的人"，连云港医保具备托运人的特征，故也是法律意义上的托运人。本案托运人一方的内部关系，主要是一个连续委托关系：连云港医保就本案所涉货物的出口事项委托福星连办，福星连办又将此事项委托给青岛轻丰，青岛轻丰又委托给山东长恒，山东长恒又委托给本案第一被告山东中粮。山东中粮具体与本案原告韩进海运联系业务。韩进海运向山东中粮签发了提单。其后，也就是在上述转委托链之外，发生了一个插曲，在连云港医保出具保函的情况下，福星连办借用亚洲货运的提单签发了倒签提单用以结汇。由上所述可见，本案第二被告亚洲货运与本案无关；第一被告山东中粮经过多次委托，最终成为第三被告连云港医保的受托人。其他中间受托人与本案无关。

4.2 共同海损及韩进海运以自己名义索赔事项的确定

4.2.1 共同海损及一般分摊原则

本案在确定韩进海运损失的过程中，涉及共同海损这个专业性极强的问题，我国的《海商法》中对此作了专章规定。所谓"共同海损"，依据《海商法》的规定，就是指在同一海上航程中，船舶、货物和其他财产遭遇共同危险，为了共同安全，有意地合理地采取措施所直接造成的特殊牺牲、支付的特殊费用。从定义可见，共同海损是为了"共同安全"而故意地产生的一种牺牲和费用，这些损失如何认定及由谁承担，这就涉及共同海损的理算问题。共同海损的理算，就是在海损事故发生后，对各种损失进行审核和计算，以及对费用的补偿和分摊进行确定的工作。由于共同海损是航海事业中常见的一种损失事故，共同海损的理算又涉及多方利益，《1974年约克—安特卫普规则》（以下简称《约克—安特卫普规则》）对此进行了详细规定，并成为现在国际通行的共同海损理算规则。关于共同海损的分摊，《约克—安特卫普规则》中，规则B做了原则性规定，即共同海损的牺牲和费用，应由各关系方进行分摊。也就是，共同海损分摊的一般原则，即共同海损由共同的受益人来承担。此间的受益人，可以包括受益的船东、承运人以及提单中的货主。

4.2.2 共同海损理算后的索赔问题

共同海损的理算结束后，还会以共同海损事故中是否有过失方而影响分摊了共同海损的受益人向过失方提起索赔的产生与否。《约克—安特卫普规则》规则D规定，"尽管引起牺牲和费用的事故可能是由于航海事业中一方的过失所造成亦不得影响其在共同海损中进行分摊的权利。但这并不应对于就此项过失而得向该方提出的任何赔偿要求，或该方得就此而进行的抗辩有妨碍。"对这一规定可以作如下理解：①若海损事故的发生因非过失事故引起，即没有过失方，则共同海损理算结束后，不发生索赔的提起；②若海损事故的发生是因承运人可以免责的过失引起，分摊规则应同1，也不发生索赔的提起；③若海损事故的发生是因同一航程中的一方或几方的可控诉的过失（即不可免责的过失）引起，则各关系方（分摊共同海损的受益方）可向该过失方提起索赔，该过失方应对其他各关系方因此事故造成的损失负赔偿责任。

4.2.3 本案中韩进海运以自己名义索赔事项的确定

从本案事实及第一部分的分析可见，本案的火灾事故是由一方托运人即第三被告连云港医保的过失而引起，承运人韩进海运没有过失，连云港医保成为本次事故的过失方，应当对因此事故造成的损失（包括共同海损和单独海损）负赔偿责任。而哪些事项属于韩进海运可以以自己的名义向连云港医保提出索赔呢？这就要看在各种关系中，韩进海运都承担了或先行赔付或即将赔付哪些损失和费用，而这些损失和费用最终应由过失方连云港医保承担的。

【资料来源】

[1] 杨树梅，赵秀文，董安生. 国际经济法案例分析[M]. 北京：北京中国人民大学出版社，2006.

[2] 叶全良，韦琦，陈瑶. 国际商务与保障措施[M]. 北京：人民出版社，2005.

国际货物运输保险案例

1. 案件背景

国际货物运输保险是通过订立保险合同来实现的,保险单是保险合同存在的证明。保险合同一经订立,订约双方均应按照合同条件,亦即保险单中各项保险条款的规定来履行义务、享受权利。

1.1 平安险

这一名称在我国保险行业中沿用甚久,其英文原意是指单独海损不负责赔偿。根据国际保险界对单独海损的解释,它是指部分损失。因此,平安险的原来保障范围只赔全部损失。但在长期实践的过程中对平安险的责任范围进行了补充和修订,当前平安险的责任范围已经超出只赔全损的限制。概括起来,这一险别的责任范围主要包括:

(1) 在运输过程中,由于自然灾害和运输工具发生意外事故,被保险货物的实物的实际全损或推定全损。

(2) 由于运输工具遭搁浅、触礁、沉没、互撞,与同一运输工具上其他物体碰撞以及失火、爆炸等意外事故造成被保险货物的部分损失。

(3) 只要运输工具曾经发生搁浅、触礁、沉没、焚毁等意外事故,不论这个事故发生之前或者以后曾在海上遭恶劣气候、雷电、海啸等自然灾害所造成的被保险货物的部分损失。

(4) 在装卸转船过程中,被保险货物一件或数件落海所造成的全部损失或部分损失。

(5) 运输工具遭自然灾害或意外事故,在避难港卸货所引起被保险货物的全部损失或部分损失。

(6) 运输工具遭自然灾害或意外事故,需要在中途的港口或者在避难港口停靠,因而引起的卸货、装货、存仓以及运送货物所产生的特别费用。

(7) 发生共同海损所引起的牺牲、公摊费和救助费用。

(8) 发生了保险责任范围内的危险，被保险人对货物采取抢救、防止或少损失的各种措施，因而产生合理施以运用。但是保险公司承担费用的限额不能超过这批被救货物的保险金额。施救费用可以在赔款金额以外的一个保险金额限度内承担。

1.2 水渍险

其责任范围除了包括上列"平安险"的各项责任外，还负责被保险货物由于恶劣气候、雷电、海啸、地震、洪水等自然灾害所造成的部分损失。

1.3 一切险

其责任范围除包括上列"平安险"和"水渍险"的所有责任外，还包括货物在运输过程中，因各种外来原因所造成保险货物的损失。不论全损或部分损失，除对某些运输途耗的货物，经保险公司与被保险人双方约定在保险单上载明的免赔率外，保险公司都给予赔偿。

2. 案情事实

2005年，我国福建省某进出口公司（卖方），与法国某公司（买方）签订合同，约定由卖方提供两万箱芦笋罐头，每箱15.50美元，FOB厦门，合同总值为31万美元，收到信用证后15天内发货；买方致电卖方，要求其以发票金额110%，将货物投保至法国马赛的一切险。卖方收到买方开来的信用证及派船通知后，按买方要求，需要A保险公司投保，保险单的被保险人是买方，保险单上所载明的起运地，供货厂商，所在地龙岩市，目的港为法国马赛。但是，3天后货物在从龙岩市运往厦门港的途中，由于发生了意外，致使10%的货物受损。事后卖方以保险单中含有仓至仓条款为由，向A保险公司提出索赔要求，但遭到拒绝。后卖方又请买方以卖方名义，凭保险单向A保险公司提出索赔，同样遭到拒绝。在此情况下，卖方以自己的名义向福建省中级人民法院，提出诉讼，要求保险公司赔偿其损失。

3. 争议问题及判决结果

在本案中，合同约定以FOB厦门成交。FOB术语是以装运港船舷作为划分买卖双方所承担风险的界限，即货物在装运港越过船舷之前的风险，包括在装船时货物跌落码头或海中所造成的损失，均由卖方承担；货物在装运港越过船舷之后，包括在运输过程中所发生的损害，或者灭失则由买方承担。在本案中，虽然卖方在货物发生意外时对该保险标的享有保险利益，保险单中也含有仓至仓条款（这个条款规定保险公司所承担的保险责任，是从被保险货物远离保险单所载明的起运港发货人仓库开始，直到货物到达保险单所载明的目的港收货人的仓库时为止），但保险单的被保险人为买方，保险单公司和买方之间存在合法有效的保险合同关系，而福建进出口公司及卖方不是保险单的被保险人，或合法持有人，故其没有索赔权。

另外，虽然买方即法国公司是本案保险单的被保险人即合法持有者，但货物在装运港越过船舷之前，如果受到损失，保险人不会受到利益影响，且不具有保险利益，因此，尽管保险单中也含有仓至仓条款，买方无权就货物在装运港越过船舷之前的损失向保险公司索赔。

4. 分析和评述

本案例是一则国际货物运输保险的纠纷。在本案中，如果卖方在装船前单独向保险公司投保装船前险或者陆运一切险，当发生损失时，卖方可以从保险公司获得赔偿。

现行的海洋运输保险条款中规定，保险的险别分别为基本险和附加险两大类。基本险分为三种：平安险、水渍险和一切险，附加险分为一般附加险和特殊附加险。每个险别的承保范围、承保费用都各不相同，一切险的责任范围最广，包括了平安险水渍险和十一种一般附加险，在投保时要注意不能重复投保。

在国际货物运输保险中，保险公司对索赔人承担赔偿责任，必须同时符合下列条件：保险公司和索赔人之间必须有合法有效的合同关系，即索赔人必须是保险单的合法持有人；向保险公司行使索赔权利的人必须享有保险利益，被保险货物在运输过程中遭受的损失必须是保险公司承保范围内的风险造成的。

在本案中，虽然买方即法国公司是本案保险单的合法持有者，但货物在装运港越过船舷之前，如果受到损失，保险人不会受到利益影响，其不具有保险利益，因此，尽管保险单中也含有仓至仓条款，买方无权就货物在装运港越过船舷之前的损失向保险公司索赔。因此，最后法院判决结果为福建省某进出口公司败诉。

【资料来源】

[1] 钱益明. 国际贸易纠纷的处理与案例分析 [M]. 北京：对外贸易教育出版社，1989.

[2] 雷奥古斯特. 国际商法 [M]. 北京：机械工业出版社，2010.

平安险的责任范围争议案

1. 案例背景

1.1 责任范围

本保险分为平安险、水渍险及一切险三种。被保险货物遭受损失时，本保险按照保险单上订明承保险别的条款规定，负赔偿责任。

1.1.1 平安险

（1）被保险货物在运输途中由于恶劣气候、雷电、海啸、地震、洪水自然灾害造成整批货物的全部损失或推定全损。当被保险人要求赔付推定全损时，须将受损货物及其权利委付给保险公司。被保险货物用驳船运往或运离海轮的，每一驳船所装的货物可视作一个整批。

推定全损是指被保险货物的实际全损已经不可避免，或者恢复、修复受损货物以及运送货物到原定目的地的费用超过该目的地的货物价值。

（2）由于运输工具遭受搁浅、触礁、沉没、互撞、与流冰或其他物体碰撞以及失火、爆炸意外事故造成货物的全部或部分损失。

（3）在运输工具已经发生搁浅、触礁、沉没、焚毁意外事故的情况下，货物在此前后又在海上遭受恶劣气候、雷电、海啸等自然灾害所造成的部分损失。

（4）在装卸或转运时由于一件或数件整件货物落海造成的全部或部分损失。

（5）被保险人对遭受承保责任内危险的货物采取抢救、防止或减少货损的措施而支付的合理费用，但以不超过该批被救货物的保险金额为限。

（6）运输工具遭遇海难后，在避难港由于卸货所引起的损失以及在中途港、避难港由于卸货、存仓以及运送货物所产生的特别费用。

（7）共同海损的牺牲、分摊和救助费用。

（8）运输契约订有"船舶互撞责任"条款，根据该条款规定应由货方偿还船方的损失。

1.1.2 水渍险

除包括上列平安险的各项责任外，本保险还负责被保险货物由于恶劣气候、雷电、海啸、地震、洪水自然灾害所造成的部分损失。

1.1.3 一切险

除包括上列平安险和水渍险的各项责任外，本保险还负责被保险货物在运输途中由于外来原因所致的全部或部分损失。

1.2 除外责任

本保险对下列损失不负赔偿责任：

（1）被保险人的故意行为或过失所造成的损失。

（2）属于发货人责任所引起的损失。

（3）在保险责任开始前，被保险货物已存在的品质不良或数量短差所造成的损失。

（4）被保险货物的自然损耗、本质缺陷、特性以及市价跌落、运输延迟所引起的损失或费用。

（5）保险公司海洋运输货物战争险条款和货物运输罢工险条款规定的责任范围和除外责任。

1.3 责任起讫

（1）本保险负"仓至仓"责任，自被保险货物运离保险单所载明的起运地仓库或储存处所开始运输时生效，包括正常运输过程中的海上、陆上、内河和驳船运输在内，直至该项货物到达保险单所载明目的地收货人的最后仓库或储存处所或被保险人用作分配、分派或非正常运输的其他储存处所为止。如未抵达上述仓库或储存处所，则以被保险货物在最后卸载港全部卸离海轮后满60天为止。如在上述60天内被保险货物需转运到非保险单所载明的目的地时，则以该项货物开始转运时终止。

（2）由于被保险人无法控制的运输延迟、绕道、被迫卸货、重行装载、转载或承运人运用运输契约赋予的权限所作的任何航海上的变更或终止运输契约，致使被保险货物运到非保险单位所载明的目的地时，在被保险人及时将获知的情况通知保险人，并在必要时加缴保险费的情况下，本保险仍继续有效，保险责任按下列规定终止：

①被保险货物如在非保险单所载明的目的地出售，保险责任至交货时为止，但不论任何情况，均以被保险货物在卸载港全部卸离海轮后满60天为止。

②被保险货物如在上述60天期限内继续运往保险单所载原目的地或其他目的地时，保险责任仍按上述第（1）款的规定终止。

1.4 被保险人的义务

被保险人应按照以下规定的应尽义务办理有关事项，如因未履行规定的义务而影响保险人利益时，保险公司对有关损失，有权拒绝赔偿。

（1）当被保险货物运抵保险单所载明的目的港（地）以后被保险人应及时提货，当发现被保险货物遭受任何损失，应即向保险单上所载明的检验、理赔代理人申请检验，如发现被保险货物整件短少或有明显残损痕迹应即向承运人、受托人或有关当局（海关、港务当局等）索取货损货差证明。如果货损货差是由于承运人、受托人或其他有关方面的责任所造成，并应以书面方式向他们提出索赔，必要时还须取得延长时效的认证。

（2）对遭受承保责任内危险的货物。被保险人和本公司都可迅速采取合理的抢救措施，防止或减少货物的损失，被保险人采取此项措施，不应视为放弃委付的表示，本公司采取此项措施，也不得视为接受委付的表示。

（3）如遇航程变更或发现保险单所载明的货物、船名或航程有遗漏或错误时，被保险人应在获悉后立即通知保险人并在必要时加缴保险费，本保险才继续有效。

（4）在向保险人索赔时，必须提供下列单证：

保险单正本、提单、发票、装箱单、磅码单、货损货差证明、检验报告及索赔清单。如涉及第三者责任，还须提供向责任方追偿的有关函电及其他必要单证或文件。

（5）在获悉有关运输契约中"船舶互撞责任"条款的实际责任后，应及时通知保险人。

1.5 索赔期限

本保险索赔时效，从被保险货物在最后卸载港全部卸离海轮后起算，最多不超过两年。

1.6 平安险、水渍险和一切险都为海洋货物运输保险条款下的险种，负责范围不同平安险范围最小

（1）平安险。保险人主要负责下列保险事故造成保险货物的损失、责任和费用：

①因恶劣气候、雷电、海啸、地震、洪水自然灾害造成整批货物的全部损失；

②由于运输工具遭受搁浅、触礁、沉没、互撞、与流冰或其他物体碰撞、失火、爆炸意外事故造成货物的损失；

③在运输工具遭受意外事故的情况下，货物在此前后又在海上遭受自然灾害所造成的损失；

④在装卸、转运时由于一件或数件整件货物落海造成的损失；

⑤被保险人对遭受承保责任范围内危险的货物采取抢救、防止或减少货损的措施而支付的合理费用；

⑥运输工具遭遇海难后，在避难港由于卸货所引起的损失以及在中途港、避难港由于卸货、存仓以及运送货物所产生的特别费用；

⑦共同海损的牺牲、分摊和救助费用；

⑧运输契约订有"船舶互撞责任"条款，根据该条款规定应由货方偿还船方的损失。

（2）水渍险。水渍险＝平安险＋被保险货物因自然灾害所造成的部分损失。

（3）一切险。保障最全的是一切险＝水渍险＋被保险货物，在运输途中由于外来原因所致损失出口 CIF 建议根据自己货物的特性而去承保上述险种，当然一切险最有保证，但费率相对较高。

上述都适用于海洋运输。

2. 案情事实

1995 年 1 月 9 日，广西防城港市粮油贸易公司（以下简称"粮油公司"）与香港固达有限公司（以下简称"固达公司"）签订一份买卖合同，购买 2 000 吨棕榈油，价格条件为 CFR 越南鸿基港，每吨 748 美元，总价款 1 496 000 美元。3 月 7 日，固达公司与香港高威船务有限公司签订租船合同，租用 TRADEWIND 轮从马来西亚 PASIRGUDANG 港将上述货物运至越南鸿基港。3 月 24 日，UNIVERSALSHIPPING AGENCY SERVICES 以船舶代理的身份签发了编号为 PG/HON－2 的提单，提单记载的承运人为 PACIFIC TRADEWIND INTERNATIONAL。

4 月 6 日，粮油公司就上述货物运输向中国平安保险股份有限公司南宁办事处（以下简称平安公司）投保，险别为平安险，保险金额 1 200 万元。平安公司签发的保单背面附有中国人民保险公司 1981 年海洋运输货物保险条款。

TRADEWIND 轮没有在预期时间抵达卸货港。经国际海事局调查，TRADEWIND 轮于 1995 年 3 月 16 日到达 PASIRGUDANG 港，装载了 4 479.9 吨棕榈油，于 4 月 3 日离开 PASIRGUDANG 港，之后下落不明。经调查证实，TRADEWIND 轮非法悬挂伯利兹国旗，PACIFIC TRADEWIND INTERNATIONAL 未进行合法注册登记，在其联络通信中注明的办公地址找不到这家公司。国际海事局分析：船东提供了虚假的地址和不真实的船舶注册登记情况，以及船舶起航后种种令人不解的事情和虚假消息，都说明了 TRADEWIND 轮是一艘"鬼船"。可以确信，货物已被船东窃取，船舶可能被凿沉或拆掉。

粮油公司在向平安公司索赔受拒后，向广州海事法院提起诉讼，请求法院判令平安公司赔偿其保险金额 1 200 万元及利息。平安公司答辩认为，货物损失是由于海运欺诈造成的，海运欺诈不属于平安险的责任范围。

3. 争议问题及判决结果

3.1 争议问题

（1）保险人的赔偿责任范围都是什么？

（2）涉案事故究竟是否属于平安险的责任范围？

目前多数责任保险都承保非惩罚性的损害赔偿，但对于惩罚性的损害赔偿，各国的保险人则采取不同的方式来处理，如瑞士再保国际商业有限公司（以下简称"瑞士再保"）的示范专利侵权损害保险合同（以下简称"示范合同"）将惩罚性的损害赔偿列为除外不保事项；有的保险人在保险合同中不提及惩罚性的损害赔偿，也有保险人在保险合同中对惩罚性的损害赔偿特别约定承保。当然有些国家的法律明文规定禁止保险人承保惩罚性的损害赔偿。

那么，在我国的责任保险中是否可以承保惩罚性的损害赔偿？我国《保险法》对此没有明确规定。《保险法》第五十条规定："保险人对责任保险的被保险人给第三者造成的损害，可以依照法律的规定或者合同的约定，直接向该第三者赔偿保险金。"若按"依照法律的规定"解释，只要是专利法规定的损害赔偿，包括惩罚性的损害赔偿，似乎保险人都应予承保；若按"合同的约定"解释，保险人可以将惩罚性的损害赔偿排除在承保责任范围以外，列为不保事项。但从保险制度提供被保险人因"不可抗力或不可预料的偶发事故的发生所遭遇的损失，可经由保险人补偿损失而达到分散风险"的目的来看，如果被保险人主观上故意造成损害发生，如故意侵犯他人的专利权，则保险人并无承担赔偿责任的义务，这是维护保险制度不可缺少的。因此，如果被保险人故意侵犯他人专利权而导致的惩罚性损害赔偿一般应被列为除外不保事项。

各种必要费用属于专利侵权责任保险的赔偿责任范围。《保险法》第五十一条规定："责任保险的被保险人因给第三者造成损害的保险事故而被提起仲裁或者诉讼的，除合同另有约定外，由被保险人支付的仲裁或者诉讼费用以及其他必要的、合理的费用，由保险人承担。"仲裁或诉讼费用是指由仲裁机构或法院或专利管理机构向被保险人收取的因仲裁、诉讼而产生的费用，这一费用的计算比较简单。所谓"其他必要的、合理的费用"，就专利侵权责任保险而言，一般包括以下费用：

第一，请求确认救济的费用。

"确认救济"是指被保险人向法院、专利管理机构或向专利权人请求确认专利权无效、不可执行或未受侵害的行为。由此产生的有关费用由保险人承担。依照瑞士再保示范合同，确认救济的请求必须符合以下条件：即将面临诉讼；经保险人同意；经合理谨慎的专利律师事先出具意见书，认定该确认救济行为是基于专利无效、不可执行或未受侵害而进行的；保险人与被保险人都认为在当时的情况下，有必要请求确认救济。若符合上述条件，请求确认救济行为而产生的相关费用由保险人负赔偿责任。

第二，其他抗辩费用。

依照瑞士再保示范合同，下列情况所产生的抗辩，保险人须赔偿该抗辩费用：符合承保协议的"损害赔偿"请求；第一次向被保险人所作的"停止侵权"的请求，并且该请求已经以书面通知了保险人。但瑞士再保示范合同又规定，在损害赔偿或停止侵害的请求结果确定之前，保险人对抗辩费用不负责赔偿。这一点对可能拖延多年的专利侵权诉讼的被保险人不利。

3.2 判决结果

广州海事法院认为：本案货物损失的原因是 TRADEWIND 轮船东利用虚假的公司地址和船舶登记资料，签发假提单盗取货物，属海运欺诈。海运欺诈造成货物的灭失不属于中国人民保险公司 1981 年海洋运输货物保险条款平安险的承保范围，不属于本案保险合同约定的保险事故，平安公司无须赔偿。据此判决：驳回粮油公司的诉讼请求。

4. 分析和评述

本案是一起海上保险合同纠纷案。案件的争议焦点即为涉案事故究竟是否属于平安险的责任范围。要讨论这个问题，首先需要搞清楚的就是海上保险合同中保险责任如何承担，赔偿原则与赔偿责任。

保险责任指的是保险人对约定的危险事故造成的损失所承担的赔偿责任。"约定的危险事故"就是保险人承保的风险。为确定保险人分担危险责任的范围，保险合同上必须载明承保的危险项目。可以一个保险合同只承保一项危险，也可以一个保险合同承保多项危险，但均需在保险合同中一一列举。保险标的的损毁是由于合同所载明承保危险所致的，保险人承担赔偿责任；反之则不负赔偿责任。

赔偿原则是指在财产保险中被保险人与保险人签订保险合同，将特定的风险转由保险人承担。当保险标的发生了承保责任范围内的损失时，保险人应当按照保险合同条款的规定履行全部赔偿责任。但保险人的赔偿金额不得超过保险上的保险金额或被保险人遭受的实际损失，即不能超过被保险人对保险标的所具有的保险利益。保险人的赔偿不应使被保险人因此获得额外利益。

保险的赔偿原则与一般民事法律关系中的损害赔偿原则相一致，根据这一原则，在履行保险赔偿责任时要求，保险合同订立后，一旦发生保险责任范围内的损失，被保险人有权按保险合同的约定，获得全面、充分的赔偿。但保险人对被保险人的赔偿要恰好使保险标的恢复到保险事故发生之前的状况。即保险赔偿以被保险人的实际损失为限，被保险人不能因保险赔偿而获利。

在明确了保险合同责任承担问题之后，接下来探讨的就是涉案事故究竟是否属于保险人责任范围的问题。本案中原告向被告投保的是平安险，双方约定适用的是中国人民保险公司1981年海洋运输货物保险条款。

从平安险条款的相关规定可以看出以下几点：

（1）在发生"自然灾害"时，保险人只赔全部损失，而在发生"意外事故"时，保险人既赔全部损失，又赔部分损失。这一点已突破了传统的平安险只赔全部损失的范围。

（2）如果货物的致损原因中既有自然灾害，又有意外事故，则保险人对因此而造成的部分损失承担赔偿责任。

（3）只要发生了货物整件落海的事实，不论该保险标的是否发生了全损，保险人均承担赔偿责任。这一点也与以前的做法不一致了。以前，保险公司在对整件落海的损失进行理赔时需认定货物确实全部损失了才进行赔偿。保险公司之所以作出如此让步，主要是为了防止被保险人不积极地对保险标的进行抢救。

本案货物损失的原因是TRADEWIND轮船东利用虚假的公司地址和船舶登记资料，签发假提单盗取货物，属海运欺诈。海上保险合同是一种"限定性赔偿合同"，保险人的赔偿责任范围，不能是保险标的发生的全部损失，而是一定范围内的原因危险（即所谓"承保风险"）造成的某些损失（即所谓"承保损失"）。因此，在海上保险理赔中，需判断损失在近因上是否是由于保险人承保的风险造成的。海上运输保险发生的近因原则源于英国1906年《海上保险法》（Marine Insurance Act, 1906）。该法第55条第（1）款规定："依照本法规定，且除保险单另有约定外，保险人对于以承保危险为近因所致的损失，负有责任，但对于非由以承保危险为近因所致的损失，不负责任。"本案货物被盗取属于海运欺诈，货物的损失并非由于平安险所承保的风险所致，因此粮油公司的诉讼请求不能成立。

【资料来源】

[1] 赵德铭. 国际海事法学 [M]. 北京：北京大学出版社，2002.

[2] www.lawtime.cn.

国际多式联运合同陆路运输段案件

1. 案例背景

(1) 货运代理人的真实身份应根据其从事的业务来具体分析，不能一概地界定为纯粹的运输代理人，也有可能是承运人身份；在集装箱 FCL 整箱货情况下，承运人一般无法在装货时检查箱内货物的状况，箱内货物损坏的确定通常是通过集装箱进出场时设备交接单的记载情况及铅封完好与否来推定。

(2) 原被告之间签订运输合同不含海上运输方式，仅是从上海到吴江的公路运输。因此本案诉争的合同不是多式联运合同，仅仅多式联运经营人与参加多式联运的区段承运人就多式联运合同的各区段运输约定相互间责任的合同。该合同本身的性质属于公路运输合同。被告不能举证证明原告有委托其办理货物运输事宜的意思表示，应当认为双方用传真订立的合同应认定为运输合同，而不是委托合同。装载货物的集装箱为框架集装箱，货物包装方式为裸装，承运人在接受货物时可以直接对货物的表面情况进行检查，这种情况下集装箱发放/设备交接单可以作为认定货损发生在运输期间证据。

2. 案情事实

原告：东方海外货柜航运有限公司。

被告：中国外运江苏集团公司苏州公司。

2001 年 11 月 18 日，华映公司与特灵台湾公司签订了进口 3 套冷水机组的贸易合同，交货方式为 FOB 美国西海岸，货物总价值为 319 360 美元，保险由买方安排，目的地为吴江。2001 年 12 月 24 日，特灵美国公司出具了编号为 FE-INV045309 的商业发票，发票金额为 319 360 美元。

原告于 2001 年 12 月 27 日从美国西雅图港以国际多式联运方式运输了共有 3 个集装箱的货物经上海到吴江。原告作为全程承运人签发了编号 OOCL19107710 的空白指示提单，发货人为特灵出口公司，收货人为空白指示提单经托运人背书后的提单持有人即华映公司。涉案货损的 20 英尺框架集装箱有 2 个，箱号为 TRIU0604894 和 TRIU0610388，货物为冷水机组。

货物到达上海港后，2002 年 1 月 11 日原告公司职员杨逢泉与被告公司职员李俭通过传真方式就关于编号为 OOCL19107710 提单下货物的陆路直通运费、短驳运费和开道车费用达成协议，约定上述三项费用的总金额为人民币 9 415 元。在运输时，案外人上海港集装箱码头有限公司开出了户名为"吴江华映"的大件开道费人民币 3 500 元。2002 年 6 月 5 日被告开出了付款单位为原告的编号为 0305143、0305142 的 2 张国际货物运输代理业专用发票，发票金额为人民币 9 415 元。

2002 年 1 月 9 日，中国外轮理货总公司上海分公司在上海卸船时出具了由沈红坚签名的理货单，编号为 95318816.7，涉案箱号为 TRIU0604894 和 TRIU0610388 的 2 个框架集装箱无损坏记录；原告出具的编号为 0745604、0745605 的 2 份集装箱发放/设备交接单（出场联）表明，涉案箱号为 TRIU0604894 和 TRIU0610388 的 2 个框架集装箱离开上海外高桥港区时完好无损，而 2002 年 1 月 22 日涉案集装箱到达目的地吴江时，由堆场值班员贺文广签署的编号为 0745604、0745605 的 2 份集装箱发放/设备交接单的"进场联"表明，货物到场时，2 个框架集装箱底板破损，机器设备压缩机顶部外壳破碎（内部受损程度待查）。因涉案集装箱为框架集装箱，货物包装方式为裸装，在集装箱交接时可以直接发现货物的表面状况，因此堆场值班员可以在集装箱发放/设备交接单上就货物表面状况进行记载。

根据 2002 年 2 月 4 日收货人委托的上海东方天祥检验服务有限公司出具的检验报告、2002 年 2 月 25 日收货人申请的中华人民共和国吴江出入境检验检疫局出具的编号为 320300102000135 的检验证书和 2002 年 4 月 26 日中国人民保险公司吴江市支公司委托的上海大洋保险公估有限公司出具的公估报告书，虽非原告、收货人和保险人及被告共同委托，但关于货损事实的存在是可以认定的。被告对货损区段的责任提出了异议，而对货损事实未予否认。法院对货损事实予以确认。2002 年 4 月 26 日，中国人保吴江公司作为涉案货物的保险人委托上海大洋保险公估有限公司就损失进行了公估，并出具了公估报告书，因案外人中国人保吴江公司作为货损的赔偿责任人与收货人存在相对立的利害关系，并要承担对收货人损失的保险赔偿责任，且鉴于该报告书的"公估"性质，故对该公估报告书可予采信。上海大洋保险公估有限公司出具的公估报告书所确立的损失金额为 211 378 美元。

2001 年 1 月 9 日（判决书原文如此，笔者认为可能是笔误，应当是 2002 年 1 月 9 日）编号为 95318816.7 的中国外轮理货总公司上海分公司的货物在上海卸船时出具的理货单和原告的编号为 0745604、0745605 的 2 份集装箱发放/设备交接单的出场联，可以证明货物在上海卸货和出集装箱堆场时是完好的，而到达目的地吴江后 0745604、0745605 的 2 份集装箱发放/设备交接单联袂表明集装箱和货物均存在损坏。

2001年12月24日，收货人华映公司就涉案货物的运输保险填具投保单向中国人保吴江公司投保。2001年12月24日，保险人向华映公司开具编号为 0868074 的货物运输保险费发票。2001年12月24日，中国人保吴江公司开具了编号为 PYCA200132058400IT010 的货物运输保险单，被保险人为华映公司。该保险合同的承保险别是中国人民保险公司 1981 年 1 月 1 日的海洋货运保险条款一切险，保险责任期间为仓至仓条款。2002年3月29日，收货人华映公司向保险人人保吴江公司出具情况说明，并提出理赔要求。2002年4月19日，收货人华映公司与受损货物的保险人中国人保吴江公司达成了赔偿合约，约定保险人向收货人赔偿 21 万美元。2002年4月26日，中国人保吴江公司委托的上海大洋保险公估有限公司出具了公估报告书，公估定损失金额为 210 103.56 美元。2002年4月30日，中国人保吴江公司赔付收货人华映公司赔付金额为 19 万美元，折合人民币 1 571 300 元（汇率为：1 美元等于人民币 8.27 元）的保险赔偿金，收货人华映公司签署了金额为人民币 1 571 300 元的权益转让书给保险人人保吴江公司。

2002年6月5日，保险人中国人保吴江公司向原告发出了索赔函。2002年12月18日原告与该货物保险人中国人保吴江公司达成了原告赔付该货物保险人金额为 11 万美元的和解协议。2002年12月23日，中国人保吴江公司向原告签发了收据和免除责任确认书。

2002年4月11日，被告已通过中国光大银行汇付给案外人吴淞公司涉案提单下货物运输的运费人民币 8 900 元。

庭审中原告、被告均同意适用中华人民共和国法律。

3. 争议问题及判决结果

（1）原被告之间的法律关系如何界定，是陆路运输合同关系还是货运代理合同关系？

被告指出，其与原告往来的传真件是代理协议，其根据传真出具的有关运费的发票抬头是货代专用发票，所以双方不存在承托关系，而是货运代理关系，被告作为原告的代理人委托吴淞公司进行实际运输。

第一，虽然被告名义上是一家货运代理性质的公司，但不能仅仅凭此项来认定被告的真实身份。目前，随着巨型集装箱船的大量应用，货运代理人不断扩展业务范围，角色发生了转变，其已经不单单是传统意义上接受委托人的委托，就有关货物运输、转运、仓储、保险以及与货物运输有关的各种业务提供服务的货运代理人了，开始利用自己不经营船舶在经营投入和管理成本方面所具有的竞争优势，承担起承运人的责任，货代成为无船承运人即为示例。所以，根据货运代理人从事的业务范围，货运代理人的真实身份在具体案件中会有不同，并不再一概视为传统的代理人。本案中，尽管吴淞公司为陆路运输的实际承运人，但被告无法以其为货运代理人的抗辩来摆脱自己是区段承运人的地位。

第二，原告、被告之间往来传真的内容主要涉及的是被告收取内陆运费的事宜，而没有提及货运代理事项。根据合同法理论，合同的性质依合同的实质内容来确定，传真是《合同法》明确规定的、可以视为书面合同的形式之一，所以关于内陆运费的传真可以作为双方签订的陆路运输合同，真实有效。此外，货代专用发票只是被告业务中开具发票通常的格式化抬头，以此种表面格式来对抗原被告之间的运输合同关系显然过于牵强。

第三，在本案中，原告支付给被告内陆运费 9 415 元，而被告最后支付给吴淞公司 8 900 元运费，两者存在差额。被告解释称，其与原告传真中约定的短驳费用事实上没有产生，而将短驳费用作为代理费来收取，但该辩称无证据作证。依笔者之见，货代公司视为承运人时，其与传统的货代公司之间一个显著的区别就是收取的费用性质不同。传统货代公司收取的是佣金，按运费的一定比例计算；而货代公司作为承运人时，收取的费用往往是运费的差价。本案中被告赚取的这笔差额，视为运费的差价比较妥当。

综上所述，原告、被告之间的法律关系应该是陆路运输合同关系，而不是货运代理关系。

(2) 货物损失是否发生在陆路运输区段，被告是否应承担货损责任？

被告认为，没有证据证明涉案货损发生在陆路运输期间，设备交接单仅是用于集装箱及集装箱设备（如冷藏箱的冷冻设备）在交接时是否完好无损的记载；只是用于载有货物的重箱在交接时门封上的封志扣是否完好无损的记载，不能证明箱内货物的状况。况且，在货物到达目的地进行检验时，没有依照惯例请承运人和保险人代表到场，检验不公开，检验报告的结论应受到质疑。

在集装箱货物运输中，如本案集装箱中货物是整箱货（FCL），由发货人自己装箱的，承运人在货物装船时一般无法对集装箱内货物的实际状况进行检查。所以，要证明是否有货损发生，通常是看集装箱进出堆场时设备交接单上的记载情况。若集装箱进场和出场的设备交接单上均记载"集装箱及其设备状况良好"且集装箱铅封完好，那么通常推定集装箱内的货物状况良好，承运人在运输过程中没有造成箱内货物的损坏。由此可见，尽管设备交接单的记载有关于集装箱及其设备的状况，但该记载并非与箱内货物的状况毫无关系，在没有相反证据的情况下，该记载可以作为推定箱内货物状况的初步证据。本案的集装箱在卸下船时良好，在陆运出场时也完好无损，而到目的地进场时出现破损，那么自然推定集装箱及箱内的货物损坏发生在陆路运输阶段。此外，在本案中，被告始终回避了一个问题，那就是其运输的集装箱为框架集装箱，货物包装方式为裸装，堆场负责人可以在集装箱进行交接时直接发现货物的表面状况，如在出场前既有破损自然会对在设备交接单上就货物表面状况进行批注。因此，被告的抗辩不能成立。

对于货物损坏的责任确定是法律问题，但货物是否遭到损坏则是事实问题。在对货物进行的几次检验和公估中，即便没有承运人和保险人代表到场，但货物受损的确是一个不用证明的事实，被告自己也没有否认。

综上可见，集装箱内的货物确实在陆路运输阶段发生了损坏。在运输中，法律规定对承运人责任的归责原则为过错推定责任原则，只要货物在该运输途中发生了损坏，若没有相反的证据，就推定承运人存在过错，必须对自己的过错行为负责。

4. 分析和评述

2002年1月11日，上海海事法院做出如下裁决：

1. 原、被告之间的传真件无具体名称，该传真是涉运费等运输合同的主要内容，依据《中华人民共和国合同法》第一百二十五条第一款规定，该传真的法律性质应为运输合同性质。

2. 对被告的"原告起诉被告属诉讼对象错误，陆路实际承运人为案外人吴淞公司，被告仅是原告的货运代理人"的辩称，不予采纳。对原告关于"原、被告之间合同性质为国际多式联运的陆路运输合同"的主张，不仅有证据作证，而且符合法律规定。

3. 因涉案2个框架集装箱箱内货物的损坏发生在上海到吴江的陆路运输区段，被告应对货物在其责任期间内的损失承担赔偿责任。被告关于"原告没有证据证明货损发生在汽车陆路运输区段"的抗辩理由，因无相关证据予以作证，不予采信。

4. 涉案货物保险人人保吴江公司与被保险人为华映公司之间的保险合同依法成立有效。货损发生在上海至吴江的陆路运输区段，属于该货物运输保险单的责任期间内。而货损属于该货物运输保险单下的应该赔偿的保险事故。保险人也已经就涉案保险事故对被保险人（收货人）进行了赔偿。保险人对涉案货损的赔付金额小于涉案货损的公估报告书的公估金额，涉案货损的保险理赔符合情理和法律规定。保险人对涉案货损已经进行了实际赔付，并在取得了被保险人签署的权益转让书后，依据法律规定，保险人中国人保吴江公司有权向货损责任方即提单承运人的原告行使保险代位权，进行追偿。

5. 因货损发生在上海至吴江的陆路运输区段，原告作为该提单的国际多式联运契约承运人理应依法对提单持有人的货损承担赔偿责任，即在涉案货损的保险人已经赔付后，原告应对提单运输货物的保险人承担赔偿责任。此外，依据《中华人民共和国海商法》第一百零五条规定，该货物运输损害发生在陆路运输区段，作为承运人的原告依法不享有责任限制。原告在向货物保险人赔付并取得保险人出具的收据和免除责任确认书后，有权就其所受损失向作为陆路运输承运人的被告进行追偿。

综上，依照《中华人民共和国合同法》第六十条、第一百零七条、第一百二十二条和《中华人民共和国海商法》第一百零二条、第一百零三条、第一百零四条、第一百零五条之规定，法院判决被告向原告赔偿11万美元及其利息。

【资料来源】

郑肇芳. 上海货物运营代理案例 [M]. 上海：上海人民出版社，2006.

国际货物运输保险相关法律问题

1. 案件背景

本案例中,上海星星货运有限公司在投保书中隐瞒了事实,并且将没有自己的提单的公司列入保险单,本案例主要涉及保险合同是否有效,保险公司是否应该赔付给星星公司因涉讼产生的案件处理费用等问题。

2. 案情事实

原告:上海星星货运有限公司(以下简称"星星公司")。

被告:皇家保险公司上海分公司(以下简称"皇家保险")。

2000年12月12日,星星公司填写了皇家保险提供的综合运输责任保险投保书,选择投保附加险中的(C)受托人责任保险和(G)第三者责任保险,保险有效期限为2001年1月1日至2001年12月31日。在投保书所列的基本险A提单责任保险中"损失记录:请注明在过去五年中发生的所有提单项下的索赔/损失"一栏中,星星公司填写为"无"。

2001年2月13日,星星公司以传真方式通知皇家保险决定投保该投保书中列明的险种:(A)提单责任保险和(B)财务损失,接受免费赠送(D)包装责任保险;并要求将 AIR SEA TRANSPORT INC.、SHANGHAI AIR SEA TRANSPORT INC.(星星公司)、AIR SEA AIR CARGO INC.、AIR SEA TRANSPORT(HK)LTD.、BONDEX AIR & SEA LOGISTICS INC.、BONDEX CHINA CO. LTD.、HAICHENG AIR SEA INTERNATIONAL TRANSPORT AGENT CO. LTD.、CHINA LOGISTICS CO. LTD. 和 AIR SEA TRANSPORT(CANADA)INC. 9家公司一并列入保险单,保险期间为2001年2月1日至2002年1月31日。上述被保险人中,只有 AIR SEA TRANSPORT INC.、BONDEX CHINA CO., LTD. 和 CHINA LOGISTICS CO. LTD. 有自己的提单。星星公司和 AIR SEA TRANSPORT INC. 曾经被作为共同被告,发生提单责任项下的索赔和涉讼,但星

星公司未将上述事实告知皇家保险。

2001年2月15日,皇家保险签发了保险单,星星公司与其他八家公司为被保险人,险种为公众责任险下的提单责任保险、财务损失(错误和漏保)保险,以及包装责任保险,保费为47 630美元。涉案保单中,公众责任险规定的责任范围为:在保险期间,被保险人因经营业务发生意外事故造成第三者的人身伤亡和财产损失的,依法应由被保险人承担的经济赔偿责任由保险人承担;对被保险人因上述原因而支付的诉讼费用以及事先经保险人书面同意而支付的其他费用,保险人亦负责赔偿。保险单中规定被保险人的义务为:被保险人应在投保时对投保书中列明的事项以及保险人提出的其他事项作出真实、详尽的说明或描述。

另查明,2001年6月,AIR SEA TRANSPORT INC. 为提单承运人、福建亚明电器有限公司为托运人的提单项下的货物被无单放行。2002年1月21日,该起无单放货纠纷被托运人起诉至厦门海事法院。2002年3月25日,厦门海事法院以星星公司并非提单承运人,也无证据证明星星公司是无单放货的责任人为由驳回了托运人的起诉。星星公司为应诉发生律师费计人民币33 480元。2002年4月11日,皇家保险通知星星公司:由于星星公司在投保时有故意隐瞒重要事实的行为,保险单从签订之日起就属无效保险单,皇家保险不承担该保险单项下的保险责任。

由于皇家保险拒绝保险理赔,星星公司遂起诉请求确认涉案保险合同有效;皇家保险赔付星星公司因涉讼产生的案件处理费用。

3. 争议问题及判决结果

上海海事法院认为,星星公司与皇家保险之间订立的是海上保险合同。但对星星公司而言,其仅作为承运人的代理人,对于提单项下发生的责任赔偿,并无损失产生,也不必承担责任,其不具有可保利益,就该险种为内容的保险合同应为无效。根据《海商法》的规定,星星公司投保时,应当将其知道的或者在通常业务中应当知道的所有被保险人的有关影响保险人据以确定保险费率或者确定是否同意承保的重要情况,如实告知保险人。但星星公司未履行上述义务。据此,皇家保险依法有权解除合同,并拒绝退还保险费。上海海事法院遂判决:对星星公司要求确认涉案保险合同有效的诉讼请求不予支持;对星星公司要求皇家保险支付因涉讼产生的案件处理费用的诉讼请求不予支持。

星星公司不服一审判决,提起上诉。二审法院认为,根据《海商法》规定,以提单责任为保险标的的保险合同属于海上保险合同,提单项下海上保险事故的法律责任理应由《海商法》调整。原判依据《海商法》对涉案保险合同的是否成立做出认定,适用法律并无不当。星星公司作为承运人的签单代理,有可能承担提单项下货物的装卸等承运人责任，即享有提单责任险下的保险利益，保险合同应认定有效。但在涉案保险事故中，星星公司仅为 AIR SEA TRANSPORT INC. 在装货港的签单代理人，与在目的港无单放货行为无涉及，不承担有关提单项下的责任，不涉及提单责任险下的保险利益问题。星星公司在原投保书提单责任险中关于近五年内"无"索赔或损失记录的陈述属实。但在要求将其与另外8家单位列入保险单时，星星公司未将自己和 AIR SEA TRANSPORT INC. 曾经被列为共同被告，发生过提单责任项下的索赔和涉讼的事实如实告知皇家保险，构成故意未履行如实告知义务，皇家保险拒赔理由依法有据。星星公司在厦门海事法院涉讼的案件中不负赔偿责任，所产生的律师费用不构成因保险事故造成的损失，不属于保险理赔范围，皇家保险不应承担赔偿责任。综上所述，原判适用法律正确，但关于保险合同为无效合同的认定有误，应予纠正。星星公司要求皇家保险赔偿律师费损失的上诉请求缺乏事实和法律依据，不予支持。

4. 分析与评述

4.1 提单责任险纠纷案件的法律适用问题

责任保险是指以被保险人对第三者依法应负的赔偿责任为保险标的的保险。《中华人民共和国保险法》（以下简称《保险法》）和《中华人民共和国海商法》（以下简称《海商法》）中都有保险方面的法律规定。原、被告双方在法律适用上的争议充分体现了上述两部法律对保险人和被保险人在权利和义务的调整上存在不同之处。《海商法》与《保险法》相比较而言，《保险法》属于普通法，而《海商法》属于特别法，其侧重调整与海上货物和船舶的损失和责任有关的法律关系。本案中，星星公司以提单责任险向皇家保险提起保险赔偿诉讼，而根据投保书，提单责任险是指保险人承保因被保险人签发的海上货运代理行提单所引起的对客户因提单运输产生的货损的赔偿责任。根据《海商法》第二百一十六条和第二百一十八条第（六）项的规定，以提单责任为保险标的的保险合同明显属于海上保险合同，提单项下海上保险事故的法律关系理应首先由《海商法》调整。《海商法》没有规定的，再适用《保险法》等其他相关法律，原判依据《海商法》对涉案海上保险合同的成立做出认定，适用法律并无不当。

4.2 保险合同的要约和承诺问题

投保书是经投保人据实填写交付保险人，由保险人据以确定是否接受保险和确定保险费率的书面要约，构成了保险合同的一个组成部分，并作为确定被保险人是否履行如实告知义务的依据。据此，星星公司的投保书，可认为是其向皇家保险发出的保险要约。其后，星星公司以传真函方式对原投保书的内容即险种、保险期间进行了修改，并增加被保险人，应当认定星星公司对原要约进行了修改，修改后的要约则成为一份新要约，而星星公司未修改的原要约内容当然延续成为新要约的部分内容。根据《保险法》第十二条、《中华人民共和国合同法》第二十六条规定，皇家保险以出具保险单的行为（交易习惯）方式承诺了新要约，星星公司接受了保险单，并对保险合同内容无异议，应视为其对新要约内容的确认。至此，星星公司和皇家保险之间的海上保险合同依法成立，双方均应诚信地履行合同，承担合同项下的义务。即使皇家保险以低廉的保险费吸引投保，并对涉案被保险人的保险索赔予以拒绝，其行为并不违背有关法律规定，也未违背市场经济条件下保险市场的运行规则。星星公司未能举证证明皇家保险存在保险欺诈的行为，对于星星公司关于涉案投保书因此为无效要约、皇家保险恶意逃避赔偿责任的上诉意见理当不予采信。

4.3 承运人的签单代理作为提单责任险的被保险人时保险合同的效力问题

《保险法》规定被保险人在投保时应当具有保险利益，投保人对保险标的不具有保险利益的，保险合同无效。而海上保险则由于其特殊性，放宽要求，只要被保险人在保险事故发生当时存有利益，也推定其具有保险利益。从保险利益的角度看，通常情况下，星星公司没有自己的提单，未自己签发货运代理行提单与货主建立海上运输合同关系，按理不会承担承运人的责任，自然不应拥有提单责任险下的保险利益。但事实上，星星公司作为 AIR SEA TRANSPORT INC.、BONDEX CHINA CO. LTD. 和 CHINA LOGISTICS CO. LTD. 提单的签单代理，有可能承担提单项下货物的装卸等义务，甚至有时会被判定为承运人，承担了承运人责任，此时其有可能享有提单责任险下的保险利益，能够成为适格的提单责任险的被保险人，因此，该保险合同应认定为有效。虽然在涉案纠纷中，星星公司仅为 AIR SEA TRANSPORT INC. 在装货港的签单代理人，与在目的港无单放货行为无涉，不承担有关提单项下承运人的责任，但不能因此断言星星公司在投保时对涉案提单下的保险标的不具有可保利益。此外，在双方当事人对可保利益未产生争议时，法院也不宜对此问题主动给予裁判。

4.4 投保人就提单责任险的保险告知义务问题

投保书作为保险合同的一个组成部分，也是保险人确定被保险人是否履行如实告知义务的重要依据。通常格式投保书上填制的内容对于保险人确定是否承保和确定保险费率高低具有至关重要的作用。关键在于，就"对于保险人确定是否承保和确定保险费率高低"的重要事实的"陈述"责任，《保险法》和《海商法》确立了不同的归责责任。《保险法》规定保险人应当向投保人说明保险合同的情况，并可以就保险标的或者被保险人的有关情况提出询问。投保人应当如实告知，但没有主动告知的义务。《海商法》规定被保险人有义务主动告知。星星公司主张适用《保险法》，因为依照该法，投保人没有主动告知的义务。而皇家保险则主张适用《海商法》，因为被保险人必须履行主动告知的义务。鉴于本案应优先适用《海商法》，星星公司作为被保险人应当承担主动告知义务。本案中星星公司并非无船承运人，且事实上也无证据证明星星公司曾经承担了提单项下的责任，因此可以相信，星星公司在 2000 年 12 月 12 日的投保书提单责任险中关于近五年内"无"索赔或损失记录的陈述属实。在 2001 年 2 月 13 日要求将其与另外 8 家单位列入保险单时，星星公司明知皇家保险在投保书中就被保险人在提单责任项下的索赔和涉讼记录明确提出询问，也明知自己和 AIR SEA TRANSPORT INC. 曾经被列为共同被告，发生过提单责任项下的索赔和涉讼，但其未将上述事实如实告知皇家保险，可以推定构成故意未履行如实告知义务。因此，根据《海商法》的规定，由于被保险人故意未将应当如实告知的重要情况告知保险人的，皇家保险有权解除合同，且不退还保险费，并对星星公司所称因保险事故造成的损失不承担赔偿责任。

4.5　因其他海运合同纠纷产生的律师费用损失是否属于提单责任险的保险责任范围

由于我国没有英美等国的保险通融赔付的制度，保险人依法只对保险责任范围内的保险事故所造成的损失承担赔偿责任。根据涉案保险单关于保险责任范围的约定，保险人承担第三人人身和财产损失以外的损失必须同时具备：①被保险人应当依法对第三人承担经济赔偿责任；②这种损失应当属于诉讼费用或者保险人事先同意的其他费用。而事实上，即使涉案保险合同未被解除或依然有效，星星公司在厦门海事法院涉讼的案件中被判不负赔偿责任，其所产生的律师费用不构成保单约定下的保险事故造成的损失，显然不属于保险理赔范围，皇家保险亦不应承担赔偿责任。

4.6　其他

《保险法》规定，因重大过失未履行如实告知义务足以影响保险人决定是否同意承保或者提高保险费率的，保险人有权解除合同；投保人未如实告知的内容对保险事故的发生有重大影响的，保险人不承担保险责任。在相同前提下，如果投保人未如实告知的内容对保险事故的发生无重大影响的，保险人是否应当承担保险责任？我们认为，在事故和原因之间应秉持因果关系说，若未告知的事项与事故发生之间无因果关系，则保险人不能因投保人未履行如实告知义务，而对解约前发生的保险事故拒绝承担保险责任。

保险人已指定专门机构对被保险人进行体检，在相同的范围内，可减轻投保人或被保险人的如实告知义务，但不能免除该义务。

建议在司法解释中明确：第一，投保人恶意不履行如实告知义务，足以影响保险人决定是否承保或者提高保险费率的，保险人未在《保险法》第十六条第三款规定的期限内解除合同，可以依《合同法》第五十四条第二款之规定撤销合同，但应符合《合同法》第五十五条的规定；第二，投保人因重大过失未将其明知或应知的事项告知保险人，且该未告知事项足以影响保险人决定是否同意承保或提高保险费率的，保险人有权解除合同；第三，投保人因重大过失未履行如实告知义务，但未告知内容与保险事故之间无因果关系的，保险人对于合同解除前发生的保险事故承担保险责任；第四，被保险人按保险人要求已进行体检的，可以在体检所涉范围内相应减轻投保人的如实告知义务。

【资料来源】

[1] 郑肇芳. 海上保险——代位求偿案例 [M]. 上海：上海人民出版社，2006.

[2] 韩立余. 国际经济法原理与案例教程 [M]. 北京：中国人民大学出版社，2010.

运费和船期损失争议仲裁案

1. 案件背景

中国海事仲裁委员会（以下简称仲裁委员会）根据申请人××TRANSPORT PTE LTD.（以下简称申请人）与被申请人中国××天津集团有限公司（以下简称被申请人）于1999年4月13日签订的"东达"轮航次租船合同中的仲裁条款，以及申请人于1999年11月23日提交的仲裁申请书，受理了上述合同项下产生的运费损失和船期损失争议仲裁案。

申请人选定高隼来先生为本案仲裁员，被申请人选定吴焕宁女士为本案仲裁员，仲裁委员会主任根据仲裁规则第23条之规定指定徐鹤皋先生为本案首席仲裁员，上述三位仲裁员于2000年3月10日组成仲裁庭，审理本案。

2000年6月20日，本案在北京开庭审理。双方均派代理人出席了庭审，陈述了案情并回答了仲裁庭的询问，并于庭后在仲裁庭限定的期限内提交了补充证据材料。2000年10月10日，应被申请人的要求，本案在北京进行了第二次开庭审理。双方派代理人出席了庭审，并于庭后在仲裁庭规定的期限内提交了补充材料。

现本案已审理终结，仲裁庭在仲裁规则规定的期限内作出本案裁决。

2. 案情事实

申请人与被申请人于1999年4月13日签订了"东达"轮航次租船合同。合同约定：由申请人提供"东达"轮承运被申请人托运的4 000吨钢管由天津新港至叙利亚的拉塔及亚港。船舶受载期为1999年4月15日至4月25日，运费率为40美元/吨FIOST；合同所产生的任何争议提交中国海事仲裁委员会解决，适用中国法律。合同签订后，被申请人于1999年4月19日致函申请人，称原订装的4 000吨钢管由于商检不合格而无法出运，决定用5 800吨袋装豆子作为替代货物，运费为30美元/吨。同日，申请人以该替代货物无法配载为由拒绝承运，并向被申请人提出索赔。1999年4月20日01：30，"东达"轮抵达天津新港。1999年4月22日，申请人与泛亚班拿中国有限公司签订航次租船合同，承运该公司托运的2 200吨化学产品由天津新港至土耳其的梅尔辛港和伊斯坦布尔港，以替代与被申请人签订而不能履行的租船合同，运费为45美元/吨FILO。

申请人认为：被申请人提出用5 800吨豆子替代原定4 000吨钢管，会导致"东达"轮实际装货量达到16 710.85吨，超出了船舶的最大载重吨16 220吨，因此，申请人以无法配载为由拒绝了被申请人的要求；在被申请人违约不能提供合同约定货物的情况下，申请人不得不解除原租船合同而与他人签订了替代货物的运输合同，但仍然造成了货物落空损失。申请人据此提出以下仲裁请求：

（1）被申请人赔偿申请人因其未提供约定货物而给申请人造成的损失101 735.29美元；

（2）被申请人赔偿申请人的律师费及其他办案费用；

（3）被申请人承担本案仲裁费。

对于申请人的仲裁请求，被申请人答辩认为：

中国《海商法》第一百条规定："承租人应当提供约定的货物；经出租人同意，可以更换货物。但是，更换的货物对出租人不利的，出租人有权拒绝或者解除合同。因未提供约定的货物致使出租人遭受损失的，承租人应当负赔偿责任。"根据上述规定，只有在更换的货物对出租人不利的情况下，出租人才有权拒绝或解除合同，而本案中申请人没有尽到举证义务，没有合理的理由说明为什么拒绝被申请人提供的替代货物。根据申请人提供的"东达"轮第67航次港序变更对照表，包括被申请人原定提供的4 000吨钢管，"东达"轮应载货量为14 910.85吨，大大超过了申请人在开庭时声称的船舶最大净载重吨为14 500吨。可见，申请人所称的原定载货量是不符合船舶实际情况的。另外，该表显示，在"东达"轮实际载货舱容少于船舶舱容3 000多CBM的情况下，仍有部分钢管和机械设备这样易被海水锈损的货物被配载到甲板上，显然船上还装载了其他货物，因此，被申请人要求申请人提供原始的说明船舶实际载货量的证据。

被申请人提供的替代货物的运费总额为165 300美元，大大超过了双方原先签订的航次租船合同的运费总额152 000美元，而且不会耽误预定的航次时间，申请人不会遭受任何损失。然而申请人却选择了2 200吨化学药品作为替代物，运费收入仅为78 789.71美元，而且在两个港口卸货，增加了港口使用费和卸货时间。申请人拒绝了被申请人提供的替代货物，而选择了不合理的化学品，致使损失扩大，根据中国《民法通则》第一百一十四条的规定，申请人应自己承担损失。另外，被申请人还就申请人提交的4 700吨蚕豆的确认书和租约的证据效力提出异议。被申请人认为：申请人承运的两票货物共4 700吨豆子，租约是申请人在被申请人在1999年4月17日宣布货物落空之后于4月21日签订的，因而这两票货物不能作为申请人的原定货物，而且其中有 3 300 吨豆子是被申请人让其货主向申请人提供的，是作为 4 000 吨钢管落空后提供的替代货物；申请人提供的 4 月 17 日的关于装运 3 000 吨 + 1 700 吨豆子的传真，仅仅是申请人单方面的说明，不能证明该批货物属于申请人的原定货物。

申请人认为：根据"东达"轮的船舶规范，该轮的舱容散装/包装为 22304/20406CBM，第 67 航次计划装载 14 610 吨货物，共计体积为 22082CBM，扣除计划装于甲板的 595 吨体积为 1502CBM 的设备及部分钢管，"东达"轮的舱容完全能够满足计划装载货物的体积；被申请人在第二次开庭时，向仲裁庭提交了 4 份证据，第 1 份是被申请人于 1999 年 4 月 19 日通知申请人取消 4 000 吨钢管的传真，第 2 份是被申请人声称于同日发出的关于 3 000 吨豆子替代货物的传真，第 3 份为与第 2 份一同发出的说明被申请人手中确实有 3 000 吨豆子可以替换的确认书，第 4 份是中国汽车运输国际货运代理公司赵××于 2000 年 1 月 27 日向被申请人出具的说明函，被申请人以此证明申请人承运的 3 000 吨豆子是被申请人的货物落空后的替代货物，但申请人在 1999 年 4 月 19 日只收到了第 1 份关于取消 4 000 吨钢管的传真，被申请人提到的第 2 份和第 3 份传真，申请人并未收到，天津电信局出具的被申请人的传真机记录显示，被申请人也仅在 4 月 19 日向申请人发出了一份传真；被申请人提供的第 4 份说明证据，申请人也仅在第二次开庭时才第一次看到，申请人在此之前根本不知道被申请人与中国汽车运输国际货运代理公司之间有关于 3 300 吨豆子的运输合同关系，即使申请人知道，但由于申请人与其确认承运货物在前，被申请人货物落空在后，因此不能认定 3 300 吨豆子是被申请人提供的替代货物。

3. 争议问题及判决结果

3.1 争议问题

关于适用法律；关于申请人提供的替代货物是否合理；关于申请人的运费损失和船期损失。

3.2 判决结果

1. 被申请人向申请人支付运费损失 73 210.29 美元。

2. 本案仲裁费为×××美元，由申请人承担×××美元，由被申请人承担×××美元。申请人已向仲裁委员会预付了仲裁费，被申请人因此应向申请人支付×××美元，以补偿申请人为其垫付的仲裁费。

3. 以上 1、2 项，被申请人共应向申请人支付 76 262.04 美元，被申请人应在本裁决做出之日起 45 天内向申请人支付完毕。

本裁决为终局裁决。

4. 分析和评述

仲裁庭认为：

根据双方于 1999 年 4 月 13 日签署的航次租约第 16 条的规定，本案适用中国法律。

根据申请人提供的"东达"轮原订货物的租约、舱单及提单，"东达"轮原订装运货物，包括被申请人托运的 4 000 吨钢管为 14 610 吨。如果被申请人将 4 000 吨钢管替换为 5 800 吨豆子，则航次装货总量为 16 410 吨，不考虑船舶燃料、物料、淡水等，就已超过租约所叙明的 DWT16 220 吨，被申请人也没有提出将 5 800 吨豆子分船运输，被申请人提供的替代货物显然超出了"东达"轮的实际载货能力。中国《海商法》第一百条规定："承租人应当提供约定的货物；经出租人同意，可以更换货物。但是，更换的货物对出租人不利的，出租人有权拒绝或者解除合同。因未提供约定的货物致使出租人遭受损失的，承租人应当负赔偿责任。"仲裁庭因此认为，申请人拒绝被申请人于 1999 年 4 月 19 日提出的更换货物请求，并要求被申请人赔偿由此而引起的损失，是符合上述规定的。

关于被申请人提出的申请人原订货物证据不足问题仲裁庭注意到被申请人对 4 700 吨豆子证据材料的意见，认为申请人于 1999 年 4 月 17 日和 4 月 18 日的两份确认书是对承运该项货物表示的承诺，可以证明申请人在 1999 年 4 月 19 日拒绝承运被申请人的替代货物以前就已经确认承运该项货物。申请人将该项货物作为原订货物是符合实际的。对被申请人提出的原订货物证据不足的意见，仲裁庭认为其理由是不能成立的，仲裁庭不予支持。

仲裁庭还注意到被申请人关于 3 300 吨豆子作为替代货物的主张及其证据材料，仲裁庭认为，承运 3 300 吨豆子的租约是申请人与中国汽车运输国际货运代理公司直接签订的，被申请人提交的这些材料不能证实该 3 300 吨豆子是被申请人因原约定托运的 4 000 吨钢管落空而安排的替代货物。

（一）运费损失 73 210.29 美元

根据申请人与被申请人签署的租约，扣除 5% 佣金后的运费总额为 152 000 美元。申请人签署的替代货物租约规定运费为 45 美元/吨，佣金为 3.75%，实际运输货物 2 207.12 吨，运费总额为 95 595.89 美元，扣除因装卸货条件不同而多支付的卸货费 16 806.18 美元，替代航次赚取的运费为 78 789.71 美元。原定航次与替代航次相比，申请人运费损失为 73 210.29 美元。仲裁庭审查了有关凭证，认为此项损失是由于被申请人未能提供租约约定的货物造成的，由被申请人承担相应的责任是合理的,应予以认定。

(二)装货港的船期损失

申请人认为原租约航次在装货港装货所需时间为 4 天,由于被申请人未提供货物在装货港实际装货时间为 8 天 13 小时 30 分钟,导致船期损失 4 天 13 小时 30 分钟。申请人提交的新港装卸时间事实记录表明:"东达"轮于 1999 年 4 月 20 日抵达装货港天津新港锚地,并递交准备就绪通知书,但船舶直到 4 月 24 日 10:33 才靠泊,17:20 开始装货,到 4 月 28 日装货完毕,总共装货 6 899.544 吨。仲裁庭认为,该记录不能证明装货港装货时间的拖延是由于被申请人的原因造成的,故仲裁庭对申请人的该项请求不予支持。

(三)申请人在卸货港的船期损失

鉴于替代货物的数量仅为被申请人本应交运的货物的 55%,而所使用的时间竟接近原来的 2 倍,实非被申请人在订立合同时所能预见;而且,两个卸货港卸货时间的长短取决于港口的具体安排和实际操作,以及港口、船舶和收货人协作等多种因素,这些因素也是被申请人在订立合同时无法预见的。仲裁庭认为,根据中国《合同法》第一百一十三条第一款的规定:"当事人一方不履行合同义务或者履行合同义务不符合约定,给对方造成损失的,损失赔偿额应当相当于因违约所造成的损失……但不得超过违反合同一方订立合同时预见到或者应当预见到的因违反合同可能造成的损失",因此仲裁庭不支持申请人的这一请求。

(四)关于申请人的律师费及办理本案的实际费用

申请人没有提出上述两项费用的金额及证据,仲裁庭对此不予认定。

(五)本案仲裁费为×××美元,由申请人承担 25%,即×××美元;被申请人承担 75%,即×××美元。

【资料来源】

[1] 陈瑛,韩杨. 国际货物运输实务与案例 [M]. 北京:清华大学出版社,2009.

[2] 本书委员会. 涉外律师在行动——中国涉外律师领军人才典型涉外案例汇编 [M]. 北京:法律出版社,2015.

第三部分 国际投资法

中外合资企业出资纠纷

1. 案例背景

国际合资经营企业,是指由外国投资者与资本输入国投资者根据资本输入国法律在当地设立的,按照法定或约定的比例共同出资、共同经营、分享利润、分担风险和损失的企业,是最常见的国际投资企业形式。

各国法律一般规定,外国投资者可以以货币、机器、设备、原材料等实物,专利权、商标权、专有技术等工业产权以及其他权利作为资本投入到本国。其中关于技术引进应当具有先进性和适用性。

为保证外资及时投入,一些国家明确规定了外国投资者的出资时间。外国投资者的资本投入可以分为一次性出资和分期出资,这两种资金投入方式中出资时间的规定也不尽相同。

根据我国《中外合资经营企业合资各方出资的若干规定》的规定,中外合资经营企业合同中规定一次缴清出资的,中外各方应当从营业执照签发之日起6个月内缴清;合同中规定分期缴付出资的,投资各方第一次出资,不得低于各自认缴出资额的15%,并且应当在营业执照签发之日3个月内缴清。

2. 案情事实

1994年12月,某省红星电器厂与一外国商人合资成立一家电器有限公司。合资企业合同约定,公司投资总额为400万美元,注册资本为210万美元。外方出资150万美元,中方出资60万美元。外方的150万美元出资中,有100万美元为货币形式,其中50万美元为他的自有资金,但以其在中国境内投资分得的人民币利润缴纳;50万美元由他向省国际信托投资公司借贷,但是要由中方及其上级主管部门——省机电局给予担保。当时中方合营者急于成立合资企业,于是同意了外方的要求,和省机电局一起为外方提供了担保函。外方的另外50万美元出资为实物形式,合同约定由外方在境外采购合资企业生产所需要的部分设备投入企业。中方的 60 万美元出资中，30 万美元为土地使用权出资，30 万美元为货币出资。

外方从省国际信托投资公司贷到美元后，与其自有资金一起投入了合资企业，又从国外二手货市场低价购买了旧设备，交工厂修理后，作价 50 万美元投入合资企业。中方办理了相当于 30 万美元的土地使用权转移手续后，又投入了相当于 20 万美元的货币，以后再也没有缴纳出资。

经过一段时间经营，中方发现外方投入的实物原来是淘汰的设备，其价格只有 40 万美元。中方指责外方虚假出资，要求其赔偿合资企业因此受到的损失。外方则认为中方的指责没有依据，还提出是中方没有按时缴纳出资，应承担违约责任的应当是中方。

随着时间的推移，双方的矛盾越来越大。在外方贷款到期时，由于企业经济效益不好，外方很少分得利润，所以没有能力偿还贷款。省国际信托投资公司多次催讨不果后，宣称将向法院起诉，要求由担保人清偿债务。

3. 争议问题

争议焦点集中在是外方赔偿合资企业的损失还是中方承担违约责任。

4. 分析和评述

（1）合资企业外方的货币出资只能是外币出资，而且必须足额出资。本案的外方以人民币出资，以借入资本出资，还由省机电局为其作担保，这些都是违反中国法律的。

（2）对于外方的实物出资，应当在合资企业成立时就进行准确作价。事后发现外方在实物出资中有 10 万美元的虚假出资已经为时过晚，只能今后吸取教训了。

（3）外方向省国际信托投资公司贷的款是由省机电局担保的，在其无法偿还贷款时，应当由省机电局偿还。

（4）外方的实物出资中有 10 万美元的虚假出资，中方也有 10 万美元出资尚未缴付，就作为双方都减少出资 10 万美元，双方不必互相承担赔偿责任。

第一，对外方出资的币种的指责是不全面的。中国法律规定，合资企业的外方投资者，必须以可以自由兑换的外币出资，但是其从在中国境内设立的外商投资企业中获取的人民币利润，也可以作为资本出资。本案中，外方的人民币出资就是这种情况，只要其能够提供县以上外汇管理机关出具的有效证明，该行为就是合法的。

第二，合资企业外方的实物出资必须符合中国法律规定的三个条件，即为合资企业生产所必不可少的；中国不能生产，或虽能生产，但价格过高，或在技术性能和供应时间上不能保证需要的；作价不得高于同类机器设备或其他物料当时国际市场价格。一般地说，作为出资的机器设备，不能由一方采购，而应采用共同招标、联合采购的形式。本案中，合资企业对外方的实物出资任凭其采购报价，未进行准确作价，这是重大失误。事后发现外方的虚假出资虽然为时已晚，但也能采取补救措施。中方可以提请商检部门重新进行检验和鉴定，确实估价过高的，外方应当补足出资；如果是不能使用的设备，外方应当负责更换。外方还应当承担因此给合资企业造成的损失。

第三，本案中外方的货币出资有一半是以外方的名义借贷的外汇，这是可以的，但不能由中方给予担保，更不能由中方的上级主管部门给予担保。因为根据中国法律规定，合营各方作为出资的货币，必须是自己所有的现金，或者是以出资者自己的名义取得的银行贷款。任何一方都不能用以合营企业名义取得的贷款作为自己的出资，也不得以合营企业的财产和权益或合营他方的财产和权益为其出资做担保。这是因为合营企业是承担有限责任的公司，股东以其出资额为限承担法律责任。如果允许上述情况存在，会损害合营企业和合营他方的利益，混淆股东责任和企业责任。另外，中方的上级主管部门——省机电局属于政府机构，不能直接参与经济活动和商业行为；而且，政府机构所需要的经费是靠财政拨款的，如果对外出具担保，就会将债务责任转移给国家，因此其作出的担保是无效的。法律规定能够进行外汇担保业务的单位主要有中国银行、中国银行各分行、中国银行信托咨询公司；中国国际信托投资公司及若干省、自治区、直辖市的国际信托投资公司；中国工商银行广东、福建、上海等分行；中国投资银行；外国银行在国内开设的若干分行；其他经营外汇担保业务的金融机构，以及有外汇收入来源的非金融机构的企业法人。既然省机电局的担保无效，那么，外方欠信托投资公司的贷款，还是只能由外方偿还。

第四，双方都减少10万美元出资的办法是不可取的。一是因为合资企业的注册资本不能减少；二是中国法律对合资企业的投资总额和注册资本的比例有规定，400万美元投资总额的合资企业，其注册资本必须达到210万美元，本企业再减少注册资本就违反这一法律规定了。

第五，中方没有按期缴纳出资，确实是违约行为，应该立即缴清出资，并且承担违约责任。如果中方确有特殊情况不能按期缴纳出资，并且与外方协商一致延期缴纳出资的，应报原审批机关批准，并按实际交付的出资额比例分配收益。

【资料来源】

[1] 陈安. 国际经济法学刊 [M]. 北京：北京大学出版社，2006.

[2] 陈晶莹. 国际贸易法案例详解 [M]. 北京：对外贸易出版社，2002.

中外合作经营企业出资及转让法律问题

1. 案例背景

国际合作经营企业,是指外国投资者与资本输入国的投资者根据资本输入国法律在当地设立的,按照合同约定投资经营、分享利润、分担风险和损失的企业。

国际合作经营企业是一种契约式的合营企业,由合营合同规定各方的权利义务。该类企业通常不具有法人资格,各国往往将其按照伙伴来对待。但是,我国的法律规定具有特殊性,中外合作经营企业如果具备法人条件可以登记为企业法人。

股权变更是指外国投资者或其在外国投资企业出资(包括合作条件)份额的变化。各国对股权变更往往加以限制,这种限制主要包括两方面:一是得到合营他方的同意,合营他方有优先购买权;二是要取得审批机关的批准。

2. 案情事实

1996年8月26日,中国大陆某发展公司(以下简称"中方合作者")与香港某房地产公司(以下简称"外方合作者")签订了一份关于新建和经营某度假村的合作经营企业合同。该合同规定:合作双方以合作经营方式在中国某市某区建立度假村,并成立有限责任公司(以下简称"合作企业")。合作方式为:中方合作者提供度假村所需土地使用权20年,负责新建度假村所需的基础设施建设,并在度假村建成前2个月完工,同时负责将该度假村工程纳入某市生活服务体系;外方合作者负责项目的全部资金1 000万美元,分两次出资完毕,其中首期出资450万美元,在合作合同生效后1个月内到位,第二次出资视工程进度投入;合作企业的经营管理由外方合作者负责;利润分配为:每年以纯利润10%作为公司留存,剩余利润合作各方各得50%;亏损承担比例为:合作各方各占50%;合作经营期限为30年,从合作企业正式成立起计算。合同签订后,双方共同制定了合作企业章程。合同与章程报主管部门并获批准后,又向工商行政管理局领取营业执照，至此，合作企业正式成立。

合作企业进入经营期后，由于外方合作者在提供了首期出资后，没有继续提供资金，导致合作企业资金不足，加上企业经营管理不善，合作企业严重亏损。合作双方为此多次发生纠纷。1999年，外方合作者未经中方合作者同意，与外国某公司签订了一份转让其在合作企业权利义务的合同。中方合作者对此表示反对，但外方合作者置之不理。

1999年10月，中方合作者根据合作企业合同中订立的仲裁条款提出仲裁，提出以下主张：①要求外方合作者继续提供第二期出资，并承担不按期出资的违约责任。②企业经营管理是由外方合作者负责，应由外方合作者承担因其管理不善而给合作企业造成的损失。③要求外方合作者停止非法转让股权行为。外方合作者辩称：①合作合同规定第二期出资应视工程进度投入，但工程本身并不需要投资，因此，其在出资方面并没有违约。②企业亏损并非完全因为管理不善所致，而是由多种原因造成的，中方合作者不予以合作则是其中最重要的原因，责任应由合作双方共同承担，而不应由其单方承担。③其转让股份的权利义务符合法律的规定。

3. 问题焦点与判决结果

3.1 问题焦点

（1）关于合作合同的效力问题。
（2）关于合作各方的出资期限。
（3）关于合作企业的经营管理。
（4）关于外方合作者转让出资。

3.2 判决结果

本案仲裁庭对合作双方进行了调解，双方达成以下和解协议：①外方合作者停止转让行为。②对合作企业合同进行修改，进一步理顺双方之间的关系，其中重点对以下两个方面的内容进行修改：一是改外方合作者单方对合作企业进行经营管理为合作双方共同进行管理；二是将外方合作者的第二期出资期限改为以固定的出资期限。

4. 分析和评述

4.1 关于合作合同的效力问题

在明确合作双方之间的争议之前，必须明确合作合同是否有效，应该说这是问题的关键,因为合作双方所有的权利和义务都基于合作合同而产生,合作双方相互指责对方违约开脱自己的责任也是基于此。在本案中,合作双方签订的合作合同内容合法,程序符合要求,因此是有效的。合作双方应严格按照合同的规定履行各自的义务,任何一方不履行义务都将构成违约,应承担相应的责任。

4.2　关于合作各方的出资期限

合作企业区别于合资企业的主要特点是合作双方出资比较灵活,合作各方以什么方式作为投资或者提供合作条件,其数量多少完全由合作各方自由商定,并应严格遵守。在本案中,合同规定外方合作者的第二期出资视工程进度投入,实际上是极为模糊的,没有明确的出资期限,主动权实际上完全掌握在外方合作者手中,其在任何时候不出资都可以以工程进度未到为借口。由于合作合同规定本身存在问题,中方合作者以外方合作者不按期出资为由要求对方承担违约责任是站不住脚的。因此,若要从根本上解决这个问题,就必须对合作合同进行修改,明确出资期限,或明确工程进展的具体程度作为出资标准。

4.3　关于合作企业的经营管理

合作企业的经营管理涉及的内容较多,从我国法律允许合作企业设立的组织机构来看,可采取不同的形式对合作企业进行经营管理,包括董事会制、联合管理制以及委托管理制等。董事会制度一般适用于具有法人资格的合作企业;联合管理制一般适用于不具备法人资格的合作企业;委托管理制则是指合作企业成立后委托合作一方或中外合作者以外的第三方进行经营管理的制度,既可以适用于具有法人资格的合作企业,也可以适用于不具备法人资格的合作企业。在本案中,合作企业的经营管理实际上采取的是委托管理制,即委托外方合作者进行经营管理,其出发点是为了引进先进的管理方法,提高企业的经济效益和竞争水平,但由于外方管理者经营管理不善,却导致了合作企业的亏损。中方合作者以此为由要求外方合作者承担亏损责任实际并不妥当。原因在于,一方面,委托经营方式应该是合作企业成立后,由合作企业委托外方合作者进行管理,而不应由合作双方在合作合同中加以规定,作为双方的权利义务;另一方面,合作合同中对于企业亏损的承担方式明确规定为双方各占50%,而没有规定如果外方合作者经营管理不善造成亏损应承担什么样的责任。因此,即使合作双方没有达成和解协议,中方合作者的上述主张也不会得到支持。

4.4　关于外方合作者转让出资

合作各方转让出资额必须符合法律规定。在合作企业中,出资额的转让一般受到限制。根据《中外合作经营企业法》的规定，合作一方转让其在合作企业合同中的全部或者部分权利义务的，必须经他方同意，并报审批机关批准。本案的实际情况是，外方合作者转让其在合作企业中的权利义务，未经中方合作者同意，也未经审批部门批准，其转让行为本身违反我国法律的规定，转让不具有法律效力。外方合作者如因此给中方合作者造成损失的，应承担相应的赔偿责任。

【资料来源】

[1] 吕岩峰，何志鹏，孙璐. 国际投资法 [M]. 高等教育出版社，2006.

[2] 赵永宁. 国际经济合作 [M]. 机械工业出版社，2009.

中外合资经营企业合同效力争议案

1. 案例背景

合资企业的注册资本是指为设立合资企业在登记管理机构登记的资本总额,应为合资各方认缴的出资额之和。注册资本是合资企业的实收资本,是合资企业在登记管理机构登记的合资各方已经缴纳或者合同约定应当缴纳的出资额的总额,它是合资企业分配利润的基础和承担风险的依据。

当出资者以土地作为出资资本时,应当支付场地使用费。场地使用费在开始用地的5年内不调整,以后随着经济的发展,供需情况的变化和地理环境条件的变化需要调整时,调整的间隔期应当不少于3年,场地使用费作为中国合营者投资的,在合同期限内不得调整。

2. 案情事实

1992年7月18日,申请人与被申请人于中国××签订了合资合同。合同规定,合资经营的目的是进行房地产开发,经营开发范围是在××市及××经济技术开发区进行房地产开发,经营进出口贸易,从事一切国家允许的商业贸易经营活动。

合同还规定,双方投资总额为500万美元;双方出资额为250万美元作为合营公司的注册资本,其中被申请人以土地使用权折合50万美元出资,占注册资本的20%,申请人以现汇200万美元出资,占注册资本的80%。

××省人民政府于1992年8月7日以"外经贸×府×区字〔1992〕1337号文"批准成立该合营公司。中华人民共和国工商行政管理局于1992年8月29日颁发了该合营公司的营业执照。

在履行合营合同的过程中,申请人与被申请人发生争议,经协商未能解决,申请人遂向仲裁委员会申请仲裁。申请人提出如下仲裁请求:

(1) 裁决被申请人赔偿因其履行合同约定出资义务,未完全缴纳土地使用权出让金，导致合资公司位于××开发区 2-6 小区的 19 910.013 平方米土地使用权被××开发区建设环保土地局收回，给申请人造成的经济损失人民币 2 229 921.44 元。

（2）裁决被申请人赔偿申请人因已建成别墅由于被申请人未能办理土地使用权证而不能正常经营错过销售时机所遭受的经济损失人民币 1 413 721.66 元。

（3）裁决被申请人赔偿申请人在被收回土地上已付出的前期开发费及利息共计 429 680.21 元。

（4）由被申请人承担仲裁申请费和律师费。

其后，申请人将其仲裁请求改为：

（1）终止申请人与被申请人合资合同，清算合资企业××企业有限公司。

（2）裁决被申请人赔偿因其未履行合同约定出资义务，未完全缴纳土地使用权出让金，导致合资公司位于××开发区 2-6 小区的 19 910.013 平方米土地使用权被××开发区建设环保土地局收回，而给申请人造成的经济损失人民币 2 229 921.44 元。

（3）裁决被申请人赔偿申请人因已建成别墅由于被申请人未能办理土地使用权证而不能正常经营以致错过销售时机所遭受的经济损失人民币 1 898 296.72 元。

（4）裁决被申请人赔偿申请人因合资公司解散而损失的管理费及利息共计人民币 542 414.02 元。

（5）裁决被申请人赔偿申请人因土地被收回而损失的前期开发费及利息共计人民币 295 074.18 元。

（6）由被申请人承担仲裁费、律师费人民币 158 600.00 元及申请人为本案支出的其他费用。

最后，申请人又将其上述仲裁请求的第二项撤销。因此，申请人的最后请求只有 5 项。

被申请人曾提出反请求（反诉），后又撤回其反请求。

申请人的主要申诉如下：

1992 年 10 月 8 日，合营公司与××开发区土地管理局签订国有土地使用权出让合同；据此，××开发区土地管理局出让位于开发区 2-6 小区面积为 29 042.20 平方米的地块给合营公司，出让金标准为 160.00 元/平方米，合同规定土地使用权出让金分两次交付，1992 年 9 月 16 日交付 30%，1993 年 9 月 16 日前交付 70%。申请人于 1992 年 10 月和 1994 年 3 月 28 日共缴纳 4 042.20 平方米出让金人民币 651 474.79 元，其余 25 000 平方米土地出让金按申请人与被申请人合营合同的规定应由申请人缴纳。

1992 年 9 月 16 日，××开发区建设环保局代被申请人向××开发区土地管理局缴纳了 5 156.25 平方米土地使用权出让金人民币 825 000.00 元。

1993 年，××开发区建设环保局与××开发区土地管理局合并为××开发区建设环保土地局后，××开发区建设环保土地局于1994年3月向××会计师事务开发区分所出具被申请人已办理齐全2-6小区25 000平方米土地手续的证明；据此，该会计师事务所于1994年4月20日出具了申请人和被申请人完成约定出资的验资报告书。但事实上，被申请人并未缴纳剩余的土地使用权出让金，结果导致××开发区建设环保土地局于1998年3月13日以"×开建环土字〔1998〕14号文"和"16号文"决定解除合资公司与其签订的国有土地使用权出让合同书，收回已出让的土地使用权，理由是合资公司未缴纳土地使用权出让金，未及时施工建设。

被申请人本应以××开发区2-6小区25 000平方米土地使用权作价出资，但仅实际缴纳了5 156.25平方米土地使用权出让金，其余19 843.75平方米土地使用权出让金未缴纳，造成土地使用权被收回和申请人已投资建成的别墅不能及时销售的严重后果。根据《中华人民共和国中外合资经营企业法》第三十一条、国务院批准，对外经贸部、国家工商局发布的《中外合资经营企业合营各方出资的若干规定》第七条和《中华人民共和国涉外经济合同法》第十七条、第十八条和第十九条的规定，被申请人应承担未履行出资义务的责任，并应赔偿申请人所受到的一切经济损失。

被申请人主要的申辩是：

1. 1992年9月16日，被申请人按规定缴纳了第一批土地使用权出让金人民币825 000元。后来，被申请人发现，申请人将其注入合营公司的资金200万美元，以国外购买钢材的名义，全部由合营公司汇回香港，抽逃了出资，合营公司没有资金，无力对土地开发和建设，土地随时都可能被土地主管部门收回，被申请人缴纳的土地使用权出让金也会被没收，为了避免更大的损失，被申请人决定暂停缴纳第二批土地使用权出让金。因此，被申请人未按合同规定缴纳第二批土地使用权出让金的行为是申请人抽逃合营公司的全部资金，首先违约而造成的。

申请人抽逃资金的情况如下：

(1) 购买钢材的合同实际上是申请人自己与自己签订的，申请人派任合营公司的董事长吕××既代表购货方在合同中签字，又代表供货方在合同中签字；而且，供货方的地址。电话、传真与申请人的地址、电话、传真完全相同。

(2) 购货合同规定"见单后付款"，但在从未见单的情况下，申请人即将其投入合营公司的200万美元汇出。

(3) 几年以来，合营公司至今没有收到过一吨钢材。

(4) 购买钢材之事，根本未经合营公司董事会同意。

(5) 合营公司根本没有买卖钢材的记录。

2. 土地主管当局解除其与合营公司签订的土地使用权出让合同并收回29 042.20平方米使用权的原因，第一是合营公司未依约开发和建设该土地；第二是未依约缴纳土地使用权出让金。这说明，此事的责任首先在于申请人。

申请人反申辩如下：

申请人至1994年4月19日为止向合营公司投入资本2 000 009.48美元，符合合营公司合同的规定。

申请人的出资完全在合营公司董事会的控制之下，购买钢材是双方共同的行为。

被申请人出示的4份与合营公司经营行为相对应的中国人民建设银行汇款回单每一份上面均盖有合营公司的财务章、合营公司董事长吕××的名章和合营公司总经理张××的名章。张××同时是被申请人委派的合营公司的董事。

合营合同第15条规定了7类应由董事会一致通过方可作出决定的事项，被申请人所质疑的合营公司经营行为不属于这7类事项，而属于该条文中所述的其他事项；该条文规定："其他事项应由双方全体董事会成员2/3以上通过方可作出决定"。

合营合同第14条规定，合营公司董事会由8人组成，被申请人委派3人，申请人委派5人。董事长由申请人一方担任。

购买钢材不是申请人的单方行为，这些行为即使不能说是合营公司董事会全体一致通过而为的行为，也可以说是合营公司董事会2/3以上董事通过而为的行为，也就是说由被申请人方的1名董事加上申请人方的5名董事（超过了董事会全体成员的2/3）通过而为的行为。

综上所述，可以得出结论，申请人的资质完全符合合同规定。被申请人所质疑的购买钢材的行为是申请人与被申请人双方共同决定而作出的行为。至于这些经营行为盈亏与否则属于另一法律关系，与本案无关。而且，合营公司总经理系被申请人委派的，合营公司具体经营行为由总经理负责，被申请人所质疑的购买钢材的经营行为应由被申请人自己承担解释责任。

最后，被申请人提出违约者是申请人，根据合营合同第38条"只有守约方才有权要求违约方赔偿经济损失"的规定，申请人根本没有权利向被申请人主张损失赔偿，请求仲裁庭驳回申请人的仲裁请求。

3. 争议问题及判决结果

3.1 争议问题

双方争议的一个问题在于申请人通过合营公司并以国外购买钢材的名义将其出资的200万美元全部汇回中国香港的行为究竟是通过正常的董事会决定而进行的合营公司合法行为，还是申请人一方违反合营合同且未经董事会决定同意的单方抽逃资金的行为。被申请人主张为国外购买钢材的行为实质上是申请人抽逃资金的行为，并举出购买钢材合同的签订双方都是申请人委派的董事长吕××、购货合同规定见单后付款而申请人却未见单而付款、几年以来公司根本没有收到钢材以及购买钢材事宜未经董事会同意且无公司记录等证据，证明购买钢材付款仅仅是申请人的抽逃资金行为。对此，申请人则举出公司银行汇款文件上的名章以及合营合同第15条规定的董事会权限和表决方式，来证明其购买钢材和汇款行为属于合营公司的行为而非申请人单方面行为，既然是合营公司行为，则构成了合营公司经营中的另外一类法律关系，因此，该购买钢材和对外付款的行为与本案无关。

对此，应该认为，公司总经理张××只是被申请人方的董事，他无权代表被申请人。这里关键的问题是，如果确实存在证据证明购买钢材已对外付款的事宜经过了董事会的一致通过或者经过了全体董事会成员2/3以上通过，那么起码从形式上，可以认为符合了合营合同和公司规定。正如仲裁庭所指出的，申请人并未拿出充分的证据证明购买钢材及对外付款的事宜经过了董事会的通过，所以，这只是一种推论。更为重要的是，即使是符合了合营合同规定经过了董事会的同意，但是，将公司流动资金全部汇走且购买钢材交易本身的有关事实表明，购买钢材本身仅仅是申请人为达到抽逃资金的目的而进行的子虚乌有的虚假交易而已，其实质不过是申请人的单方面抽逃资金的行为。而且，这在合营公司而言，实际上就是"注册资本的增加或转移"范围的事项，必须经过董事会全体一致通过。对此，申请人并无充分证据证明董事会开会讨论过此事，也无法证明经过了董事会全体一致通过。因此，申请人的主张不能成立。

这里涉及作为中外合资经营企业的有限责任公司本身的公司治理结构问题。一般而言，有限责任公司的权力机构应该是股东会，董事会主要是执行股东会决议并对股东会负责。中外合资经营企业的有限责任公司的未来发展趋势也将走向规范化的有限责任公司治理机构。

3.2 判决结果

1. 本案申请人和被申请人在合营合同中约定，"本合同的订立、效力、解释、履行和争议的解决均受中华人民共和国法律的管辖"。据此，本案适用的法律应为中国法律。

2. 仲裁庭注意到：

（1）被申请人未依约向土地主管当局缴纳第二批应缴纳的土地使用权出让金，被申请人说其未缴纳第二批土地使用权出让金的理由是它发现申请人将其投入合营公司的注册资金200万美元抽逃至香港，使合营公司至今无力在已获得土地使用权的部分土地上开发和建设，首先违约，故暂停缴纳第二批土地使用权出让金。《中华人民共和国涉外经济合同法》第十七条规定,"当事人一方有另一方不能履行合同的确切证据时,可以暂时中止履行合同,但是应当立即通知另一方……"据此,本案被申请人是可以暂时中止履行其缴纳第二批土地使用权出让金的合同义务的,但是被申请人应当立即通知申请人。然而,被申请人从未通知过申请人。因此,仲裁庭认为,被申请人应承担其未依约缴纳第二批土地使用权出让金而导致土地被收回的责任。

(2) 申请人承认,他投入合营公司的资金 2 000 009.48 美元已全部汇到香港购买钢材,但是他说这不是申请人单方的行为,而是申请人和被申请人双方共同的行为,主要理由是:

第一,这些钱分批汇出时,每批汇出的有关单证上均盖有合营公司董事长吕××(申请人委派的)的名章和合营公司总经理兼董事张××(被申请人委派的)的名章,这说明被申请人方是同意将此 2 000 009.48 美元汇到香港购买钢材的;

第二,合营公司第 15 条规定,"董事会是合营公司的最高权力机构,决定合营公司的一切重大事宜,下列事项须董事会一致通过,方可做出决定:

① 合营公司的章程修改;
② 批准财务年度报表、收支预算、年度利润分配方案;
③ 总经理、主要经营管理人员的聘用;
④ 企业注册资本的增加或转移;
⑤ 决定企业停止、终止或解散;
⑥ 合营公司与其他经济组织合并;
⑦ 合营公司产品销售及价格的确定。

其他事项应经双方全体董事会成员 2/3 以上通过方可作出决定"。

将合营公司资金 2 000 009.48 美元汇到香港购买钢材属于上述规定的其他事项,无须董事会全体成员一致通过方可作出决定,只要董事会成员 2/3 以上通过即可作出决定。将合营公司资金 2 000 009.48 美元汇到香港购买钢材一事,已得到申请人方 5 位董事和被申请人方 1 位董事(张××)的同意,这已得到董事会全体成员 2/3 以上同意,也就是得到了董事会的同意。因此,此事是申请人与被申请人双方共同的行为。

仲裁庭认为:

第一,张××只是被申请人方 3 名董事中的 1 位董事,他无权代表被申请人,他的名章盖在将合营公司注册资本汇到香港购买钢材的单据上并不能说明被申请人同意此事;

第二,2 000 009.48 美元是合营公司注册资本总额的 80%,也是合营公司流动资金的总额,合营公司其余的 20% 注册资本是以土地使用权折价而成的,不是流动资金,所述 2 000 009.48 美元全部汇走后,合营公司根本就无法依约依法在取得土地使用权的土地上进行开发和建设,这是合营公司的重大事宜,不属于合营合同第 15 条所述的其他事项,而属于该条款规定的须经董事会全体成员一致通过方可作出决定的事项,即属于"企业注册资本的增加或转移"范围的事项,合营公司董事会从来没有召开董事会会议讨论过此事,更没有董事会全体成员一致通过而对此事作出的任何决定,申请人说已有 6 位董事同意此事,也只是一种推论或论述,因此,申请人声称合营公司董事会已同意将合营公司全部流动资金 2 000 009.48 美元汇到香港购买钢材,是没有事实依据的;

第三,合营合同虽然就规定合营公司的经营开发范围包括"经营进出口贸易……从事一切国家允许的商业贸易经营活动",但是合营合同十分明确地规定:"合资经营的目的是进行房地产开发",特别是××省人民政府 1992 年 8 月 7 日颁发的外经贸×区字〔1992〕1337 号《中华人民共和国中外合资经营企业批准证书》只批准合营公司的经营范围为"房地产开发、兴办实业、兼营建筑、装饰材料、工艺品",中华人民共和国国家工商行政管理局发给的企合××总副字第 000775 号 1/1《中华人民共和国企业法人营业执照》也只准许合营公司的经营范围为"房地开发、配套销售自产建筑、装饰材料、工艺品",还应提出的是,当时进行钢材贸易必须得到中国对外经贸部有关部门的批准,本案以合营公司名义进行钢材贸易并未获得中国对外经贸部的批准,因此,此事是超出合营公司的经营范围和违反中国外贸的规定的。

(3) 仲裁庭还注意到:

××经济技术开发区建设环保土地局于 1998 年 3 月 12 日作出的×开建环土字(1998)14 号"关于解除×开地会字(92)086 号《国有土地使用权出让合同书》的决定"的全文如下:

××宏运企业有限公司:

你公司于 1992 年 10 月 18 日与我局签订了使用Ⅱ-6 小区 29 042.20 平方米土地的×开地合字(92)086 号《国有土地使用权出让合同书》,你公司在履行合同使用土地的过程中,严重地违犯了合同第 7 条、第 9 条的规定。现依据合同第 10 条、第 28 条的规定,经研究决定:

解除你公司的×开地合字(92)086 号合同,终止履行。

××经济技术开发区建设环保土地局
(章)
1998 年 3 月 12 日

《国有土地使用权出让合同书》第 7 条规定:

"根据拟建工程的规定,确定建设周期为 2 年,自 1992 年 9 月 12 日起至 1999 年 9 月 11 日止。"

《国有土地使用权出让合同书》第9条规定：

"本地块的出让金标准为160.00元/平方米，总计4 626 752元……乙方（本案被申请人）分两次向甲方（××经济技术开发区土地管理局，现为××经济技术开发区建设环保土地局）缴付本息，每次缴付额度依次为总额的30%、70%，缴付时间依次为1992年9月16日，1993年9月16日前……"。

上述两决定说明，《国有土地使用出让合同书》被解除和有关土地被收回的原因是：

第一，合营公司没有在确定的建设周期内进行和完成施工建设；对此，本案申请人应承担责任，因为他的单方行为将合营公司的全部流动资本汇到香港购买钢材，导致合营公司没有资金去进行土地开发并在确定的建设周期内进行和完成施工建设，即使申请人能证明将合营公司全部流动资金汇到香港购买钢材是申请人与被申请人双方的共同行为，申请人也应共同承担责任。

第二，合营公司没有依约近期向土地局缴付土地使用权出让金；对此，被申请人依约应承担责任，因为根据约定，合营公司应缴付的土地使用权出让金是由被申请人缴付的。

综上所述，仲裁庭的最后意见是：

（1）将合营公司的全部流动资金2 000 009.48美元汇到香港购买钢材是申请人单方的违约、违法的行为。

（2）不按约按期向土地局缴付土地使用权出让金是被申请人单方的违约行为。

（3）上述（1）、（2）项所述行为，从出资的含义上讲，申请人由于将其投入合营公司的2 000 009.48美元全部汇回香港购买钢材，历时6~7年之久，没有见到一吨钢材，也没有把钱汇回合营公司，实属出资未到位；被申请人由于未缴付土地使用权出让金而未取得土地使用权作为其出资，也实属出资未到位。双方在出资方面均属违约。

（4）申请人和被申请人应对土地使用权出让合同被解除和土地被收回共同承担责任。

（5）因此，仲裁庭对本案申请人的5项仲裁请求，均不能予以支持。

（6）本案仲裁费应由申请人承担60%，由被申请人承担40%；申请人和被申请人因办理本案而支出的其他费用包括律师费、差旅费等，应各自承担。

裁决：

（a）驳回申请人的全部仲裁请求。

（b）本案仲裁费由申请人承担60%，由被申请人承担40%。本裁决是终局裁决。

4. 分析和评述

随着中国加入 WTO，外资的不断涌入，特别是大的跨国集团的纷纷加盟，中外合资经营企业以较高的增长速度在中国内陆不断成长。与此相关的调整中外合资经营企业之法律却显得分散凌乱且有不完善之处。现行中外合资经营企业的形式为有限责任公司，作为公司形式的一种，理应与《公司法》衔接，相互协调和分工。然而，中外合资经营企业法与公司法颁布的时间相差了十几年，后来的面向所有公司企业的公司法难以顾全很早颁布的中外合资经营企业法，这就留给了立法者和法学者许多需要进一步探讨解决的问题。新《公司法》已于 2006 年 1 月 1 日正式颁行，此次公司法修改比较慎重，并未涉及中外合资经营企业法的实质性改动，但是，现行的合资法及其配套立法中出现的问题，已不能适应新阶段下中外合资经营企业发展的需要。因此，对这些问题应如何解决，如何谋求新的突破和发展，使合资企业的各项重要行为有章可循，就成为法律界亟待研究的重要课题。

【资料来源】

[1] 中国国际经济贸易仲裁委员会仲裁裁决书选（1995 – 2002）[M]. 法律出版社.

[2] 韦经建，王彦志. 国际经济法案例教程 [M]. 北京：科学出版社，2005.

公司外交保护法律问题

1. 案件背景

外交保护是解决外国投资与东道国政府争议的传统方法之一。外交保护是指当本国国民在国外遇到损害,依该外国国内法程序得不到救济时,本国可以通过外交手段向该外国要求适当救济。国家形式外交保护基于国家的属人管辖权,是国家主权的体现,也就是说国家是作为国际法的主体行使其国际法上的权利。

2. 案情事实

巴塞罗那电车、电灯和电力有限公司是一家1911年成立于加拿大多伦多的控股公司,该公司建立的初衷是为西班牙加泰罗尼亚制造和发展一套电力生产及运送系统。为此该公司分别在加拿大和西班牙设立了许多附属公司。在各个相关时期以及在第一次世界大战之后不久,巴塞罗那公司都是被比利时国民公司控股。该公司发行过关于比塞塔币债券和英币债券的几批债券;然而1936年由于西班牙发生内战,债券支付功能暂停。比塞塔债券的利息支付功能于1940年得以恢复,但拒绝以外币支付英币债券,导致英币债券的利息始终没有恢复。1948年2月,3个持有英币债券的西班牙人以拒绝支付债券利息为由请求西班牙地方法院宣告该公司破产并没收附属公司的资产,西班牙人胜诉。据此,一个临时破产特派员取得了巴塞罗那公司及其他两家子公司的资产,并立即解雇了这两家子公司的经理而由西班牙董事接替。不久之后,起诉人还控制了其他的子公司。1949年,西班牙法院指定了破产公司的委托人,他为这些子公司开设新股,把西班牙境外的一切股份取消,并进而把以加拿大为基地的子公司的两个总部办事处从多伦多搬到巴塞罗那。最后,管理人在1951年得到法律上的认可,以新设股份的形式把附属公司的全部公司资本出卖;这些股份以公开拍卖方式卖给了一家新近成立的西班牙公司,该公司于是取得了在西班牙境内的这个大企业(即巴塞罗那公司)的控制大权。

在整个上述过程中，根据西班牙法律规定，巴塞罗那公司在宣告破产之后就丧失了其管理财产的能力和作为任何诉讼（除破产诉讼外）当事人的能力，而由破产管理人全权拥有有关公司的财产。但是，巴塞罗那公司在加拿大仍然拥有自己的董事会，加拿大法院后来任命了一个接受人，而安大略省最高法院则明确拒绝承认西班牙的破产诉讼。与此同时，巴塞罗那公司和其他有关当事人都向西班牙法院起诉，反对那项宣告破产的判决和有关的决定，但都没有成功。

在西班牙许多法院进行的一系列诉讼和英国、加拿大、美国、比利时等国政府代表巴塞罗那公司向西班牙政府提出的抗议，都无法取得圆满的解决。该公司所属国加拿大曾一度行使外交保护权，但也于 1955 年停止行使。于是，比利时政府依据 1927 年《比利时—西班牙和解、司法解决和仲裁条约》，于 1958 年 9 月 15 日书面请求国际法院，要求西班牙对"因西班牙国家机关所做违反国际法行为"而使巴塞罗那公司受到的损害对比利时籍股东给予赔偿，损害行为包括"剥夺权利享受"和导致"整个巴塞罗那集团被侵吞"。在此期间曾经有过停止诉讼而进行庭外解决努力，但没有成功。比利时于 1962 年 6 月提出新的请求书开始了第二阶段诉讼。对此，西班牙政府提出了 4 点初步反对意见，其中前两点分别主张比利时既已停止诉讼就无权重新提起新的诉讼，以及根据 1927 年条约约定由当时的国际常设法院管辖而国际法院对本案没有管辖依据。在实体问题上，西班牙主张比利时无权代表其国民出庭干预或者行使外交保护权，因为这些国民只是加拿大公司的股东而非比利时公司的股东，而且还认为尚未用尽当地救济。

3. 争议问题及判决结果

3.1 争议问题

比利时是否有权对作为加拿大法人的巴塞罗那公司中的本国股东因公司所在国西班牙针对该公司的有关措施而遭受的损害进行外交保护？

3.2 判决结果

法院在实质问题的裁判过程中，首先针对比利时是否有资格代表持有巴塞罗那公司大部分股份的比利时国民出庭诉讼这个国际法权利问题，指出对比利时的资格问题起决定性作用的是"是否存在有一种属于比利时并已为国际法所承认的权利"。

法院认为，关于保护外国人的义务有两种：一种是对整个国际社会所承担的一般义务；另一种是对另一个国家承担的个别义务。本案属于后者。对于这后一种义务，只有在以国籍为依据的外交保护制度范围内才能得到履行。法院认为，一国为行使外交保护，提出国际请求，首先就必须确定它有这样做的权利；关于这一问题的规则取决于两个条件：①被告违反了对国民所属国关于其国民方面负有的义务；②只有该国民的国籍国才能对这种违反国际义务提出请求。因此，关于比利时是否享有此种外交保护权利的问题，法院认为，这种权利必须限定在只代表本国国民进行干预的范围内；因为在没有特定协定存在的情况下，国籍是国际和个人间的纽带，它赋予国家以外交保护权。具体到了公司或法人的外交保护领域中，则要求国际法承认在国际领域中具有重要影响的国内法制度，即国籍法必须承认法人实体为国家在其国内管辖范围内创设的组织。同时，对与公司和股东待遇有关的国家的权利所产生的任何法律问题，由于国际法对此尚未确立自己的规则，而按照各国国内法普遍接受的规则，可以认为在有限责任公司中，公司与股东在法律人格和法律权限上是有区别的；一般而言，一项不法行为对于公司的权利造成损害并不意味着对其股东的权利也造成了损害，即使股东确实因此受到了利益损失，只有股东自己独立的权利受到了损害，才能够直接救济股东权利，而这只能参考国内法对股东权利的规定，因为国际法并未提到这种权利，从而一般很难做有利于股东的解释。因此，对公司的外交保护一般只能由公司国籍国行使，而不能由股东的国籍国行使。

至于公司的国籍问题，法院认为，就外交保护而言，判定公司的国籍应该以公司的成立地和住所地为标准，这两项标准已被长期的实践和许多国际文件所肯定。只有公司法人依某国法成立和在其域内有注册办事处，该国才对该法人实体行使外交保护的权利，而公司的成立地和住所地并不在比利时；所以在本案中，比利时对巴塞罗那公司不享有外交保护权。

不过，法院也认为这个普遍国际法原则可能有例外的情况，例如，当该公司已不存在或该公司的国籍国没有能力行使这个权利的场合。但法院又指出，本案不存在这些例外情况，因为：该公司国籍国即加拿大之停止行使保护，不是任何法律障碍的结果；而巴塞罗那公司在法律上还具有自己的人格和能力，并且也通过这种法律能力行使了保护自己和股东利益的权利。同时，法院也拒绝了这样一种可能，即依据"有效或真实联系"原则，揭开法人的面纱，进而根据控制情况来确定是否在国家和公司之间存在这种有效联系，他同样拒绝了不使用诺特波姆案中的"真实联系"原则而对公司实体进行外交保护的主张。

此外，法院也认为，在本案中不存在比利时作为国家自己的权利受到侵犯而有权提出国际请求的理由，法院还拒绝接受股东国籍国享有保护的权利就可以行使外交保护的主张。

因此，法院在1970年2月5日做出了本案实质问题的判决，以"出席法院的权利没有确立"为由驳回了比利时政府的请求。同时，由于对西班牙的这个第三项初步反对作了判决，法院认为没有必要对关于当地救济方法的西班牙的这个第四项反对主张和案件的其他方面，如比利时提出的西班牙政府侵害进而侵吞巴塞罗那公司财产的请求等问题作出判决。

4. 分析和评述

比利时不能对作为加拿大法人的巴塞罗那公司中的本国股东因公司所在国西班牙针对该公司的有关措施而遭受的损害进行外交保护。在本案的判决中，国际法院确立了这样的规则：①在公司受到损害时行使外交保护的权利属于在其境内根据其法律注册并在其境内设有办事处的国家，而不属于股东的国籍国。②股东在上述情况下有独立地起诉权，并且有资格为自己的权利要求行使外交保护；在股东的权利直接受到侵犯的情况下，其国籍国可以对他们行使外交保护。③有一些与双边或多边投资条约有关的做法倾向于基于股东直接保护，但不能因此而证明有任何习惯国际法规则存在，主张股东的国籍国有权对他们行使外交保护。法院将其视为特别法，不予采纳。这些规则后来成为对公司投资形式外交保护的国际习惯法规则。

对于本案而言，本案中，巴塞罗那公司是在加拿大注册登记的法人，因此，其国籍国应该是加拿大。因此，比利时政府无权就股东因西班牙政府针对该巴塞罗那公司本身的有关措施而遭受的损害进行外交保护。

目前联合国国际法委员会正在讨论的《外交保护条款草案》明确了上述法人外交保护的原则。

在习惯国际法中，国际代表其国民向他国提出国际请求，行使外交保护案，要受一定的限制，如果不符合这些条件，他国可以通过"预先异议"方式拒绝承认该国有权行使外交保护。当该项请求以提交国际法庭时，则可要求法庭在对实质问题审查之前即驳回该请求。具体的限制条件包括：国籍继续原则和用尽当地救济原则。

（1）国籍继续原则，该原则以属人管辖权为前提，要求受到侵害的投资者从受到侵害开始直至争议得到解决的整个过程中始终不间断的具有保护国的国籍。它有两层含义：第一，投资者应具有保护国的国籍；第二，在投资者自受到侵害开始直至争议得到解决或至少在提出外交保护时应连续不断地具有该保护国的国籍。

（2）用尽当地救济原则，是指在投资争议发生时，外国投资者必须尽可能利用东道国一切可资利用的救济手段，包括司法、行政、仲裁各方面的程序，寻求救济，只有在东道国拒绝司法、拖延诉讼、执法不公而使投资者得不到应有的救济时，即只有当外国投资者尽先通过在东道国国内可能使用的一切救济手段寻求救济而无结果时,才能诉诸外交保护。无论自然人和法人都需要用尽当地补救办法,这是一项公认的国际法原则,其理论依据在于属地管辖权优先原则及国家主权平等的原则。用尽当地救济规则确保"违法的国家有机会在其国内制度的框架内用本国办发进行补救"。当然,用尽当地救济规则也有例外。

【资料来源】

[1] 姚梅镇. 国际投资法成案研究 [M]. 武汉:武汉大学出版社,1993.

[2] 陈致中. 国际法案例选 [M]. 北京:法律出版社,1986.

返还投资款纠纷案

1. 案件背景

在外商对外投资纠纷中，对于宗主国法律的遵守是判定案件适用法律的基本依据。根据国际投资法中的礼让原则，案件纠纷应当互相尊重对方国家的法律和司法判决，而案件主体行为是否违反宗主国法律成为法院实施判决时的重要依据。本案的案点为退还投资款纠纷，双方在对被告是否有义务退还原告投资款方面有争议：原告认为其行为应当受到双方最初协定合同保护，有权接受退还款；但是被告则认为，其行为与中国相关法律相悖，行为构成违法则无权收回投资款。

2. 案情事实

案件原告为彼得·T·芭菲迪斯，为美国公民；被告为马未都，中国公民。具体案情如下：原告称，1996年8月，原告与被告马未都及朋友任大卫达成共同投资中国古典雕花窗户协议，原告依约投资了6万美元。同年8月27日，马未都、任大卫为原告出具担保书，保证无论投资是否成功，都将退还原告投资款。被告马未都收取该款后，未履行协议约定，亦不退还原告投资款，故诉请被告马未都返还投资款6万美元及利息15 604美元并承担本案诉讼费。被告则认为，其已收到原告彼得的投资款，也曾签署过担保书，但彼得作为外国人不得在中国进行投资且担保书应确认无效，双方应对投资共担风险，不同意原告彼得的诉讼请求。

北京市第一中级法院在对案情进行审理认为：1996年8月，彼得、马未都、任大卫拟订共同投资中国古典窗户雕刻艺术计划。投资总额150万元，每人50万股，按1/3分配收益；活动分为购买、出版、展出、出售四个阶段；投资款应在同年9月1日前缴足；马未都负责购买、修复和出版，彼得负责营销，任大卫负责展出。另对具体时间安排为：购买时间于1996年8月25日前完成、出版在

1997年6月、7月前完成，展出在1997年7月、8月前完成，出售在1997年9月前完成。该计划书三方均未签字。同年8月20日及27日，马未都、任大卫共同在一份担保书中向彼得承诺将正确使用其投资款并保证于1997年12月31日前退还彼得的全部投资。1996年8月27日，彼得通过电汇将6万美元给付马未都。任大卫未投资亦未参与履行三方计划。彼得除投资外，亦未参与其他履行。1998年4月，彼得为索要投资款致函马未都，马未都以该款已用于投资暂不能返还为由于同年4月8日复函彼得。在诉讼中，马未都提供其履行三方计划的花费凭证并申请追加任大卫为本案被告，但彼得表示不向任大卫主张权利。

3. 争议问题及判决结果

3.1 争议问题

彼得、马未都、任大卫三方投资协议的性质与效力，是本案的基础问题，也关系到担保书的性质、效力和各方法律责任的处理与认定。就此投资协议，马未都提出，根据我国《中外合资经营企业法》、《中外合作经营企业法》的规定，中国自然人不能作为与外国自然人、法人或非法人组织在中国境内进行投资合作的主体，且中方、外方的投资合作必须获得法律的认可和批准，故该投资协议无效，进而在投资协议基础上产生的担保书也属于无效。在二审中，马未都一方又提出，三方投资协议旨在投资中国古典雕花窗户，违反了我国《文物保护法》的有关规定，由此也会导致三方投资协议的无效。马未都一方又提出，外商对华投资首先应当开立外国投资者专用外汇账户，按三方协议彼得直接将投资款汇入马未都的私人账户，由此违反了外汇管理的有关规定，这也是导致三方投资协议无效的因素。

3.2 判决结果

北京市第一中级人民法院依据《中华人民共和国民法通则》第一百零八条的规定，作出如下判决：

1. 被告马未都于本判决生效后之日起30日内退还原告彼得·T·巴菲迪斯投资款6万美元及该款的定期存款利息（自1998年1月1日起至给付之日止）。
2. 驳回原告彼得·T·巴菲迪斯的其他诉讼请求。

而后，被告向北京市高级人民法院提出上诉请求。上诉人诉称：本案为投资而非借贷纠纷，应遵循共同承担风险、共享利益的原则。基于对上诉人专业水准和经验的认同，对被上诉人和第三人资金实力及海外市场运作能力的认可，当事人一致以为此次合作不可能不成功，在此前提之下，上诉人和第三人为被上诉人签署了担保书,其性质属于保底条款,显失公平,应确认无效。根据《中外合资法》以及《中外合作法》的规定,三方合作形式违反我国法律强制性规定,协议违反了我国《文物保护法》和《外汇管理法》的有关规定,应属无效合同。外商对华投资首先应当开立外国投资者专用外汇账户,彼得直接将投资款汇入马未都私人账户也违反法律规定。北京市高级人民法院根据上述事实和证据认为:本案当事人从友好解决纠纷的目的出发,愿在法院调解下合理解决争议,任大卫愿意支付2万美元给彼得,彼得、马未都亦同意各做一定程度的让步,经二审法院主持调解,彼得、马未都和任大卫自愿达成协议,该和解协议系当事人自愿订立,不违反法律、法规的禁止性规定,故应予确认。

北京市高级人民法院依法确认当事人调解协议如下:

(1) 三方计划书终止履行;

(2) 马未都返还彼得·T·巴菲迪斯投资款4万美元及利息5 000美元共计45 000美元(给付方式为:第一笔1万美元于本调解书签收之日起50日内履行;余款于本调解书签收之日起100日内履行,上述款项每迟延一日支付50美元滞纳金);

(3) 任大卫支付彼得·T·巴菲迪斯2万美元(于本调解书签收之日起50日内履行);

(4) 一审案件受理费11 266元,由彼得·T·巴菲迪斯负担,二审案件受理费11 266元,由马未都负担;

(5) 彼得·T·巴菲迪斯、马未都、任大卫就三方协议及担保书履行不再具有权利与义务关系。

4. 分析和评述

对于本案而言:依照我国《中外合资经营企业法》、《中外合作经营企业法》,我国自然人不能作为与外国法人或非法人组织、自然人在中国境内合资、合作设立的主体,且中外方的投资合作必须获得法律的认可和批准。本案确有我国自然人与外国自然人的经济合作关系,那么,本案投资协议是否属于合资、合作协议就直接影响到投资协议的效力。就此而言,确定本案投资协议是否有效,应当考虑投资协议的性质。就投资协议的内容可以看出,三方之间并不设立企业组织,且系共同出资、共同经营、共担风险、共分利润,应属于个人合伙关系,因此,该投资协议并非中外合资经营或中外合作经营协议,而是个人合伙协议。那么,我国法律是否限制我国自然人与外国自然人合伙经营呢?应当说,答案是否定的。个人合伙是轻便、快捷的民间经济合作方式,法律并不进行专门的限制。正因为如此,马未都一方关于本案应适用外商投资和市场准入的法律规定认定三方投资协议无效的抗辩是不成立的。

同时，马未都一方关于三方投资协议无效的其他两个抗辩理由也是不成立的。第一，本案投资协议所涉标的为古典门窗而非文物。《文物保护法》对文物的范围有明确的规定，并规定，私人收藏的文物，严禁倒卖牟利，严禁私自卖给外国人。可见，法律是禁止文物买卖的。就《文物保护法》所规定的文物范围看，其中能与古典门窗相联系的类型应当是"历史上各时代珍贵的艺术品、工艺美术品"一类。应当说，古典门窗中可能会有属于"珍贵的艺术品、工艺美术品"的文物，但古典门窗并不当然就是文物，古典门窗与文物并非同一概念，法律也不应通过禁止可能与文物相联系的物品的买卖实现禁止文物买卖的目的。正因为如此，马未都一方以三方投资中国古典雕花窗户违反了我国《文物保护法》的规定为由要求认定投资协议无效的抗辩也是不成立的。第二，涉及三资企业的外汇管理，国家有严格的规定，要求设立外国投资者专用外汇账户。但我国法律并无规定限制或禁止我国自然人接受外国自然人向其支付外汇款项。而本案所涉投资协议属于个人合伙协议，不受国家要求外国投资者设立专用外汇账户的限制。退一步讲，是否设立外汇专门账户并非当事人协议的主要内容，即便违反了外汇管理规定也不会导致合同整体无效。如果当事人在合同中约定的付款方式违反了外汇管理规定，也仅是导致该付款方式无效，而不会导致整个合同无效。因此，马未都一方关于三方投资协议违反了外汇管理的有关规定并导致合同无效的抗辩也是不成立的。

【资料来源】

[1] 林燕萍. 涉外民事关系法律使用法第4条及其司法解释之规范目的 [J]. 法学，2013（11）.

[2] 周成新. 外商投资合同争议仲裁若干问题初探 [J]. 法学评论，2000（03）.

香港联城企业公司董事投资权益纠纷案

1. 案件背景

国家管辖权有国际管辖权与国内管辖权之分。正如《奥本海国际法》（第九版）所说，"管辖权既牵涉国际法，也牵涉每一个国家的国内法"，"国际法决定国家可以采取各种形式的管辖权的可允许限度，而国内法则规定国家在事实上行使它的管辖权的范围和方式"。一般将前者称为国际管辖权，而后者称为国内管辖权。所谓国际管辖权，是指"在国际法的意义上"，"一国受理某些具有涉外因素的案件的法律依据"；"司法管辖一词，在国内法的意义上，是根据以确定某个或某类案件应由国内哪个或哪类法院受理的标准"；"涉外案件的国际管辖问题如果得到肯定，该案件应由管辖国何地、何类及何级法院受理，纯粹是一国国内法的问题，应按照该国的司法制度来决定"。关于国际管辖和国内管辖的区别，意大利米兰上诉法院在 Targioni v. Pescardo 案（1955）的判决中作如下解释："国际管辖和国内管辖之间的区别必须认清。国际上，意大利所有的法院是一个整体，意大利是否有权管辖的问题，必须同哪一个意大利法院可以审理的问题区别开来。……国内各法院之间的事务分配，不过基于便利。"需要注意的是，国内裁判管辖权的存在并不当然表明国际裁判管辖权的存在，"国际裁判管辖权规则解决一个诉讼案件应归哪个国家的法院裁判的问题"。而国内裁判管辖权，李浩培先生称为地域裁判管辖权，解决的问题是："在分设于不同地方而属于同类的一些一审法院中，哪个法院由于一个诉讼案件在地域上同它接近而应归该法院裁判"。一般来说，国际管辖的肯定，应以国内某一法院对该案件有管辖权为条件，只有在国内一个法院具有管辖权的前提下，才能主张整个国家的管辖权。

2. 案情事实

案件原告为深圳联城合作发展公司董事，马来西亚籍。被告为香港籍联城企业公司合伙人，深圳联城公司合作发展有限公司董事长。

香港联城企业公司为本案两被告1981年2月15日在香港注册的合伙公司。1981年8月14日，以广东省经济特区发展公司为甲方，香港联城企业公司为乙方签订了《开发联城工区协议书》、《开发联城新区协议书》各一份。《开发联城工区协议书》规定，双方在深圳特区合作开发"联城工区"，甲方负责在深圳特区文锦渡一带提供26万平方米土地，乙方负责筹集提供开发工区所需投资，预计金额不少于4亿港元。《开发联城新区协议书》规定，甲方负责在深圳湾后海一带提供6平方公里的土地，乙方负责筹集发展所需全部资金，预计总金额不少于4亿美元。两份协议均规定，开发和经营"工区"、"新区"所得收入，除去投资的还本付息、费用及按国家税法缴纳各种税项后，纯利双方对半分成。董事会是公司最高权力机构，董事会由9名董事组成，甲方派3名董事，乙方财团派（分配）6名董事，董事长由乙方人员担任，副董事长由甲方人员担任。合作期限为30年，住宅为50年，其中与创办大学有关者年期不限。同年9月13日，广东省经济特区管理委员会以"特管（1981）040号文"、"041号文"批准了上述两份协议书。《开发联城工区协议书》经批准后没有履行。《开发联城新区协议书》被批准后，广东省经济特区发展公司遂与香港联城企业公司共同组成了深圳联城（文锦渡）合作发展有限公司（以下简称深联公司），1982年8月12日，中华人民共和国工商行政管理总局为该公司核发了营业执照。1985年4月25日，因机构调整变化，广东省经济特区管理委员会以粤特管字（1985）20号文件通知深圳市政府，将《开发联城新区协议书》的甲方变更为深圳经济特区发展公司。

《开发联城工业区协议书》和《开发联城新区协议书》订立之后，被告余阳以履行上述两份协议为名向原告等筹集资金，从1981年至1985年陆续共取得原告等资金8 400 580.7港元，其中许统森出资105万港元，余智瑞出资4 700 580.7港元，余信亮出资140万港元，余信凯出资70万港元，余信蒂出资35万港元，陈树岗出资20万港元。被告余阳筹得原告前列款项后以香港联城企业公司的名义投资深联公司。1983年8月，两被告以履行其香港联城企业公司与广东省经济特区发展公司订立的前述两份协议为名，由两被告为发起人，邀集前列投资者在香港注册成立联城企业有限公司。被告余阳为董事长。经被告余阳安排，六原告同意，将六原告出资的8 400 580.7港元中的490万港元作为六原告在香港联城企业有限公司的股份，其余3 500 580.7港元作为借给公司的周转资金。1984年，两被告在香港注册了联城企业有限公司的全资附属机构联城企业公司，与两被告1981年注册的合伙公司同名。

1986年7月2日，深联公司第二次董事会第十六项决议确认合作甲方改为深圳经济特区发展公司，亦确认联城企业公司为联城有限公司的附属公司，是有限公司的乙方代表。这次董事会原告余智瑞、余信亮、许统森作为乙方财团派（分配）的董事出任深联公司董事会。1986 年 1 月 24 日至 25 日，深联公司第三次董事会决议确认香港联城企业有限公司多年来向深联公司注入资金往来账及投资款总共为 19 272 155.84 港元，其中投资款为 9 471 627.96 港元，投资款利息 1 850 301.91 港元。董事会决议，往来账及利息 12 118 630.93 港元，于 1986 年底以前全数清还予香港联城企业有限公司，投资款及利息待深圳会计师事务所验资及利润结算有结果之后，尽快尽力归还香港联城企业有限公司。

1987 年 10 月 14～15 日，深联公司在香港召开第四次董事会。这次董事会就关于付还香港联城企业有限公司投资本息问题确认根据第三次董事会决议已付还香港联城企业有限公司投资本息港币 5 250 269.68 元，并决定当月再付还 500 万港币，余额在 1988 年上半年之内清还。1986 年 9 月 13 日，两被告在未征得第三人深圳经济特区发展公司同意和有关部门批准的情况下，将香港联城企业公司与特发公司订立的《开发联城工区协议书》中的全部权益转让给香港联城企业有限公司，并从转让其在深联公司的权益中得到 680 万港元的转让费。

1987 年 10 月 7 日，北京会计师事务所深圳分所对深圳联城（文锦渡）合作发展有限公司的资本投入情况进行了验证。验证结果表明，香港联城企业公司已于协议生效之日起至 1986 年 10 月 31 日实际投入资本总额港币 9 471 627.96 元。

1985 年 11 月 7 日，被告余阳以"看看"为由从深联公司财务人员处取得深联公司在南洋商业银行深圳分行 100 670.80 万美元定期存款单。次日，余阳擅自以深联公司董事长的名义签字加盖深联公司公单致函南洋商业银行深圳分行，将深联公司在该行取款的有效签字人由余阳、饶辉（特发公司派深联公司副董事长）改为余协洲、霍彤森（香港联城企业公司派在深圳联城财务人员）。11 月 13 日，由余协洲、霍彤森签字将上述 80 万美元存款转为香港联城企业公司在香港南洋商业银行透支贷款的抵押担保。在余阳取走该存款单后，深联公司财务人员多次索要，其长期借故推脱不还，亦未将其已向南洋商业银行作贷款抵押之事通知深联公司及其上级主管深圳特区发展公司。因其无力清偿借款，该笔 80 万美元被南洋商业银行充抵了香港联城企业公司的债务。1987 年 5 月 7 日，由被告余阳以深联董事长身份签字，副董事长简灼南、李守芬签字加盖深联公司公章致函南洋商业银行将该笔款项作为借给香港联城企业公司处理。此后，经深联公司董事会同意将该款折合港币 6 239 200 元作冲抵偿还香港联城企业公司投资本息和其他款项处理。

1986 年 8 月 21 日，由被告余阳及简灼南签字以深联公司名义致函南洋商业银行深圳分行将深联公司为香港联城企业公司向该行贷款和担保的 600 万港元抵销了香港联城企业公司的借款，作为向香港联城企业公司清还往来账款。同年 12 月 18 日，由被告余阳及简灼南签字，深联公司以其在国际商业信贷银行（海外）有限公司的存款向香港联城企业公司支付了 3 738 367.8 港元。香港联城企业公司从 1986 年 4 月至 1987 年 8 月还向深联公司支取 175 万港元。综上，两被告以香港联城企业公司名义共从深联公司得款 17 727 567.8 港元。1987 年 10 月 26 日，被告余阳以香港联城企业有限公司董事长的名义致函深联公司要求按董事会决议归还 500 万港元投资本息，同年 12 月 2 日，深联公司向香港联城企业有限公司支付了该笔款项。上列事实有香港联城企业公司商业注册证明、《开发联城工区协议》、《开发联城新区协议》及有关批准文件、被告余阳写给余智瑞的取款清单、香港联城企业有限公司注册文件、香港联城企业公司与香港联城企业有限公司的转让协议、深联董事会会议纪要及决议、会计师事务所验证报告、银行支付文件和凭证及证人证言等为证。

3. 判决结果

深圳市中级人民法院鉴于上述事实和证据认为：

（1）本案的事实和证据足以认定许统森等六位原告为履行《开发联城工区协议》，确有向深圳联城（文锦渡）合作发展有限公司出资，其出资权益应当得到中国法律的确认和保护。

（2）深圳联城（文锦渡）合作发展公司作为中国法人，理应遵守中国法律，在法律规定的范围内运行。其董事会作为该合作企业的最高权力机构有权根据出资情况就归还往来账和投资款的方向做出决定，但不能以合法的形式对违法行为加以追认。因此，董事会追认两被告以欺骗的方式取得的深联公司 80 万美元无效，依法应予返还。

（3）余阳利用董事长的身份和职权签署文件，使两被告合伙经营的香港联城企业公司取得了深联公司的其他款项，违背了董事会的决议，侵害了其他出资者的权益，亦应全部返还，依照法律规定和法定程序重新处理。

（4）第三人深圳经济特区发展公司没有履行监督合作企业的责任，在两被告违背国家法律和董事会决议使其合伙经营之香港联城企业公司取得深联公司款项中亦应负相应的责任。

（5）原告许统森等六人在深圳联城（文锦渡）合作发展有限公司的投资者身份和地位应经由有关部门按照国家有关法律规定办理。

根据《中华人民共和国宪法》第十八条，《中华人民共和国民法通则》第五十八条第一款第五项、第二款、第一百三十四条第一款第四项，《中华人民共和国涉外经济合同法》第五条第二款，《中华人民共和国中外合作经营企业法》第三条，《中外合资经营企业合营各方出资的若干规定》第二条、第三条，《中华人民共和国广东省经济特区条例》第一条，《广东省经济特区涉外公司条例》第四条、第二十二条规定，经深圳市中级人民法院审判委员会讨论决定，于1990年8月18日做出判决：

（1）确认许统森等六人为履行《开发联城工区协议》已向深圳联城（文锦渡）合作发展公司出资。其中许统森出资105万港元；余智瑞出资470.058万港元；余信亮出资140万港元；余信凯出资70万港元；余信蒂出资35万港元；陈树刚出资20万港元。

（2）余阳、余协洲两被告人之香港联城企业公司从深圳联城（文锦渡）合作发展有限公司取得的11 488 367.8港元，应如数归还深联公司。

（3）余阳、余协洲两被告人之香港联城企业公司应向深圳联城（文锦渡）合作发展有限公司返还80万美元及其银行利息（按中国银行同期贷款利率计）。

（4）本案诉讼费24 020港元，由余阳负担9 608港元，余协洲负担9 608港元，深圳经济特区发展公司负担4 804港元，许统森等六人已预交，余阳、余协洲及深圳经济特区发展公司径向许统森等六人给付。前列给付款项自本判决生效之日起十日内给付清结，逾期按中国银行有关延期付款规定计付赔偿金。

一审判决后，余阳、余协洲不服深圳市中级人民法院判决，于1990年9月3日向广东省高级人民法院提出上诉。理由为：

（1）深联公司归还其合作乙方香港联城企业公司的投资款及往来账是完全合法的，既有董事会决议，也有合作双方代表签字，完全是公司的合法行为，一审判令香港联城企业公司向深联公司返还80万美元和11 488 367.8港元是错误的。上诉人与被上诉人在此案中根本构不成直接的诉讼关系，上诉人不应成为诉讼的被告。许统森作为香港联城企业有限公司的股东，并非深联公司的法定合作者，在深联公司归还乙方投资款和往来账问题上，与上诉人之间不存在任何直接的法律关系，故许统森对上诉人提起诉讼既无诉权，也无诉因，原告、被告主体不合格，侵权不能成立。

（2）香港联城企业有限公司不是深联公司投资者，无权对深联公司主张债权。

（3）一审法院追加余智瑞等五人为原告是非法的，违反了《中华人民共和国民事诉讼法（试行）》第五十一条、第八十一条第一款，第八十二条和第一百九十一条的规定。一审判决确认被诉讼人及其他五人向深联公司出资若干港元，是没有法律根据的。深联公司归还乙方投资款及往来账和利息16 000 000港元是合法的、根本不存在任何侵权行为。

被上诉人许统森、余智瑞、余信亮、余信凯、余信蒂、陈树刚六人于1990年10月20日就上诉提出答辩，认为：

（1）一审法院判令上诉人应依法返还80万美元和11 488 367.8港元给深圳联城（文锦渡）合作发展有限公司是完全正确的，既维护了投资各方的合法权益，又维护了中国法律的尊严。

（2）六位被上诉人是深联公司的真正投资者，有权对侵害其合法投资权益的上诉人提出诉讼。这一诉讼系对投资所有权的确认之诉，并联系到被上诉人在深联公司的投资权益被侵害的侵权之诉，这两个诉是互为关联，不可分割的。

（3）两上诉人是地地道道的假投资者，为了达到非法目的，谎称转让合约已得中方同意，用欺骗的手段提走深联公司80万美元，非法侵占了他人财产等，均应负法律责任。

（4）一审法院追加余智瑞等五人为原告完全符合中国法律。请求二审法院驳回上诉，维持原判。

广东省高级人民法院认为：

上诉人与被上诉人因投资权益纠纷而进行的民事诉讼，该合作协议的履行地与诉讼当事人争议的投资款均在中华人民共和国领域内，我国人民法院据此对本案行使司法管辖权，符合中华人民共和国法律和国际惯例；广东省深圳市中级人民法院受理本案，符合《中华人民共和国民事诉讼法》之规定。被上诉人余智瑞、余信亮、余信凯、余信蒂和陈树刚经深圳市中级人民法院依法追加为共同原告后，明确表示接受中国法院对本案的管辖，并委托许统森全权代表进行诉讼。上诉人余阳、余协洲诉称与被上诉人不构成直接的诉讼关系，不存在任何直接的法律关系，本案原告与被告主体均不合格，深圳市中级人民法院追加余智瑞等被上诉人为共同原告违反中国法律之诉均属无理，不予采纳。

上诉人余阳、余协洲为履行与被上诉人深圳经济特区发展公司签订的合作开发联城工区协议，向被上诉人许统森等人集资，并为此与许统森等人在香港成立了香港联城企业有限公司，专门履行与深圳经济特区发展公司所签订的合作协议。许统森等被上诉人则通过香港联城企业有限公司向深联公司进行投资，出资方式虽然以香港联城企业公司投入，但实际是香港联城企业有限公司许统森等被上诉人的投资，对此，深联公司董事会一再确认。董事会还多次决议要将投资款归还给香港联城企业有限公司，而不是归还给香港联城企业公司。许统森等被上诉人为此亦参与深联公司的经营管理，并被董事会委任为执行董事和董事。对此上诉人从未否认。与此同时，两上诉人在香港将香港联城企业公司在深联公司所享有的全部权益，以68 000 000港元转让给香港联城企业有限公司。上列事实证明许统森等被上诉人为履行开发联城工区协议确有向深联公司出资，其合法正当的投资权益应受中华人民共和国法律保护。两上诉人在深联公司经营过程中，未经公司董事会决议同意，利用职权抽走属于深联公司的资金，其行为严重损害了深联公司及其他投资者的合法权益。两上诉人诉称抽走部分款项是深联公司业务的正常运作，并未违反董事会决议，也未违反任何法律和损害他人的合法权益，所抽走的款项不应返深联公司，是缺乏事实和法律依据的，不予采纳。

鉴于许统森等被上诉人向深联公司投资仍未依照我国法律规定程序办理有关

手续，且香港联城企业公司将其在深联公司的全部权益转让给香港联城企业有限公司亦未依照我国法律规定程序办理有关手续，故对其在深联公司的投资者权利地位应按照我国法律规定向有关主管部门办理。

综上所述，深圳市中级人民法院依法受理本案后，进行公开审理，查明事实，分清责任，认定两上诉人侵权，判令两上诉人将所抽走的属于深联公司的款项恢复原状，返还给深联公司是正确的。两上诉人向本院提出的上诉理由和诉讼请求缺乏事实和法律依据，予以驳回。深圳市中级人民法院（1989）深中法经字第2—38号民事判决认定事实清楚，责任分明，审理程序合法，适用法律和实体判处正确，应予维持。但判令被上诉人深圳经济特区发展公司承担诉讼费不当，应予纠正。一审诉讼费应全部由上诉人余阳、余协洲承担。依照《中华人民共和国民事诉讼法》第一百五十三条第一款第一项规定，判决如下：

（1）驳回上诉，维持深圳市中级人民法院（1989）深中法经字第2—38号民事判决第一、第二、第三项和上诉人支付款项清结期限之项；

（2）变更深圳市中级人民法院（1989）深中法经字第2—38号民事判决诉讼费分担之项为：本案一审诉讼费24 020港元，由上诉人余阳和余协洲各自承担12 010港元。鉴于此费用已由被上诉人许统森预交，故两上诉人应将各自承担的费用径付给许统森。深圳市中级人民法院所收费用不予退还；

（3）本案二审案件受理费98 610港元，由上诉人余阳和余协洲分别承担49 305港元。

4. 分析和评述

本案是一起新加坡、马来西亚外商诉港商在我国境内的投资权益纠纷案。案情复杂、涉及面广、政治影响大，涉及中国、新加坡、马来西亚及中国香港几方当事人。因此法院也非常重视此案的审理，一、二审判决均由深圳中级法院和广东省高级法院审判委员会讨论通过。判决以后，在海内外产生强烈反响并受到国内外新闻舆论界的密切关注。核心涉及以下三个方面问题：

首先，中国法院有无司法管辖权。被告人在一、二审过程中均提出中国法院对此案无权管辖，新加坡、马来西亚原告人认为其侵权应向香港法院起诉。根据《中华人民共和国民事诉讼法》第二百四十三条规定："因合同纠纷或其他财产权益纠纷，对在中华人民共和国领域内设有住所的被告提起的诉讼，如果合同在中华人民共和国领域内签订或履行，或者诉讼标的物在中华人民共和国领域内，或者被告在中华人民共和国领域内有可供扣押的财产，或者被告在中华人民共和国领域内设有代表机构，可以由合同签订地、合同履行地、诉讼标的物所在地、可供扣押财产所在地、侵权行为地或者代表机构住所地人民法院管辖。"本案原告、被告虽位于新加坡、马来西亚和中国香港，但是其投资争议的标的物位于深圳，而且被告人利用职务之便侵害原告的利益的行为也发生于深圳，因此我国法院当然有管辖权。

其次，被告人认为股东无权告董事长，法院追加新加坡、马来西亚的其他原告人是不合法的。本案的一个最大的戏剧性特点就是被告人余阳身兼香港联城企业公司、香港联城企业有限公司、深圳联城（文锦渡）合作发展有限公司三家董事长。其在答辩中辩称：原告许统森等仅为香港联城企业有限公司股东之一，无权代表公司提起诉讼。我们认为，这是一种逻辑上的"偷换概念"。现在中国法院受理的不是香港联城企业公司诉香港联城企业有限公司的转让纠纷，也不是深圳联城（文锦渡）合作发展有限公司中外合作者之间的合作纠纷，而是被告人利用身兼三家董事长的职权，擅自改变董事会决议，将深圳联城公司返还给香港联城企业有限公司的投资款非法转入其父子俩的私人公司，侵害了新加坡、马来西亚投资者和中方合作者的合法权益纠纷。在诉讼期间，被告人为了对抗中国法院的司法管辖，又擅自利用董事长身份签署文件，撤销了原告人许统森在深圳联城公司的执行董事职务。为维护司法审判活动的正常进行，中国法院依法裁定该撤销文件无效，并通知新加坡、马来西亚其他五位原告为共同诉讼人。

最后，中国法院能否直接确认原告人的投资行为？被告人答辩的另一个焦点是：外方投资深圳联城公司是以香港联城企业公司名义进行的，其与新加坡、马来西亚原告的资金往来，以及在香港转让深圳联城企业公司的投资权益是另一个法律关系，中国法院不能直接确认原告人是深圳联城公司的直接投资者。我们认为：虽然被告是以香港联城企业公司名义与深圳签订投资协议，其内容中规定投资外方是财团。而且签订协议后，被告人立即到新加坡、马来西亚原告人处进行筹资活动，并在香港专门注册登记了有原告人参加的香港联城企业有限公司，并在报上公开刊登声明，将其在深圳投资权益全部转让给香港联城企业有限公司，并且委派许统森等原告人在深圳联城公司担任执行董事，法庭也查明原告资金一文不少地由被告人全部投资深圳联城公司，因此法院确认原、被告在香港的转让协议有效，确认原告人在深圳联城公司确有投资，判令其投资者的地位和权利应按照中国法律规定向有关部门办理是完全正确的。

【资料来源】

[1] 王铁崖. 国际法 [M]. 法律出版社，1995.

[2] 陈安. 国际投资争端仲裁 [M]. 上海：复旦大学出版社，2001.

国际投资法之股权份额确定案

1. 案情事实

原告杨永聪诉称：瑞迪公司成立于 2005 年 4 月 19 日，是由杨永聪个人投资设立的外商独资企业，杨永聪任公司的法定代表人、执行董事。2005 年 4 月，杨永聪委托江苏亨鑫科技有限公司（以下简称亨鑫公司）总经理钱利荣代为办理注册瑞迪公司事宜，钱利荣指派亨鑫公司办公室主任沈小鹏具体办理瑞迪公司的设立登记并签字领取营业执照。瑞迪公司设立后，原告因居住香港，遂委托钱利荣、孙虎兴负责打理公司业务。在公司经营过程中，原告多次要求钱利荣和孙虎兴提供公司业务状况，但两人从未将公司经营情况告知原告。2006 年 9 月 21 日，原告经吴江市公证处公证委托王某、虞某负责接收、保管、处理瑞迪公司事务。在王某、虞某致函要求钱利荣、孙虎兴移交瑞迪公司营业执照、公章、财务印鉴、财务账册等公司经营资料后，钱利荣等人仍然拒绝交还上述资料。

2006 年 11 月 23 日，杨永聪以瑞迪公司名义向钱利荣等五人提起损害公司权益诉讼，要求其返还公司营业执照、公章、财务账册等经营凭证。经宜兴市人民法院查询瑞迪公司工商登记档案，却发现瑞迪公司档案中表明：2006 年 10 月 5 日，杨永聪与蒋力群签订了《股权转让协议》，杨永聪将瑞迪公司全部股权转让给蒋力群。2006 年 10 月 18 日，宜兴市利用外资管理委员会批准瑞迪公司上述股权转让。同年 10 月 19 日，工商部门根据瑞迪公司申请将公司投资人和法定代表人由杨永聪变更为蒋力群，宜兴市人民法院遂作出第 2705 号民事裁定。

驳回杨永聪以瑞迪公司名义提起的诉讼。原告对所谓《股权转让协议》及相关外资审批、工商登记变更均毫不知情，也从未签署或授权他人签署瑞迪公司股权转让协议。综上，请求判令：①瑞迪公司的《股权转让协议》无效；②各被告向原告交还其所侵占的瑞迪公司营业执照、公章、财务印鉴、财务账册等一切公司经营资料；③由被告承担本案诉讼费用。

2. 判决结果

江苏省无锡市中级人民法院经公开审理查明：2006年12月7日，杨永聪（香港居民）以其从未与蒋力群（香港居民）签订涉及外商独资企业宜兴瑞迪铜业有限公司（以下简称瑞迪公司）的《股权转让协议》，蒋力群、钱利荣、孙虎兴、沈小鹏、蔡瑛、陆利云作为瑞迪公司实际经营者拒不返还瑞迪公司财产和经营凭证为由，诉至无锡市中级人民法院。

江苏省无锡市中级人民法院根据上述事实和证据认为：根据瑞迪公司现有工商登记资料，杨永聪并非外商独资企业瑞迪公司股东和法定代表人。杨永聪主张要求确认以其名义与蒋力群所订《股权转让协议》无效，实质目的是要求确认其对瑞迪公司享有股东权且有权要求瑞迪公司现有管理人员向其返还该公司经营资料。但众所周知，我国目前三资企业的设立仍然实行行政许可审批制度，即三资企业的设立除了具备法律所规定的条件外，还必须经过外资审批行政主管机关批准和工商部门登记，否则不得成立。杨永聪作为瑞迪公司《外商投资企业批准证书》记载的股东以外的自然人，直接请求人民法院确认外资审批机关已批准的《股权转让协议》无效并恢复其股东权，在其向相关外资审批行政主管机关提出行政复议或行政诉讼前，杨永聪的此项主张当然不能获得支持。此外，杨永聪要求蒋力群、钱利荣等人返还瑞迪公司营业执照、公章、财务资料等经营资料的主张同样于法无据。因为根据《公司法》规定：公司（无论是有限责任公司还是股份有限公司）均是独立法人，依法享有独立的法人格，有权独立行使包括经营权在内的独立财产权利，任何包括股东在内的其他自然人、法人或其他组织均无权干预企业法人的正常经营活动，更无权要求持有作为公司经营标志的营业执照、公章及财务资料等经营凭证。

江苏省无锡市中级人民法院依照《中华人民共和国公司法》第二条、第三条，作出驳回原告杨永聪的起诉的裁定。

3. 分析评述

本案涉及外商独资企业股东身份（资格）的确认、股东权与法人财产权的界定问题。

3.1 关于"三资企业"股东资格判断标准

涉外商事案件中，当事人要求通过民事诉讼确认股东地位而引发的股权纠纷是较为常见的案件类型，但现行《公司法》及三资企业法均未明确股东资格判断标准，理论界对此类问题也鲜有论述。最高人民法院通过典型判例和在《第二次全国涉外商事海事审判工作会议纪要》中做出规定的形式对此标准予以明确。

《最高人民法院公报》2004 年第 7 期刊载了该院审理的"香港绿谷投资公司诉加拿大绿谷（国际）投资公司等股权纠纷案"裁判文书。该案的"裁判摘要"称：根据中外合资经营企业法的规定，中外合资经营企业股权变更必须报经有关主管部门审批，并应根据主管部门审批的结果确定股东的身份。当事人认为股权变更不当并要求变更审批结果的，应通过行政诉讼解决。当事人就此提起民事诉讼，请求人民法院变更其在中外合资经营企业中股权的，应按照《民事诉讼法》第一百一十一条第（一）项的规定（驳回起诉）处理。"

最高人民法院《第二次全国涉外商事海事审判工作会议纪要》在第八十七条第一款中进一步明确规定："外商投资企业股东及其股权份额应当根据有关审查批准机关批准证书记载的股东名称及股权份额确定。外商投资企业批准证书记载的股东以外的自然人、法人或者其他组织向人民法院提起民事诉讼，请求确认其在该外商投资企业中的股东地位和股权份额的，人民法院应当告知该自然人、法人或者其他组织通过行政复议或者行政诉讼解决。该自然人、法人或者其他组织坚持向人民法院提起民事诉讼的，人民法院在受理后应当判决驳回其诉讼请求。"

由上述判例和纪要可见，最高人民法院倾向于：外资审批行为属于我国法律和相关制度赋予有关外资审批机关的特有的实质性审查权力，对于外资审批机关经审查确认的包括股东身份在内相关事实，法院应予尊重。当事人对行政审批结果持有异议的，不得直接提起民事诉讼，而应通过行政复议或行政诉讼加以解决。因此，三资企业股东或投资人身份的判断标准在于外资审批机关的行政审批结论，只有经外资审批机关批准，并确认的股东才应被认为具备股东资格。

本案中，瑞迪公司属于外商独资企业，杨永聪作为瑞迪公司《外商投资企业批准证书》记载的股东以外的自然人，直接请求人民法院确认外资审批机关已批准的《股权转让协议》无效并恢复其股东权，在其向相关外资审批行政主管机关提出行政复议或行政诉讼前，此项主张显然不应获得支持。

3.2 关于股东权与法人财产权界限

依照三资企业法设立的企业通常采取有限公司或股份有限公司形式。因此，在涉及三资企业纠纷案件中，除了优先适用作为特别法的三资企业法以外，对于三资企业法未作规定的事项还应适用《公司法》。现行三资企业法未规定股东地位和股东权，对法人权利的规定也仅体现为对董事会权力的原则规定中。因此，实务中，对于涉及三资企业及其股权争议纠纷案件，主要应适用《公司法》。修订后的《公司法》虽然没有对二者作出明确列举式规定，但通过对相关法条的分析，我们不难得出较为明确的区分。《公司法》第三条第一款规定："公司是企业法人,有独立的法人财产,享有法人财产权。公司以其全部财产对公司的债务承担责任"。依照本条规定,公司是具有独立法人地位的企业形态,依法享有独立的法人格,对包括股东出资在内的公司财产享有独立的法人财产权。《公司法》第四条规定:"公司股东依法享有资产收益、参与重大决策和选择管理者等权利。"可见,股权与公司法人财产权是公司设立后股东和公司各自享有的法定权利。二者随着公司的成立并存但又存在明显区别,股权的享有者只能是股东,而公司法人财产权主体则只能是公司本身。公司不能因为享有法人权而妨碍股东实现股东权,股东也不能因享有股权而直接干涉公司对其法人权的行使,更不能越过公司直接行使法人财产权。

本案中,即使杨永聪对瑞迪公司享有股权,也无权作为股东要求行使法人财产权,当然包括无权要求持有作为公司经营标志的营业执照、公章及财务资料等法人财产权范畴内的经营凭证。

【资料来源】

[1] 李阳. 股东协议效力研究 [J].《时代法学》, 2015 (1).

[2] 张庆麟. 国际投资法问题专论 [M]. 武汉大学出版社, 2006.

投资争端解决国际中心管辖权争议案

1. 案件背景

萨伊博姆公司在世界各地进行石油和天然气的勘探、开采和生产。是埃尼集团的下属公司。埃尼集团全名为国家碳化氢公司。埃尼集团是意大利政府为保证国内石油和天然气供应于 1953 年 2 月 10 日成立的国家控股公司。其前身是 1926 年成立的阿吉普公司，即意大利石油总公司。1992 年埃尼由国营企业改制为股份制公司。埃尼集团拥有包括阿吉普（AGIP）石油公司在内的 300 多家公司。埃尼集团对海油发展旗下两家公司作为其合格供应商的资格审查历时近一年，内容包括工程资源、工程业绩、化学品生产设施、健康安全环保管理等。其间，还派专家到两家公司进行了实地考察。埃尼集团对两家公司的整体服务能力深感满意，并表示将尽快寻找双方在油田工程、油田化学品服务等方面的合作机会。

1958 年，埃尼开始与中国交往，按协定向中国提供肥料与合成橡胶。20 世纪 80 年代，埃尼与中国交往日益密切。1980 年参与中国的石油勘探与开发。

以后几年，埃尼与北京化工研究所、中国石化总公司、燕山硬化公司、中国化工部等就合成橡胶的技术开发、石油化工与合成材料进行了广泛的合作和交流。1983 年，埃尼与中国海洋石油总公司等共同合作，在中国南海共同进行石油的勘探和生产。

孟加拉人民共和国简称孟加拉国，是南亚的独立国家，位于孟加拉湾之北，原为英属印度的一个省，1947 年印巴分治后，归属巴基斯坦，被称为东巴基斯坦，其东南山区一小部分与缅甸为邻，其他部分都与印度接壤，并在北方边境有大量飞地。孟加拉国有丰富的天然气、石灰石、硬石、煤等自然资源，是南亚次大陆古老民族之一，也是全世界人口密度最高的人口大国及世界最贫穷国家之一。

2. 案情事实

申请人 Saipem 公司于 1990 年 2 月 14 日和孟加拉国一家叫孟加拉石油的国有

企业签订合同,在孟加拉国铺设石油和天然气管道,管道长度为409公里,合同造价约3 400万美元。该项目由世界银行及其属下的国际开发协会提供贷款。合同规定铺设管道的项目应于1991年4月30日完成。后由于在铺设管道过程中遭当地居民反对以及其他问题,双方同意将完工时间推迟一年(鉴于该项目为世界银行资助的项目,延迟完工亦得到世界银行的认可)。为了确保申请人按照双方的协议完成项目并使之运行,孟加拉石油每次付款时可扣留不超过应付款的10%,但总额不应超过合同款的5%。根据双方协议,孟加拉石油应在Saipem公司完成项目并交付使用后之30天内向后者支付相等于前述预扣款的50%,在工程运行合格证签发后支付余下的预扣款。Saipem公司亦可在合格证签发前向孟加拉石油提交等额的由银行发出的付款保证(WarrantyBond),在此情况下,孟加拉石油必须支付全部预付款。

由于孟加拉石油没有按合同规定向Saipem公司支付预扣款,且双方无法就Saipem公司在工程延迟过程中的额外开支达成协议,1993年6月7日,Saipem公司便根据双方的合同,向国际商会仲裁院提起仲裁。

仲裁庭组成后,根据建筑合同的规定在孟加拉国首都达卡开庭,适用孟加拉国法律。孟加拉石油遂向孟加拉国法院提起诉讼,声称该争议不能以仲裁解决之,故应终止仲裁,法律依据是孟加拉国国际仲裁法。1997年11月24日,孟加拉国最高法院发布禁止令,责令Saipem停止在国际商会仲裁院的仲裁。2000年4月5日,达卡初级法院否决了国际商会仲裁院的裁决权,理由是:"考虑到双方律师呈递的文件和辞呈,我认为仲裁庭拒绝就证据的效力作出决定、从记录中剔除一些文件以及没有引导当事方提交与保险相关的资料等是不适当的。此外,仲裁庭明显没有考虑相关的法律,从而构成渎职行为。基于前述情形,我认为在此案中可能存在审判不公。"

2001年4月30日,国际商会仲裁院仲裁庭决定继续仲裁,理由是:"挑战及撤换仲裁员是国际商会仲裁院的专属权利,而不应由孟加拉国法院置喙,故孟加拉国法院撤销国际商会裁决之举违反了国际仲裁的一般原则。"2003年5月9日,国际商会仲裁庭裁定孟加拉石油败诉,判其偿付Saipem公司600余万美元及11余万欧元。

在国际商会仲裁庭作出裁决后,孟加拉石油向当地法院起诉,要求撤销国际商会的裁决。Saipem公司则提出了反对意见。2004年4月21日,孟加拉国最高法院高等法庭驳回了孟加拉石油的申请,指出根据孟加拉国的法律国际商会的裁决系自始无效者,鉴于根本不存在有效的裁决,因此也就没有撤销的问题。该法庭特别指出,争议双方的合同应受有效的孟加拉国法律管辖。2004年10月5日,Saipem公司依据孟加拉国和意大利之间于1990年3月20日签订并于1994年9月20日生效的双边投资保护协定向争端解决中心提起仲裁。

3. 争议问题和判决结果

3.1 争议问题

本案焦点问题是投资者与东道国争议裁决的问题。涉及包括投资争端解决国际中心仲裁庭的管辖权，投资和外国投资者的确定，东道国的行政和司法权之行使，承认与执行仲裁裁决等问题。

依《解决国家和他国国民间投资争议公约》（又称《华盛顿公约》，以下简称《公约》）第25条规定：中心的管辖权只限于缔约国和另一缔约国国民之间直接因投资而产生的任何法律争端。具体而言，中心所解决的投资争端有以下的特点：第一，此类争端的主体一方为公约缔约国，另一方为另一缔约国国民。而国家与个人在国际法中的法律地位是不平等的，国家作为国际法中的基本主体，直接享有国际法上的权利和义务，在国际社会中具有独立权和平等权。而且根据国家豁免原则，国家的财产不受他国扣押和强制执行。而个人不具有直接参加国际诉讼的权利。正是由于争端主体的地位不平等，应采用何种方法、适用何种法律来处理该争端，以及如何执行对国家不利的裁决或判决都是一个十分棘手的问题。第二，此类争端的客体，为一缔约国与另一缔约国国民直接因投资引起的法律争端。对于何谓法律争端，关于《解决国家与他国国民间投资争端公约》报告书解释道：法律争端是关于法律权利与义务的存在或其范围，或是关于因违反法律义务而实行赔偿的性质或限度。此类争端通常非但涉及投资者位于东道国境内的财产权利或契约权利、对企业的控制权、外汇汇出权等问题，还涉及东道国对本国境内的外资企业的管理权和征收权，以及东道国对其自然资源的控制权等主权权力和国民经济利益等问题。第三，争端双方须出具将争端提交中心解决的书面同意文件。一个国家成为公约缔约国的事实并不意味着该国政府担保将其与另一缔约国国民之间的投资争端都提交给中心解决。当事人各方同意，是中心管辖的基石。凡提交中心解决的投资争端，当事人双方必须订有同意将投资争端提交中心解决的书面同意文件，该书面同意文件是中心取得对东道国政府与他国国民投资争端管辖权的实质性要件。

3.2 判决结果

仲裁庭首先需要解决的是 Saipem 公司和孟加拉国政府之间的争议是否《华盛顿公约》第25条下的投资。其次，是相关争议是否直接源自投资。如果对前述两个问题的答案都是肯定的，则仲裁庭对其具有管辖权。接下来的问题是，孟加拉国是否有违约行为，以及违约行为是否导致外国投资者 Saipem 公司遭受损失。关于 Saipem 公司与孟加拉石油签订的铺设管道合同是否符合《华盛顿公约》对投资的要求，Saipem 公司负责铺设管道，孟加拉石油则要预先付款，因此，孟加拉国政府认为这不能满足 Salini 案确定的投资标准。理由包括两项：一是该项目的实际施工时间不足一年；二是不涉及风险。仲裁庭认为，孟加拉国以实际施工时间作为判断该项目是否满足了"一定期间"的要求缺乏先例支持，施工期以外的时间所受到的干扰事实上较施工期的风险更高。

  Saipem 案的仲裁庭还将该案与 Soabi 诉塞内加尔案加以区别。Soabi 案主要涉及建造一栋大厦，承建方也是随工程的进度获得建筑费。该案仲裁庭认为相关合同不是《华盛顿公约》第 25 条所指的投资，故因之产生的争议亦非投资争议。Saipem 案仲裁庭的理据是孟加拉国的法律没有规定外国投资者必须要自己出资，以及《华盛顿公约》的谈判历史亦表明投资之确定与资金的来源无关。孟加拉国的意思是 Saipem 公司提供的是铺设管道服务，而项目的资金系孟加拉国自己借贷，且要事先向 Saipem 公司支付工程款，从而 Saipem 公司在此项目中并不承担任何风险。对此问题，仲裁庭的意见是工程的施工受到干扰而暂停，双方并因此需要谈判延期合同以及预扣款安排等均为投资者的风险。仲裁庭的这种讲法其实颇为牵强。如果 Saipem 公司系自己贷款从事项目，当然资金的来源不是问题，因为最后承担偿付贷款责任的不是投资东道国。而当东道国不仅提供资金而且还同意预付款的情况下，投资者承担的风险相对较小。对此，Saipem 案的仲裁庭特别申明在考虑一个项目是否是《华盛顿公约》第 25 条下的投资时，应考虑该项目的所有方面，包括合同、施工、预扣款、银行保证以及国际商会仲裁院仲裁等。如果说其他方面应列为考虑因素的话，仲裁安排无论如何也不应成为确定相关项目系投资与否的因素，因为选择仲裁或是在某机构进行仲裁，以及选择其他争端解决方式都与相关交易是否投资无关。孟加拉国还指出，其与意大利的双边投资保护协定第 1 条第 1 款关于投资所用的是英文"property"，不同于与其他国家双边协定所用的"asset"。据此，孟加拉国认为孟意双边协定关于投资的定义应按孟加拉国国内法解释，因孟加拉国法律对"property"有专门规定。对此，仲裁庭认为，该案牵涉对《华盛顿公约》和双边投资保护协定的解释，对此国际社会早有定论，即只能依国际法为之。仲裁庭还提出，不能只考虑孟加拉国的法律，还要综合考虑其他相关裁决。作为普通法诉讼的习惯，孟加拉国认为双边投资协定下的"一定金钱的债权"是指银行的信贷。仲裁庭同意，孟加拉国也许是对的，但笔锋一转，写道："信贷的意思一般情况下还包括责成一方支付赔偿的裁决——胜诉方无疑基于裁决享有一定金钱的债权。"

  仲裁庭前述观点的最大问题是，许多双边投资协定均有类似规定，如果仲裁裁决因涉及赔偿而成为投资，则关于贸易争议之裁决亦可成为投资。这显然不是《华盛顿公约》的本意。事实上，即使 Saipem 公司的行为构成投资，还需要证明其与孟加拉国政府的争议系"直接源于"该投资。在庭审期间，孟加拉国辩称孟加拉石油和 Saipem 公司间签订的铺设油气管道合同不属于"投资"的范畴；就算其属于"投资"，也与孟加拉国政府无关，因为相关争端是因孟加拉石油欠付 Saipem 公司款项而起，因此不属于争端解决中心的管辖范围。仲裁庭则依据世界银行执行理事会关于《华盛顿公约》的报告对法律争议的界定——申请人所主张的权利事实上存在以及因被申请人违反了条约规定而遭受损失，裁定 Saipem 公司与孟加拉国政府之间的争议系法律性质的争议，指申请人的权利并非经国际商会仲裁庭裁决所赋予，而是源自于建筑合同，但经该裁决具体化。此结论显然有值得商榷之处。因为尽管 Saipem 公司的建筑合同可能构成投资，双方的争议也属于法律争议，但该争议并不能满足"直接源自投资"的标准。如果此类间接性争议可以接受，其他间接争议亦不应构成问题，最后争端解决中心的管辖权便会扩大，从而超出《华盛顿公约》设定的范围。除《华盛顿公约》外，仲裁庭的管辖范围还受到孟加拉国和意大利双边投资协定的限制。

该协定第 9 条规定：

（1）一缔约方与另一缔约方国民间关于征收、国有化、征用或相似措施的赔偿之争议，包括与赔偿金额相关的争议，双方应尽最大努力通过友好方式解决。

（2）如争议双方无法在书面提出争议之 6 个月内通过友好方式解决，则投资者可自行将争议提交：（a）该缔约方具有管辖权的法院；（b）依联合国国际贸易法委员会仲裁规则成立的临时仲裁庭；（c）依 1965 年 3 月 18 日生效的《华盛顿公约》，即《解决国家与他国国民间投资争端公约》设立的解决投资争端国际中心。

从字面上讲，孟意双边投资协定将争端解决中心的管辖权限于国有化、征收及类似措施的赔偿问题，包括赔偿数额。这与苏联和一些东欧国家以及中国的早期实践相一致。争端解决中心的仲裁庭对类似条款亦曾作出过解释，多数裁决均主张管辖权。有的没有主张管辖权也是基于投资者没有提出事实证明征收的指控依表面证据成立。

在 Saipem 案中，仲裁庭援引了 Impregilo 案的标准，即如果申请人的指控得以成立，双方的争议是否适用相关双边投资协定。至于被申请人是否违约，则应在实体审查阶段裁决。此方法必然涉及在管辖权阶段和实体阶段是否适用相同的标准问题。国际投资仲裁说明，仲裁庭一般倾向于在管辖权阶段适用不太严苛的标准，而在审查被申请人是否违约时则适用较严格的标准。基于此，仲裁庭最后裁定其对 Saipem 案具有管辖权。在仲裁庭对管辖权作出肯定的裁定后，接下来的问题是孟加拉国是否违反了其与意大利签订的双边投资协定。申请人 Saipem 公司认为孟加拉国违反了该协定第 5 条。

孟意投资协定第 5 条规定：

（1）与本协定相关之投资的所有权、持有、控制或享受不应受到任何限制，无论相关措施是永久的或临时的，除非其系依法律及有管辖权之法院或法庭的判决或命令为之。

（2）缔约一方投资者之投资应不被缔约另一方直接或间接国有化、征收、征用或受到类似限制，除非相关措施系为了公共目的或国家利益，并立即给予完全和有效的赔偿，并以非歧视为基础，且依法律程序进行。

仲裁庭认为，第5条第2款关于确保不征收外国投资者投资的承诺条款的适用，是以征收确已发生且该征收并非以公共目的或国家利益以及征收不符合法律程序等为前提。鉴于孟加拉国政府并未在庭审中提出法院的干预系基于公共目的或国家利益，同时孟加拉国没有就此作出赔偿也是公认者。故此，仲裁庭应首先考虑，孟加拉国的行为和不行为是否违反了第5条第1款的规定。仲裁庭认为，作为《1958年纽约公约》的缔约方，孟加拉国法院有义务依该《公约》第2条第1款承认仲裁协议的效力。基于此，法院禁止当事方诉诸仲裁便会违反前述规定。孟加拉国法院并未禁止当事方诉诸仲裁，但其撤销了国际商会仲裁庭的仲裁权，从而违反了《1958年纽约公约》第2条，理由是法院的做法事实上使得仲裁协议无法执行。

按照Saipem案仲裁庭的逻辑，既然建筑合同的缔约方选择在达卡进行仲裁且适用孟加拉国法律，孟加拉国法院便对仲裁协议之履行有监督之责。法院的责任亦经孟加拉国法律得以确定。1940年《孟加拉国仲裁法》第5条规定："非经法院许可，仲裁员或是首席仲裁员的权力不可被撤销，仲裁协议另有规定者除外。"根据此规定，亦可认定孟加拉国法院撤销国际商会仲裁院仲裁庭的决定符合孟加拉国的法律，但Saipem案的仲裁庭认为，孟加拉国法院没有善尽职责，而根据国际法，任何国家机构如果不按法律规定行使职权便构成滥用权力。Saipem案仲裁庭意见的背景是在国际商会仲裁院的仲裁过程中，孟加拉石油对庭审程序提出了一些反对意见，但大多未获接受。其后，孟加拉石油便转而要求法院撤销仲裁。这便给人以孟加拉石油与法院串通的感觉，故Saipem案仲裁庭认为孟加拉国法院对《1958年纽约公约》的违反系"非法的、任意的和不同寻常的"，因国际商会仲裁庭的裁决并不存在该《公约》第5条所规定的例外。由于孟加拉国法院没有指出第5条第2款所规定的例外情形，而又不承认并执行该仲裁，这就构成了法院的滥权行为。鉴于法院属于国家政府的一部分，其行为属于国家行为，争端解决中心仲裁庭因此裁定孟加拉国违反了《1958年纽约公约》的规定，其违约行为则构成孟意投资协定第5条第2款与征收和国有化具"类似效果"的措施，属于间接征收——使得申请人的合同剩余权利（经仲裁具体化者）无法实现。最后争端解决中心仲裁庭裁定孟加拉石油须赔偿意大利Saipem公司600余万美元和11余万欧元。

4. 分析和评述

目前，投资条约仲裁的合法性已经成为备受关注的重大问题。不过，需要强调指出的是，实际上，投资条约仲裁的合法性危机在理论上是有争议的，而且存在着严重的意识形态争议。对于投资条约仲裁合法性的不同理解乃至争议，影响着投资条约仲裁的未来走向。因此，对于投资条约仲裁的合法性，进而对于投资条约仲裁的未来，应该审慎权衡，并予慎思明辨。对于投资条约仲裁最为激进的批判认为，投资条约仲裁存在根本缺陷，应该予以彻底改革甚至废除。这些批判认为，投资条约仲裁明显偏袒外国投资者权利及其商业利益，明显忽视东道国主权权利及其社会公众利益，因此，从根本上来说，它不适合公法裁判；投资条约及其仲裁体制是一种新殖民主义、新帝国主义，是一种严重损害东道国民主的新自由主义全球经济宪政；外国投资者不应享有超国民待遇的特权，对于外国投资者必须坚持实体和程序国民待遇的卡尔沃主义。在这样的批评下，有人认为应该由国内法院对于投资条约仲裁裁决进行上诉审查，或者建立常设国际投资法院负责投资条约争端的初审或者上诉审，或者进而彻底废除投资条约仲裁体制，回归东道国国内法及国内法院裁判体制。

然而，这种激进批评及其解决方案过分夸大了投资条约及其仲裁体制的缺陷，过分低估了投资条约及其仲裁体制的价值，过分忽视了东道国及其国内法和国内法院既不有效保护外国投资者权利又不有效承担公共职责的可能和现实。

在此尤其应该强调，对于投资条约仲裁的批评应该基于个案的具体事实认定和具体法律解释及其一般经验实证统计分析，而不能无视具体案件的被告东道国政府违反法律侵犯投资者权利的事实和投资条约具体条款及其条约解释的法律限度，更不能从个别案件胜负得失的特定后果简单给予渲染和误导。进而，不能将投资条约及其条约解释本身设定的法律限度导致的裁判后果归罪于投资条约仲裁，也不能将本应归责于东道国政府自身而未能保护公众利益反倒侵犯投资者权益的事实和法律后果归罪于投资条约仲裁。或者说，不能将作为条约主人的缔约国的"合法性危机"说成是投资条约仲裁的合法性危机，不能将东道国自身的合法性危机说成是投资条约仲裁的合法性危机。尽管投资条约及其仲裁存在缺陷甚至是结构性缺陷，但是，迄今为止，基于具体投资条约及其仲裁案件的个案分析和一般总结，并不能得出投资条约及其仲裁明显阻碍东道国政府行使主权、保障人权和促进可持续发展的结论；基于投资条约仲裁案件比较全面系统的经验实证的统计分析，也不能得出投资条约仲裁不独立、无视东道国主权权利和社会公众利益、偏袒投资者的结论。

比较健全客观的批评则认为，投资条约及其仲裁确实存在结构性失衡，因此，应该进行有效审查和调整。这种批评主张，投资条约本身对于投资者与东道国之间权利、义务和责任的规定存在结构性失衡，这种结构性失衡导致了一定程度上对于东道国国家主权权利和社会公众利益的强调不够和保护不力，对于公法规制争端及其裁判的公共性和公开性缺少考虑，但这并不是投资条约仲裁实践的问题。因此，应该首先审查和调整投资条约的规定本身。当然，投资条约仲裁的规定及其实践也存在自身的不足和缺陷，也需要予以调整和改革，不过不能过分夸大这种不足和缺陷。即便国内裁判和其他国际裁判也都存在着不同程度的不确定性和不一致性，而且，投资条约仲裁是一个"勇敢新世界"，需要给以时间，应该允许一定的试错和完善过程。

实际上，投资条约仲裁解释和适用投资条约的过程对于投资条约规则的确定性和一致性做出了重要贡献。尽管不乏激烈批判的声音，也有玻利维亚和厄瓜多尔退出 ICSID 公约体制和终止投资条约等个别事件，但是，目前的主流学说和国家事件并不否认投资条约及其仲裁的基本价值，而是不断积累经验，逐步予以完善。这种完善包括审查投资条约、更新投资条约范本、修改实体规则、澄清模糊规定、缩小保护范围、增加例外条款、规定上诉可能、开放仲裁程序、允许公众听讼、允许以"法庭之友"方式提交书面意见，等等。短期来看，通过国家、仲裁庭、学者之间渐进的、分散的、试错的、互动的改革和演进，投资条约及其仲裁将会逐步克服目前面临的挑战和合法性危机，不断增强独立性、公开性、一致性进而合法性，不断适应解决投资者与东道国之间投资条约公法规制争端的特殊要求。

长远而言，在实体上进一步增加投资者的国际法义务与责任，在程序上建立一个统一常设的国际投资上诉机构（法院），进而建立一个具有多边原则、规范、规则和决策程序的投资公约体制，仍然是最重要的解决之道。投资条约仲裁尚处于它的幼年，正经历着"成长的烦恼"，如果投资条约仲裁想要兑现它的承诺，就必须发展实施各种机制，以促进对于公共利益的更大敏感性，并使裁决不一致的风险最小化，否则，投资者与国家间仲裁就将成为公众压力强烈反弹的牺牲品，从而，在它还没能够努力走出成长的烦恼之前就夭折了。面向投资条约仲裁的未来，需要的是国家、国际组织、投资者、仲裁员、学者、公共知识人、非政府组织、社会公众等投资条约仲裁所涉各方共同的审慎和智慧。

【资料来源】

[1] 陈安. 国际投资争端仲裁 [M]. 上海：复旦大学出版社，2001.

[2] 郭寿康，赵秀文. 国际经济法 [M]. 北京：中国人民大学出版社，2012.

《华盛顿公约》下的投资认定

1. 案件背景

ICSID 根据《解决国家与他国国民间投资争端公约》,以下简称《ICSID 公约》、《华盛顿公约》)设立,其目的在于为解决公约缔约国国家与另一缔约国国民之间由于在东道国投资而产生的法律争议提供仲裁与调解的便利,进而促进发达国家的投资者向发展中国家投资。根据《华盛顿公约》第 25 条第(1)款的规定,一国参加《华盛顿公约》,并非意味着凡是东道国与外国投资者之间的争议,都可提交 ICSID 解决。ICSID 仲裁庭所管辖的投资争议,应当符合公约规定的条件。这些条件分别是:

(1)有权将争端提交 ICSID 仲裁的主体。有权将争端提交 ICSID 仲裁的主体,一是《华盛顿公约》的缔约国;二是《华盛顿公约》的其他缔约国的国民。争议双方一般应当具有不同的国籍。但在实践上,外国投资者常常在东道国设立当地的公司,而这些公司具有当地的国籍,即在东道国注册的外国投资企业。对于这些在东道国设立的外商投资企业与东道国政府之间的争议,尽管这些企业与东道国的国籍相同,但按照《华盛顿公约》第 25 条第(2)款第(2)项的规定,如果某法律实体与缔约国具有相同的国籍,但由于该法律实体直接受到另一缔约国利益的控制,如果双方同意,为了公约的目的,该法律实体也可被视为另一国国民。本案申请人是在美国加州注册的公司,被申请人为斯里兰卡政府,鉴于美国和斯里兰卡都是 ICSID 缔约国,因此从表面上看是适格的当事人。

(2)提交 ICSID 管辖的争端必须是直接因投资引起的法律争端。根据《华盛顿公约》的规定,中心管辖权应扩及于缔约国及其公共机构或实体与另一缔约国国民之间直接因投资而产生的任何法律上的争议。这就是说,中心对投资争议的仲裁,仅限于由于投资而产生的法律争议,而不是其他方面的争议。至于何谓"投资",公约并没有作出定义,而这恰恰是本案涉及的关键问题。

(3)争端双方必须以书面方式同意将争端提交至 ICSID 管辖。根据《华盛顿公约》第 26 条和第 27 条的规定,争端当事方要将争端提交 ICSID 管辖,他就必须是具备缔约能力的主体，而且，还必须是双方以书面方式达成一致协议，同意将相互间产生的具有可裁判性且属于 ICSID 管辖范围的投资争端提交至 ICSID。

争端双方一旦同意将争端提交至 ICSID，就不得撤回。如果其中一方擅自表示撤回其同意，另一方依据《华盛顿公约》的规定，仍可以按照双方之前同意的内容，将彼此间的争端提交给 ICSID 处理。仲裁庭受理争端后，在单方面撤回同意的一方无正当理由拒绝出庭时，有权缺席裁决。而且，一旦双方同意，ICSID 的管辖权即具有独立性，不受争端双方签订的投资协议的效力的影响，即同意 ICSID 管辖的条款将仍然有效。

（4）关于 ICSID 管辖权的排他性规定。如前所述，争端双方书面同意 ICSID 管辖的争端，ICSID 管辖权独立于各缔约国国内法律之外，争端各方只能通过 ICSID 的仲裁程序解决争端，而不得使用其他任何救济手段。各缔约国国内法院无权管辖此类争端，更无权阻止 ICSID 管辖权的行使。

《华盛顿公约》还规定，一旦争端双方同意 ICSID 管辖，投资者母国不得再给投资者以外交保护或提出国际要求。之所以这样做，是为了避免投资者母国不当介入争端解决而使得私人和国家间的投资争端演变为国家之间的冲突，尽量将投资争端的解决纳入到非政治化的渠道。

本案是 ICSID 成立以来首次就投资者在东道国正式签约之前的签约谈判过程中所支出的费用是否应当视为《华盛顿公约》第 25 条项下的"投资"作出裁决的案例。仲裁庭在上述裁决中认定，本案申请人在与被申请人进行签约谈判过程中所支出的费用不属于《华盛顿公约》第 25 条项下的"投资"，因而拒绝对该案行使管辖权。

2. 案情事实

本案争议产生于斯里兰卡筹备建设热能发电站的过程中。斯里兰卡政府为了缓解国内用电紧张的局势，决定通过 BOT 招标方式建设热能发电站，为此还专门成立了经营该项目的项目公司——南亚电力公司。本案项目旨在向锡兰供电局的电网供电。

加拿大米海利国际公司参与了投标，并作为候选人之一受到邀请，且参与了与被申请人之间关于电站建设融资的若干谈判。然而，加拿大米海利国际公司与斯里兰卡政府之间的谈判并未能导致正式签约。在此期间，加拿大米海利公司又将其在该项目项下的权利与义务转让给本案申请人美国米海利公司。该公司是在美国加利福尼亚州设立的有限责任公司。美国和斯里兰卡均为《解决国家与他国国民间投资争端公约》缔约国。此外，美国还与斯里兰卡在 1991 年 9 月 20 日签署了《关于鼓励与相互保护投资的条约》。1997 年 7 月 29 日，美国米海利公司向国际解决投资争议中心递交了根据《华盛顿公约》解决与被申请人斯里兰卡政府之间的投资争议，请求裁定被申请人赔偿其由于谈判投资该招标项目所支出的费用。

3. 争议问题及判决结果

3.1 争议问题

本案仲裁庭之所以没有对本案中发生的此项费用解释为投资，关键的问题是申请人所依据的被申请人斯里兰卡政府在 1993～1994 年连续签署的投资意向书、协议和延长期限的函件这三份文件，没有任何一个文件对本案申请人和被申请人产生法律上的权利与义务。在这三个文件中，斯里兰卡政府的立场非常明确，它在与项目公司南亚电力公司正式签约以前，其所签署的文件对任何一方当事人均无法律上的约束力。在其签署的最后一个文件上也明确地表明，如果延长期限的函件中规定的任何一项条件得不到满足，该项文件即自动失效。所以，申请人所依据的文件显然不能构成法律意义上它已经在斯里兰卡投资，而由于投资产生的争议更是无从谈起，故不属于本案仲裁庭的管辖范畴。

3.2 判决结果

在本案中，由于仲裁庭认定本案争议不构成 ICSID 公约项下的投资，所以仲裁庭并没有对申请人究竟是美国的米海利公司还是加拿大米海利公司，也没有对两者之间的关系作进一步的分析。同时，对于被申请人之间提出的两者之间并不存在书面协议的问题也没有作任何评论。

（1）申请人的主张。申请人诉称，申请人是根据美国加利福尼亚州的法律设立的公司，有充分的权利请求《华盛顿公约》第 25 条第（2）款项下的保护。申请人既可以以自己的名义，也可以代表加拿大安大略省根据当地法律设立的米海利国际公司申请仲裁，其所依据的法理有两条：合伙与让与。申请人称，申请人根据加州法律设立后，即与加拿大米海利国际公司结成合伙关系。作为合伙人，本案申请人既可以以自己的名义，也可代表加拿大米海利国际公司申请仲裁。申请人还诉称，鉴于它是加拿大米海利公司的合法受让人，故有权主张加拿大米海利公司的所有权利、利益和索赔请求。根据让与制度，申请人已经得到加拿大米海利公司对本案被告的所有请求权项的授权，在申请人看来，此项让与无论根据加拿大安大略省的法律，还是按照美国加利福尼亚州的法律，都是合法的，申请人与加拿大米海利国际公司之间的关系是合伙关系。

（2）被申请人的主张。被申请人拒绝了申请人所主张的与加拿大米海利公司之间的合伙关系，因为没有证据证明二者之间的合伙关系。至于加拿大米海利公司与斯里兰卡之间的交易或谈判结果，如果没有斯里兰卡方面同意而将该交易项下的权利转让给美国米海利公司，申请人所主张的让与并不存在合法的理由。况且，加拿大米海利公司与被申请人之间的谈判和协议根本就没有导致任何权利与义务关系的实际发生。

被申请人称，申请人无论是由于其与加拿大米海利公司之间的合伙关系，还是作为未公开披露的受让人所享有的权利义务而言，在仲裁庭面前均没有相应的地位。被申请人称在所涉及项目谈判的任何阶段申请人与加拿大米海利公司之间作出的合伙安排，均与被申请人没有任何关系，更谈不上申请人与被申请人之间书面同意将本案项下的争议提交ICSID仲裁解决了。

对于申请人提出的仲裁申请，秘书处于2000年1月11日根据《华盛顿公约》第36条第（3）款进行了登记，并向双方当事人发出了通知。在双方当事人交换意见的基础上，根据《华盛顿公约》第37条第（2）款（b）项，本案仲裁庭由英国的David Suratgar、澳大利亚的Andrew J. Rogers，Q. C. 和泰国的Sompong Sucharitkul（首席仲裁员）三人组成。6月15日，ICSID执行秘书向双方当事人发出了所有上述仲裁员接受指定的通知，仲裁庭即视为成立并开始对本案争议进行仲裁审理。7月19日，仲裁庭开庭审理了此案。在开庭过程中，被申请人首先对仲裁庭的管辖权提出异议。异议主要集中于两个问题：第一，向ICSID提出仲裁的申请人事实上并非本案申请人美国米海利公司，而是加拿大米海利公司。鉴于加拿大不是ICSID公约的缔约国，因此申请人不具备本案合格申请人的资格；第二，鉴于本案双方当事人对所涉及的项目尚未正式签约，因而不属于《华盛顿公约》项下的投资争议。因此，仲裁庭对本案实体问题，即申请人所主张对其为未能导致签约的谈判项目所支出的费用补偿的仲裁请求，没有管辖权。

仲裁庭决定，被申请人应向仲裁庭提交其对仲裁庭管辖权异议的书面陈述。申请人将就有关事实提交一份有关管辖权的备忘录，由被申请人对此备忘录作出答辩，然后再由申请人对被申请人的答辩作出回应，被申请人再对申请人的回应作出第二次答辩。在双方当事人就仲裁庭管辖权发表其各自书面意见的基础上，2001年4月30日和5月1日，仲裁庭就其管辖权问题进行了开庭审理。双方当事人对仲裁庭的管辖权各执一词，开庭审理结束后，双方当事人又向仲裁庭提供了相关的补充材料。

4. 分析和评述

2002年3月15日，国际解决投资争议中心仲裁庭就申请人美国米海利国际公司与被申请人斯里兰卡政府之间由于通过BOT建设热能电站而产生的争议，作出如下裁决：第一，驳回被申请人提出的对人管辖权先决问题的异议；第二，支持被申请人提出的对物管辖权先决问题的异议，理由是缺乏可以接受的证据证明本案中可能产生法律争议的"投资"；第三，本仲裁庭对申请人提交仲裁解决的全部或部分问题，没有管辖权。仲裁庭还裁定：第一，仲裁费用包括仲裁员和秘书处的费用和花费由双方当事人平均分摊；第二，对于双方当事人在本案仲裁程序中的费用包括律师费和准备书面文件和口头程序过程中的费用，由双方当事人自行承担。

因此，本案对于理解 ICSID 的管辖权和《华盛顿公约》规定的条件，特别是仲裁庭对于"投资"的解释，给我们上了非常生动的一课。也许正因为如此，无论《华盛顿公约》，还是许多国家之间签署的双边投资保护协定，都没有对何谓投资作出明确的规定，也许这正是《华盛顿公约》起草者的高明之处。在国际投资实践中，某一行为是否构成投资，特别是是否属于《华盛顿公约》项下的投资，还应当结合具体情况做出具体分析。

在一些双边投资保护协定中，某些协定至多也就是对投资的方式作了一些列举。例如，我国与西班牙在 1992 年签署的《关于相互鼓励和保护投资协定》第 1 条第（1）款对"投资"在该协定中所包括的内容作了如下解释：

"投资"一词系指缔约一方投资者依照缔约另一方的法律和法规在后者领土内投资的各种财产，主要包括：（1）动产和不动产及其他财产权利，如抵押权、留置权或质权；（2）公司的股份或公司中其他形式的参与；（3）金钱请求权或具有经济价值的行为请求权；（4）著作权、工业产权、专有技术和工艺流程；（5）依照法律或合同授予的特许权，包括勘探和开发自然资源的特许权。

事实上，在《华盛顿公约》的起草准备过程中，曾经提出过许多"投资"的定义，但是遭到许多人的反对，最后大家决定在公约中不对这一用语作出定义。实践证明，《华盛顿公约》未规定"投资"的定义是合理的。这不仅使得《华盛顿公约》可以适用于在公约起草时已有的各种传统的投资方式如资本认购等，而且适用于在 ICSID 公约起草时未有而后来出现的新型投资方式如提供劳务、转让知识产权和专有技术等。况且，实践中出现的问题千差万别，"投资"也只能在具体的案件中结合具体情况作出认定。本案中申请人提出的损害赔偿请求未能得到满足，其关键问题是申请人所依据的文件对双方当事人并没有法律上的约束力。设想如果上述文件上明确地规定了双方当事人应当承担的权利与义务，则同样的请求就可以构成《华盛顿公约》项下的投资。本案所阐述的正是这个道理。我们从斯里兰卡政府的这个招标项目中得到的启示是：发展中国家在利用 BOT 方式招标建设基础设施的过程中，应始终把签约的主动权牢牢地掌握在自己的手中。

【资料来源】

[1] 曾皓. IGSID 与解决国际争端 [J]. 湖南工程学院学报，2013（13 卷 3 期）：26 – 30.

[2] 李轩. 论 CISG 中的风险转移 [J]. 经济与法，2013（7）下.

间接征收认定条件案

1. 案件背景

《中华人民共和国政府和比利时—卢森堡经济联盟关于相互鼓励和保护投资协定》，是于1984年6月4日，在布鲁塞尔签订的。中华人民共和国政府和比利时王国政府——以它自己的名义，并依照建立比利时—卢森堡经济联盟的专约，代表卢森堡大公国政府，愿为发展缔约各方面的经济合作，特别是为缔约一方国民在缔约另一方领土内进行投资创造有利条件，认为在平等互利基础上，缔结鼓励和保护投资协定，将能鼓励投资者的积极性，从而为增进缔约各方的经济繁荣做出贡献。本案例涉事公司是中国平安公司和比利时富通集团。中国平安收购了富通集团部分股份，但在金融危机的袭来之际，比利时政府并未考虑中国平安公司的相关权益，最终演变为平安公司诉比利时政府，且涉及多条该协定的内容。

中国平安保险（集团）股份有限公司（简称"中国平安"）于1988年诞生于深圳蛇口，是中国第一家股份制保险企业，至今已发展成为融保险、银行、投资三大主营业务为一体、传统金融与非传统金融并行发展的个人综合金融服务集团之一。公司为香港联合交易所主板及上海证券交易所两地上市公司，股票代码分别为2318和601318。中国平安是国内金融牌照最齐全、业务范围最广泛、控股关系最紧密的个人综合金融服务集团。截至2014年6月30日，平安集团旗下共有24家子公司，具体包括平安寿险、平安产险、平安养老险、平安健康险、平安银行、平安证券、平安信托、平安大华基金等，涵盖金融业各个领域，已发展成为中国少数能为客户同时提供保险、银行及投资等全方位金融产品和服务的金融企业之一。此外，在非传统业务方面，集团已布局了陆金所、万里通、车市、房市、支付、移动社交金融门户等业务。2014年，中国平安互联网金融持续创新，规模与用户数显著增长。中国平安相信，非传统业务在取得良好发展的同时，也将为传统金融业务创造新的增长空间。同时，中国平安是中国金融保险业中第一家引入外资的企业，拥有完善的治理架构，国际化、专业化的管理团队。公司一直遵循对股东、客户、员工、社会和合作伙伴负责的企业使命和治理原则，在一致的战略、统一的品牌和文化基础上，确保集团整体朝着共同的目标前进。通过建立完备的职能体系，清晰的发展战略，领先的全面风险管理体系，真实、准确、完整、及时、公平对等的信息披露制度，积极、热情、高效的投资者关系服务理念，为中国平安持续稳定的发展提供保障。近年来，为了进一步壮大自身力量，优化资产全球配置和提高投资收益，平安公司开启了海外并购之旅。

富通集团是国际保险公司，拥有超过 180 年丰富保险经验，位列欧洲 15 大保险公司之一，业务集中于占全球保险业最大份额的欧洲及亚洲市场，旗下设四个分部：比利时、英国、欧洲和亚洲，并通过全资拥有附属公司及与各地强大的金融机构结成的伙伴网络，服务全球。富通集团在中国的历史源自 1902 年，所发展的业务包括银保、资产管理、商人银行、商业银行以及私人银行。其中比利时分部一直积极寻找通畅的途径以进入以中国为代表的高速发展市场。

正是两家公司发展策略上的不谋而合，两家公司展开了多方面的合作。

2. 案情事实

2007 年 11 月 27 日，平安公司以每股 19.05 欧元的价格买入富通集团 9501 万股股份，总价达 18.1 亿欧元，约合富通总股本的 4.18%，成为其第一大单一股东。之后平安公司不断增加持股量，截至 2008 年 6 月 30 日，平安公司分别以二级市场买入、参与配售等方式，共计持有富通 1.21 亿股，合计成本为人民币 238.74 亿元。

据当时双方高层的设想，此次交易将会为双方带来长远利益。对于中国平安而言，作为保险资金的一次日常收益性的财务投资，本次交易将令平安进一步优化资产全球配置和提高投资收益。对于富通集团而言，中国平安的投资带来了一家稳定的股东，并获得了一条更加通畅的途径进入以中国为代表的高速发展市场。

平安集团董事长兼首席执行官马明哲曾表示，此次交易对中国保险行业具有里程碑式的重大意义，它将帮助中国平安提高竞争优势，平安可以学习富通集团在交叉销售、风险管理以及产品设计创新等方面的经验，获得更快的可持续发展速度，并推动保险资金运用的创新。

但是，受金融危机的影响富通股价暴跌，2008 年 9 月 28 日，比利时政府通过其下属的联邦投资和参股公司机构对富通集团进行强制拆分，以 47 亿欧元购买富通集团下属的富通比利时银行（以下简称"富通银行"）的股份，之后又决定将该银行 75% 的股份转售给法国巴黎银行（以下简称"巴黎银行"）。被强制拆分后的富通集团仅剩下富通国际保险和一个总值 104 亿欧元的结构性商品投资组合，富通集团的股份价值贬值80%以上。由于强制拆分未经富通集团股东大会决议通过，因此遭到富通集团股东的强烈反对。经反复磋商和表决，2009年4月底，富通集团股东大会最终同意了巴黎银行的第三次出价。据此，巴黎银行以37亿美元的总价收购富通银行75%的资产和比利时富通保险25%的股份，比利时政府为不良资产提供政府担保。根据比利时政府与巴黎银行所达成的转售协议，欧盟境内的个人投资者可以分享比利时政府转售中所获得的溢价收益，平安公司作为富通集团最大的单一股东却无权分享此种收益。比利时政府宣称由于其购买富通银行股权并将部分股权转售给巴黎银行的主要目的是为了保障银行资金流动性、比利时存款人和客户的利益乃至比利时的国内就业，因此其购买并转售富通银行股权的行为是一种公共利益导向的东道国政府公共管理行为，不必承担补偿责任。然而，这种拆分行为已经构成了对包括中国平安在内的富通集团投资者投资的间接征收。截至2008年10月15日，富通股价已经狂泻至1.16欧元，以此计算平安亏损已超过227.90亿元。中国平安为了挽回损失没有像以往的中国企业似的选择沉默，而是积极地通过各种方式甚至求助于中国商务部和外交部与比利时政府进行协商，但经过三年多的努力，仍然没有结果，中国平安最终决定用一纸诉状把比利时政府推向被告席。目前，世界银行投资争端解决国际中心已经受理了中国平安的请求，其案件号是 ICSID Case No. ARB/12/29，案件正处在仲裁庭组成阶段。

3. 争议问题

本案焦点问题是间接征收的问题。间接征收是指虽然没有直接转移或剥夺投资者的财产权，但效果等同于直接征收，或称与征收"任何类似的其他措施"、与征收"效果相同的其他措施"。有形财产是间接征收的对象，在这一点上大家都没有任何争议，但间接征收的对象是否包括无形财产如契约权利、工业产权等还不是十分明确。然而，由于现在大多数双边投资条约对投资定义时都包括了无形财产，因此，知识产权和契约权利可以成为间接征收的对象

3.1 间接征收的构成要件

根据《中华人民共和国政府和比利时—卢森堡经济联盟关于相互鼓励和保护投资协定》（以下简称《中比投资协定》）第4条的规定，要构成征收或国有化必须满足四个条件，即出于公共利益的考虑；符合法律程序；平等无歧视；给予公正有效的补偿。对于公共利益的认定各个国家出于自己国家利益的考虑会有不同的看法，总的来讲，公共利益是"一定社会条件下或特定范围内不特定多数主体利益相一致的方面"，包括社会利益、环境利益、经济利益等。在比利时政府

对富通集团国有化的过程中就是出于经济利益的考虑，为了避免金融危机对比利时的经济带来大的冲击以及比利时国民的投资利益，政府才决定采取国有化措施。符合法律程序，要求征收或国有化的过程既要符合国内法的规定，也要符合双边投资协定和国际条约的规定。平等无歧视，在"协定"第三条有统一的规定是指要求在征收时给予投资者以国民待遇和最惠国待遇。"协定"第四条第三款规定："该等补偿应等于在采取措施或措施公开之日投资的实际价值。"中比双边投资协定中对间接征收中的补偿应是以实际损失为基础的。

3.2 间接征收的认定标准

在认定间接征收方面，根据对特定政府措施的"效果"与"目的"的不同理解，西方学者提出了三种基本判断标准，即纯粹效果标准、目的标准及效果与目的兼顾标准。

纯粹效果标准说，认为区分管制措施与征收措施时应该完全根据特定政府措施的效果，尤其要根据对投资的干预程度来判定。目的标准说认为在某些情形下，具备正当的公共目的本身足以认为政府措施正常地行使"治安权"，并且不构成征收，因而不管对投资产生的效果多么巨大，政府无须给予补偿。效果与目的兼顾标准说认为在认定有关管制措施是否构成间接征收时，应该综合考虑各种情况，即既要考虑采取特定管制措施的效果也要考虑采取该措施的目的。

目前在国际仲裁实践中各种学说的判例都曾出现过，具体应该适应哪个标准来判断比利时对富通集团的国有化行为应该由仲裁员根据案件发生时的具体情况来决定。纯粹效果标准显然有利于中国平安，而不利于比利时，但该标准与目的标准相比具有更加确定性和客观性；而目的标准更加有利于比利时，而不利于平安公司，但在私有财产神圣不可侵犯的精神逐渐为各国接受的情况下，简单地把公共利益作为政府措施免于承担法律责任的借口并不适当，也不符合多数国家的国内立法实践；目的与效果兼顾的标准来判定有机地平衡了东道国和投资者的利益，比较具有实际操作性，所以笔者也赞成采用目的与效果兼顾标准来判定比利时政府对富通集团征收问题。

3.3 间接征收认定的辅助考虑因素

在认定间接征收时除了考虑间接征收的四要件和三标准之外，各仲裁庭还考虑其他因素，如政府行为的干涉程度、政府行为对投资者合理预期的影响、干涉持续的时间等。

政府行为对投资者的财产干涉，要达到对投资者的财产权益产生实质影响的程度。大多数仲裁裁决将政府行为导致的严重的经济影响作为考虑是否成立间接征收的一个重要因素。政府行为没有从本质上剥夺全部或大部分财产的经济价值时，国际仲裁庭通常拒绝认定成立间接征收，因此并不是任何对财产权的限制都成立征收的。

一般来说，国家起初都会对某投资活动给予肯定，但随后若间接征收了外国投资，则投资者有理由认为构成间接征收的政府行为损害了投资者的合理预期。

在认定间接征收时还要考虑政府行为的持续时间，政府对投资者权利的剥夺通常要在一定程度上持续一段时间，而不是临时的才能认定对投资者的财产权益造成实质影响。

比例原则的基本含义是行政机关实施行政行为应兼顾行政目标的实现和保护相对人的权益，如为实习行政目标可能对相对人权益造成某种不利影响时，应将这种不利影响限制在尽可能小的范围和限度内，保持二者处于适度的比例。

4. 分析和评述

通过最初的案例介绍，我们知道，比利时政府收购了富通集团的全部的银行业务，并在随后将其银行业务75%的股权卖给了巴黎银行，就该措施的性质在比利时政府和中国平安之间产生了分歧，其中比利时政府认为该措施构成了临时性政府管制措施而中国平安则认为该措施时间接征收，由于在这一点及补偿问题上二者达不成一致，才发生了本文上面提到的中国平安把比利时政府诉到世界银行投资争端国际解决中心一幕。笔者将基于以上分析，来试图认定比利时政府对富通集团措施的性质。

4.1 基于间接征收的构成要件

比利时政府购买了富通集团在比利时全部的银行业务，其主张是基于国内的金融安全及大多数股民利益的考虑而不得已才采取的措施，在这个过程中，比利时政府的很多决策是违背了股东的意见，作为第一大单一股东的中国平安，在很多重要决策时都没有接到及时地通知。事后比利时政府把富通集团银行业务的75%的股权卖给了巴黎银行，并且也对欧盟境内投资者给予了补偿，但却没有同样补偿中国平安。

比利时政府的这些行为让我们琢磨不定，但可以肯定的一点是其行为违背了《中比投资协定》第4条的规定。其行为没有征得股东大会的同意，甚至对投资者都没有进行及时有效的通知；其给予欧盟境内的投资一定的补偿而没有对欧盟境外的中国平安进行补偿，违反了平等无歧视的规定；还有第四条规定要对投资者的补偿不应该不合理地延迟，实际上比利时政府至今仍未给予中国平安补偿。由此我们至少可以认定比利时政府的行为是一种违法的征收行为。

4.2 基于间接征收的认定标准

根据上文的分析我们知道，间接征收有三个认定标准。就单纯的效果标准来看，比利时政府的行为导致中国平安的损失达到 220 多亿元人民币而且几乎不存在任何收回投资的可能性，因此可以认定虽然比利时政府并没有直接征收中国平安的财产，但已经对其投资利益造成了不可挽回的损失，所以可以认定为间接投资。而就单独目的效果而言，比利时政府宣称是为了维护金融安全和多数股民的利益，因此比利时政府的行为也是出于公共利益的考虑的，也能认定为是间接投资。当然就大多学者都支持的效果与目的兼顾标准来讲，比利时政府的行为是政府出于公共利益而为的，而且对中国平安的财产已经造成了实质性损失，因此也是可以认定为是间接征收的。

4.3 基于其他辅助考虑因素

比利时政府的行为从对投资者影响程度上来看，已经对中国平安的财产造成了实质性损害，并且这种损害是不可能挽回的；从投资者的合理预期来看，《中比投资协定》不应随意征收投资者的财产，而比利时政府的这一做法也违背了投资者的合理预期。

4.4 基于比例原则

比例原则要求要综合考虑行政目标和对相对人的影响，世界其他国家金融机构在应对金融危机时政府并没有干预太多，更没有像比利时政府似的对富通银行采取全盘收购的措施。最终，比利时政府却因为此次收购行为获利，而作为股东的中国平安却受到了巨大的损失，政府的行为完全违背了比例原则。综合以上分析我们可以看出，即使在国际实践中对间接征收仍没有一个统一的认定标准和一个为大家普遍接受的做法，但笔者认为在认定间接征收时要根据案件的具体情况综合考虑各种因素，具体来讲从四个构成要件，三个认定标准，多个辅助考虑因素，一个比例原则来入手，具体情况具体分析来确定资本输入国政府对投资者的行为是否构成间接征收。首先要从某一行为是否符合间接征收的构成要件入手，若政府的行为都符合这些特征，就可以直接认定为是征收或间接征收；当然这些都是比较简单和明显的，但现实的情况是相当复杂的，需要我们进一步用间接征收的认定标准来进行分析，而在认定"三标准"中，理论界倾向于采用目的与效果兼顾标准，笔者同样认同目的与效果兼顾标准更能够兼顾投资者与东道国的利益；若是此时还不能认定清楚某一政府行为是否构成间接征收，则需要考虑一些辅助参考因素以及比例原则来具体判定该行为是否构成间接征收。

4.5 中国平安求偿之法律依据

规制国际投资双方当事人行为的法律渊源包括多边投资协定、双边投资协定、东道国和投资者母国的国内法。其中，双边投资协定因为能充分考虑缔约双方的实际需求，并将双方的权利义务上升至国际法层面加以考虑，所以在实践中所发挥的作用最为显著。中国与比利时—卢森堡经济联盟之间曾分别于1984年和2005年两次签订过双边投资协定——《中华人民共和国政府和比利时—卢森堡经济联盟关于相互鼓励和保护投资的协定》（以下简称《中比投资协定》），但由于2005年《中比投资协定》尚未完成国内审批程序而尚未生效，因此目前生效的仍是1984年《中比投资协定》。以下，笔者结合1984年《中比投资协定》的规定对"中国平安—富通集团案"作解读。

（1）合格的投资者和合格的投资。1984年《中比投资协定》第1条第1款第2项规定："在中华人民共和国方面，'企业'，即依照中国法律成立，并在中国领土内有住所的经济组织"；第1条第2款第3项规定，投资包括"股票、股份和其他形式的参股"。依照上述两项的规定，中国平安是《中比投资协定》应该保护的投资者，而中国平安通过正常股权交易方式所获得的富通集团4.99%的股权是《中比投资协定》应该保护的投资。

（2）征收和国有化的要件。根据《中比投资协定》第4条第1款的规定，东道国有权在满足国内法律程序、非歧视性和给予补偿等三项前提下，对另一方投资者在其境内的投资采取征收、国有化或其他类似措施。该协定第4条第3款明确规定："如果缔约一方征收其领土内设立的某企业的资产和财产，而缔约另一方的投资者拥有该企业的资本股份或其他形式的参股，缔约一方将对该缔约另一方的投资者拥有的股份或其他形式的参股，适用本条第1、2款的规定"。在"中国平安—富通集团案"中，中国平安持有富通集团4.99%的股权，比利时政府的拆分行为尽管未导致中国平安对富通集团的持股比例发生变化，但这些股权的实际价值已经受到了根本性、实质性的减损，事实上已引起了相当于征收行为的后果。

（3）特别基金待遇。一方面，《中比投资协定》第11条规定"对本协定所管辖的所有事项，缔约一方投资者在缔约另一方领土内享受最惠国待遇"；另一方面，该协定并未对最惠国待遇适用的对象（如关税同盟、自由贸易区、经济共同体的条约或为便利边境贸易）和适用范围（投资的准入、运营和退出等各个阶段）作任何限制性或例外性的规定。因此，根据《中比双边协定》第11条的规定，比利时政府给予中国平安的待遇应不低于其给予任何第三国投资者的待遇。而事实上，如前文所述，为安抚中小股东，比利时政府成立了一项特别基金，以发行息票的形式让居住在欧盟境内的富通集团股东分享比利时政府对外转让富通集团股权中所产生的溢价收益作为补偿，但作为最大单一股东的中国平安却因不在欧盟境内而被排除在享受该特别基金待遇之外。

（4）救济措施。在全球金融危机的背景下，比利时政府采取非常态的政府措施有一定的必然性。从利益的角度看，中国平安与其纠缠于间接征收的合法性问题，不如去探究如何获得合理的补偿问题。根据《中比双边协定》第10条第3款的规定，对于"有关征收、国有化或其他类似措施的补偿额的争议"，可由投资者在"东道国司法解决"或"直接提交国际仲裁，而不诉诸其他任何手段"。由于中国和比利时均是《解决国家及他国国民间投资争议公约》（以下简称《华盛顿公约》）的缔约国，根据中国对《华盛顿公约》第25条第4款所作的保留，中国仅同意就国有化或者征收的补偿问题交付解决投资争端国际中心（ICSID）解决，因此中国平安作为投资者，无权向ICSID提起拆分行动的合法性之诉，但有权提起补偿额之诉。也就是说，中国平安完全可以在寻求比利时司法解决与提交国际仲裁的争端解决方式中进行抉择。值得一提的是，近年来进行较大规模海外投资的中国投资者大多为国有企业，"国有"性质以及长期以来政府与国有企业之间的界限不够清晰，使得这些企业独立投资者的身份存有一定程度的"尴尬"。而中国平安作为一家非国有的上市公司，其非国有性质加之较完善的公司治理结构，使得其独立投资者身份明晰，完全具备启动国际投资争端解决程序的主体资格。

【资料来源】

[1] 李福来. 浅谈国际投资中间接征收的认定：以平安公司诉比利时政府为例 [J]. 法制与社会，2013 (4)：55-56.

[2] 梁咏. 我国海外投资之间接征收风险及对策——基于"平安公司—富通集团案"的解读 [J]. 法商研究，2010 (1)：12-19.

间接征收的范围

1. 案件背景

多边投资是多国之间就国际投资签订的规定各方权利义务关系的书面协议。多边投资条约有区域性条约和世界性条约之分。其中,《多边投资担保机构公约》又称《汉城公约》(简称"MIGA")为了改善投资环境,促进国际投资的发展,国际社会从20世纪40年代开始了建立多边投资担保机制的努力。1985年10月世界银行汉城年会上通过了《多边投资担保机构公约》,并在汉城开放签字,于1988年4月12日正式生效。依据公约建立的多边投资担保机构,是业务执行机构。我国于1988年4月30日批准了该公约,是创始会员国。

为了鼓励投资流向发展中国家,MIGA为外国投资在发展中国家遭遇的非商业风险进行担保。承保范围如下:

(1) 货币汇兑险。这是指由于东道国政府的责任而采取的任何措施,限制投保人将其货币转换成可自由使用货币或可接受的另一种货币并汇出东道国境外,包括东道国政府未能在合理的时间内对投保人提出的此类汇兑申请作出行动。

(2) 征收或类似措施险。这是指东道国政府所采取的立法行为或者行政的作为或不作为,实际剥夺了投资者对其投资和收益的所有权或控制权。但政府为管理其境内的经济活动而通常采取的普通适应的非歧视性措施不在此列。MIGA所担保的不但包括直接征收,而且包括间接征收。如果东道国采取的一系列行政措施,其积累效果相当于征收,即使这些措施的单一行为属于政府日常管理行为的范畴,依然构成所谓类似措施,属于间接征收的范畴;但是投资者必须证明东道国所采取的措施使得相关企业严重亏损或使企业经营成为不可能。

(3) 违约险。这是指东道国不履行或违反与投保人签订的合同,并且被保险人无法求助于司法或仲裁机关对其提出有关诉讼作出裁决;或该司法或仲裁机关未能在担保合同根据机构的细则所规定的合理期限内作出裁决;或虽有这样的裁决但是未能执行。MIGA将违约险作为一个独立的险别列入承保范围,是国际投资保险业务的创新。

(4) 战争与内乱险。MIGA对东道国领域内的任何地区发生的任何军事行动或内乱所致投保人的损失提供担保。军事行动既包括不同国家的政府武装力量之间的战争行为，也包括内乱情况下，同一国家内相互对抗的各政府武装力量之间的敌对行动，包括任何经宣战或未经宣战的战争。内乱，通常是指直接针对政府的、旨在推翻该政府或该政府驱逐出某一特定地区的有组织的暴动行动，包括革命、暴乱、叛乱和军事政变等。在所有情况下，内乱必须具有政治或思想目标。战争和内乱发生在东道国境外，如果对境内投资财产有损害或妨碍，也可承保。

(5) 其他非商业风险。经投资者和东道国联合申请并经MIGA董事会特别多数票通过，MIGA可以承保其他特定的非商业风险，如针对投保人的恐怖行为或绑架，在任何情况下均不包括货币的贬值和降低定值。

虽然MIGA承保上述风险，但依公约的规定，因以下两种原因造成的损失不在担保之列：第一，被保险人认可或负有责任的东道国政府的任何行为或懈怠；第二，担保合同缔结之前发生的东道国的任何行为、懈怠或其他任何事件。

2. 案情事实

1995年，美国一家跨国公司与印度尼西亚官方签订一份合资建设电厂的合同，并向MIGA投保了"征收和类似措施险"。该项目于1996年开工建设，不久印度尼西亚便发生了暴乱，苏哈托政府濒临倒台。在国际货币基金组织的要求下，印度尼西亚政府以在其境内的电站电价过高，建设成本太大，须重新予以审查为由，于1997年中止了境内27家电厂的建设和经营。在中止令中，没有任何有关给予业主补偿和如何解决纠纷的规定和安排。投保人的项目被中止后，希望与印度尼西亚政府协商解决纠纷，以继续维持其在印度尼西亚的投资利益。当时因印度尼西亚政局混乱，投保人屡次要求磋商都没有回应，最后只得向MIGA提出索赔。MICA接到索赔请求后，立即以调解人的身份与印度尼西亚当局磋商，18个月后协商未果。

3. 判决结果

2000年6月，MIGA正式向投保人作了赔付，共1 500万美元。2003年6月，MICA收到了印度尼西亚政府针对该机构受理的第一起索赔进行的最后一笔偿付款。

4. 分析和评述

征收和类似措施险是指在东道国政府采取的任何立法上的作为或从政上的不作为，具有剥夺投保人对其投资的所有权或控制权，或其应从该投资中得到大量收益的效果。但政府为管理其境内的经济活动而正常采取的普遍适用的非歧视措施不在此列。征收险不仅包括直接征收，而且包括间接征收。MIGA不仅可以对剥夺投资者对其投资的所有权或控制权的措施提供担保，而且还可以对阻碍投资者对这些权利的行使的措施提供担保。

本案中印度尼西亚政府中止了包括投保人美国公司在内的27家电厂的建设和经营，虽然没有构成对其财产权的直接剥夺，但已使企业不能正常经营，特别是当投保人寻求协商解决时，遭到一再拖延，已构成间接征收的范围。

【资料来源】

[1] 韩立余. 国际经济法学原理与案例教程 [M]. 北京：中国人民大学出版社，2010.

[2] 林一飞，张亮. 国际贸易法律与诉讼仲裁实务 [M]. 北京：对外经济贸易大学出版社，2010.

多边投资担保中的公正与公平待遇

1. 案件背景

1.1 公正与公平待遇标准的含义

公正与公平待遇标准是为各国所公认的一项外资待遇原则，又是一项独立的，总的外资待遇标准。公正与公平待遇作为一项综合性的待遇标准，最惠国待遇，国民待遇均有可能单独或同时成为其判断的标准，但是，在这一层面上，公正与公平的具体适用，应该考虑到各个国家的不同的情况以及同一国家的不同发展阶段。对已完全实行市场经济体制和具备坚实的经济实力的发达国家来说，应该给予外资以国民待遇和最惠国待遇，不能在竞争中对外资实行过多的特殊限制，否则，就是不公正和不公平的。

1.2 公正与公平的待遇标准的解释

公正与公平待遇是一个"橡皮"的概念，就其解释的标准，南北国家意见相左，发展中国家坚持认为，应根据东道国国内法来解释公正与公平的待遇标准，而发达国家通常主张公正与公平待遇的解释标准应当是国际法。在这个方面，一些双边投资保护协定采用"和稀泥"的方式兼采两种解释标准，正反映了南北国家在这一问题上的立场对立。例如：1988年芬兰与匈牙利间此类协定第三条规定："缔约各方应根据法律和法规，并符合国际法，始终确保对缔约另一方投资实行公正与公平待遇。"

以往，西方学者几乎一致认为，公正与公平待遇标准就是传统国际法中的"国际最低待遇标准"。这种观点遭到了发展中国家的坚决反对和抵制。所谓的国际最低待遇标准，其内容抽象，含义模糊，究竟何指，没有一个具体的客观标准，但归根结底是以西方文明为其判断的依据。从形成的历史来看，国际最低待遇标准始现于19世纪，20世纪初被西方学者加以概念化。当时的殖民地和附属国以及后来的发展中国家，完全被排斥在这种国际法的准则形成之外，同时该项标准出现后的适用实践,也反映了殖民主义国家干涉他国内政的真实历史。

2. 案情事实

阿根廷是拉美第三大经济体,20世纪初期曾是世界上最繁荣富足的国家之一。但好景不长,20世纪80年代初期,进口替代工业化的模式固有的缺陷与不利的外部环境促使阿根廷陷入了严重的债务危机,通货膨胀率居高不下,财政赤字有增无减。为了应对危机,1989年梅内姆政府执政后,在新自由主义思潮的影响下,阿根廷政府以极端的方式进行国民经济自由化改革。

货币政策方面,梅内姆政府于1991年制定《货币可兑换法》(23.928号法律)并通过2128/91号指令,规定阿根廷的货币比索以一比一的兑换率与美元挂钩,要求货币兑换委员会持有的外汇储备与流通中的本国货币保持等量。其目的是禁止在没有等量的外汇储备情况下增发本国货币弥补政府财政赤字的可能性,有助于保持货币稳定。这些措施具有一定作用,但也为阿根廷后来发生经济危机埋下了祸根。

阿根廷政府实施的固定汇率措施和私有化政策控制了野马脱缰式的货币发行,吸引了上亿美元的外国投资,经济一度繁荣,然而,比索币值不能单单依靠一项法律得到加强,固定汇率没有真实地反映阿根廷生产率在世界上的相对水平。外资的蜂拥而至更多的是以政府的承诺为条件的,代价是政府自我管理的措施严重受限,而且由于阿根廷政府没有抓住这一有利时机实行与货币可兑换政策相符的财政可兑换政策。结果虽然货币发行得到了控制,但是外债规模急剧膨胀。

2001年年底,阿根廷政府先陷入了全面的经济危机,政府宣布无力偿还巨额外债,从而导致资本大规模外逃,银行遭到挤兑,阿根廷政府宣布冻结银行账户,限制居民提款,这加剧了恐慌,引起了民众的不满,从而发生了大规模的社会动荡。在《紧急状态法》颁布以后,按当时的汇率只能兑换1美元,自2001年开始,利益受损害的外商纷纷根据有关的BITs把阿根廷政府推上被告席,CMS v. Argentina案便是其中的一例。在经济危机初期,阿根廷政府已经开始意识到完全执行当初私有化时对公用事业的承诺有些力不从心。为此,阿根廷政府先后在1999年年底和2000年7月与所有天然气公司(包括TGN公司)达成协议,暂时根据美国生产商价格指数调整天然气的使用费,条件是,政府承诺给予后续补偿并保证该暂停措施不会改变当时的法律框架。但是,在一个针对美国生产商价格指数调整机制合法性的诉讼中,阿根廷联邦法院的法官发布命令暂停政府与天然气公司达成的所有协议,针对该项命令,TGN公司与其他天然气公司,阿根廷天然气主管机构及有关政府部门均提起上诉,但被一一驳回,至今阿根廷最高法院未作出最终判决。这一系列事件导致自2000年1月开始,天然气的使用费没有进行任何调整。为此，作为 TGN 公司的投资者的 CMS 公司于 2001 年 7 月向 ICSID 提起仲裁申请。

2001 年年底，由于经济危机恶化，阿根廷政府通过颁布《紧急状态法》并据此采用了一系列不利于 TGN 公司的措施。虽然根据《紧急状态法》，阿根廷政府设立了一个重新协商委员会，以对公用事业使用费进行评估和调整，但就天然气运输和销售行业来说，情况并没有发生任何改变 TGN 公司使用费用以一比一的汇率被强行转换成亿比索计价。就此，CMS 公司于 2002 年 2 月向 ICSID 提起一项附带仲裁申请。

CMS 公司声称，该公司当初之所以对天然气运输部门进行重大投资决策主要是给予阿根廷政府的承诺与保障，尤其阿根廷政府许诺投资。

在 1999 年到 2002 年之间及以后阿根廷政府采用的措施对 CMS 公司造成了毁灭性的后果，不仅收入大幅减少，而且偿债能力也降低了 1/3 多。CMS 公司认为，阿根廷政府采用的措施违反了其母国，即美国与阿根廷缔结的 BIT。据此，CMS 公司提出了四项主张：①阿根廷政府违反了 BIT 第 4 条第 1 款的规定，对 CMS 的投资实行了间接征收。②阿根廷政府没有依照 BIT 第 2 条第 2 款 a 项的规定，给予 CMS 公司的投资以公正公平的待遇。③阿根廷政府违背了第 2 条第 2 款 b 项的规定，对 CMS 的投资采取了任意性和歧视性措施。④阿根廷没有遵守 BIT 第 2 条第 2 款 c 项的规定，对 CMS 的投资履行其承诺的义务。鉴此，CMS 公司要求阿根廷政府赔付 2.61 亿美元的赔偿金外加利息及仲裁费用。

3. 争议问题及判决结果

3.1 争议问题

本案中有关公正与公平待遇标准的焦点是，阿根廷政府知否按照阿根廷—美国 BIT 第 2 条第 2 款 a 项的规定，给予 CMS 的投资以公正与公平待遇。该条规定："无论何时，都应给予投资以公正与公平的待遇，使之享有充分的保护与安全；在任何情况下，给予外资的待遇都不能低于国际法所要求的标准。"

CMS 公司认为："稳定、可预见的投资环境是决定投资的关键因素，而阿根廷政府的措施深刻地改变了投资环境的稳定性和可预见性，因而违反了 BIT 规定的公正与公平待遇标准及保证使投资享有充分保护与安全承诺。"CMS 公司还指出，2000 年至 2002 年间阿根廷采取的措施，以及根据《紧急状态法》采取的废除其投资所赖以存在的有关安排的最终决定导致其违反了该项标准。

阿根廷辩称，公正与公平待遇标准过于模糊，具体含义难以确定。不过，"在任何情况下，该项标准所提供的仅是依东道国法律规定的基本的普遍待遇，同时该项标准与国际最低待遇标准是相一致的。"阿根廷特别之处："只有在东道国故意违背义务或恶意作为时才能被认为违背了公正与公平待遇标准。"

阿根廷认为，投资环境不稳定不等于投资环境固定不变，一国的立法权不可能被冻结，阿根廷在经济危机期间制定的《紧急状态法》是正式行使这种立法权的体现。阿根廷采取的措施，尤其是比索化措施，属于为防止造成更大社会损失及贫穷的必须措施；阿根廷在采取措施时主观上并没有故意或恶意对待投资的意图，只是在不得已情况下合法形式了立法权，因而，阿根廷没有违反公正与公平待遇标准。

3.2 判决结果

对此，阿根廷进行了充分的抗辩，其中针对第一、第三项的抗辩得到了仲裁庭的支持。但第二、第四项的抗辩被仲裁庭驳回。最后仲裁庭裁决阿根廷向 CMS 公司支付 1.33 亿美元的赔偿，这一数额约为 CMS 公司申请的赔偿额的一半。

4. 分析和评述

仲裁庭认为，和其他许多双边投资条约一样，阿根廷—美国 BIT 并未明确界定公正与公平待遇标准，因而阿根廷有关该标准模糊不清的观点不无道理。不过，从该 BIT 序言来看，该标准是明确的。该序言规定："为了给投资创建一个稳定的环境，最大化地促进经济资源的有效利用，双方同意给予投资以公正与公平待遇。"所以，稳定的法律及商业环境毫无疑问是公正与公平待遇标准的核心要素，而阿根廷政府所采取的措施确实完全改变了投资赖以存在的法律及商业环境。不仅如此，本案事实清楚地表明，与仲裁申请人商业运作有关的使用费体制、美元标准及调整机制已不可能恢复，而这些因素对于投资者的决策确实至关重要。

仲裁庭还指出，除阿根廷—美国 BIT 具体规定外，大量的双边、多边条约也清楚地表明公正与公平待遇标准与稳定性和可预期性不可分离，多数仲裁裁决及学术文献也持有同样的观点。针对阿根廷"投资环境稳定不等于投资环境固定不变"的抗辩，仲裁庭指出："这不是法律框架可不可以冻结的问题，也不是是否可以废弃原有法律框架的问题，有关外国投资及其保护的法律要避免发生这些不利的法律后果。"可见，仲裁庭并未就阿根廷提出的由于所采取措施具有必要性而豁免该措施的不正当性之抗辩作出判断。

仲裁庭认为，公正与公平待遇标准属于与东道国政府主观意识无关的客观性标准，东道国是否故意或者恶意采取这些措施并不是关键，尽管此类主观意图会使情形恶化。由此，仲裁庭认定阿根廷政府采取的措施客观上违反了阿根廷—美国 BIT 第 2 条第 2 款 a 项有关公正与公平待遇标准的规定。

此外，针对阿根廷政府提出的公正与公平待遇标准等同于习惯国际法最低标准的主张，仲裁庭认为，也许在某些争端中，公正与公平待遇标准是高于或等同于国际法最低标准意义重大，但在本案中这一点并不重要。事实上，在本案中，"基于正式法律及合同承诺产生的公正与公平的待遇标准，以及标准与商业环境的稳定性与可预期性的联系与国际法最低待遇标准及其在国际习惯法中的演变是殊途同归的"。

本案仲裁庭对公正与公平待遇标准的裁决传递出以下的主要信息：第一，在理解公正与公平待遇标准的具体内涵时，仲裁庭运用了目的解释方法，通过援引条约序言规定，认定本案中公正与公平待遇标准具体体现为商业环境的稳定性和预期性；第二，仲裁庭认为，不论东道国是否恶意，只要所采取的措施客观上改变了投资赖以存在的环境，就违反了公正与公平待遇标准；第三，仲裁庭认为，本案所涉及条约中的公正与公平待遇标准及其所包括的商业环境的稳定性和可预期性与习惯国际法上的最低标准及其发展是一致的。

整体看来，针对公正与公平待遇标准的抗辩失败，一方面与阿根廷在与美国签订的 BIT 中为外国投资者提供高标准保护的规定有着密切关系。在该 BIT 中，无论是公正与公平待遇标准条文本身还是条约序言对缔约目的的声明，都极为强调对投资者的保护，却从未提及东道国管理经济、社会事务的必要权力。而且，就"公正与公平的待遇"、"国际法所要求的标准"、"充分的保护与安全"这些国际上尚存在的分歧的笼统、模糊规定未作出任何界定，而全盘接受了美国对投资者高标准保护的要求。另一方面，这与阿根廷在国内法层面上采取的对包括 TGN 公司在内的公用事业作出过多承诺的措施也不无关系。以美元计价、根据美国生产商价格指数适时调整的使用费严重脱离阿根廷本国经济的实际情况。

【资料来源】

[1] 宋晓. 论双边投资条约对国际投资法的发展：中国视角 [J]. 江苏行政学院学报，2005（06）.

[2] 余劲松. 外资的公平与公正待遇问题研究——由 NAFTA 的时间产生几点思考 [D].

第四部分　知识产权法

外国著作权的保护范围

1. 案例背景

版权的国际保护是指一个国家的书报、舆图、戏剧、绘画、电影、唱片等文学、科学和艺术作品的版权,通过该国同其他国家缔结的双边或多边协定以及其他方式而享有的国际保护。

国际版权保护所应用的原则主要有下列3种:

(1)"国民待遇"原则。即一个缔约国把其他缔约国的文学、科学和艺术作品当作本国国民的作品加以保护。这是现在的双边和多边协定几乎普遍采用的原则。

(2)一个缔约国给予其他缔约国的作品以"起源国待遇",即给予这些作品以相当于作者所属的国家或作品首次出版的国家给予的版权保护。一些泛美公约曾实行过这一原则。

(3)一个缔约国给予其他缔约国的作品以"第三国待遇",即甲国给予乙国的作品以丙国作品享有的版权。根据这一原则,所有缔约国国民的作品都享有同等的版权保护。

2. 案情事实

1996年,美国20世纪福克斯公司等八大影视公司起诉北京市先科激光商场、北京市文化艺术出版社音像大世界侵犯电影作品著作权。

以20世纪福克斯电影公司、环球影片股份有限公司、时代华纳娱乐公司等公司为代表的八个原告均是在美国注册的电影公司。这八家公司在1985年至1991年期间分别对其制作的电影作品《走出非洲》、《蝙蝠侠》、《教父(续)》等15部影片在美国版权局进行了版权登记,获得了版权登记证书,拥有上述电影作品的著作权。

1994年2月至6月,20世纪福克斯电影公司等八个原告委托律师在北京市先科激光商场（以下简称先科商场）购得深圳市激光节目出版发行公司出版发行的上述电影作品的激光视盘403张。1994年6月，八个原告委托的律师在北京市文化艺术出版社音像大世界（以下简称音像大世界）购得深圳市激光节目出版发行公司出版发行的上述电影作品的激光视盘142张。八个原告对所购买上述激光视盘的行为委托北京市公证处进行了证据保全公证。先科商场和音像大世界对其销售行为和公证无异议。

原告美国20世纪福克斯公司等八家电影公司诉称：原告分别为15部电影作品的著作权人。根据中美两国政府于1992年1月17日签署的《关于保护知识产权的谅解备忘录》和1992年10月15日对中国生效的《伯尔尼公约》的规定，上述原告的电影作品的著作权应受中国著作权法的保护。原告发现两被告所销售的上述电影作品激光视盘是未经原告许可而发行的，构成了对原告著作权的侵犯，请求法院：①责令被告提供侵权制品的销售数量和库存数量；②查封并没收被告未售出的全部侵权制品；③责令被告向原告书面保证今后不再发生侵犯原告著作权的行为；④判令两被告分别向各原告支付不低于5万元人民币的赔偿金；⑤判令被告承担原告为追究被告侵权责任所支付的费用。

而被告先科商场、音像大世界辩称：自己是合法经营音像制品的企业，其经营的音像制品是正式出版物。其作为销售商无义务审查所售音像制品的出版发行者使用作品的合法性。根据法律规定只有复制、发行行为才涉及著作权侵权，其仅为销售商，更无须在销售商品时取得著作权人的许可。故请求法院驳回原告的诉讼请求。

3. 争议问题及判决结果

3.1 争议问题

被告的行为为什么构成侵犯原告的著作权？

被告的行为构成侵权。因为被告销售侵权激光视盘的行为无论从主观方面还是从客观方面均构成侵犯原告的著作权。

从主观方面看，被告作为音像制品的专业销售商，有义务审查其经销的激光视盘版权的合法性。尤其根据案发时有效的国家版权局国权〔1993〕28号文件《关于为特定目的使用外国作品特定复制本的通知》规定，国际著作权条约在我国生效前，中国公民或者法人为特定目的拥有和使用的外国作品的特定复制本，在1993年10月15日后均应取得原著作权人的授权才能销售，否则按侵权处理。因此，尽管被告销售的激光视盘属第三方提供的正式出版物，但其以此作为免责的理由不能成立，其销售行为具有主观上的过错。

从客观方面看，原告对本案所涉及的电影作品的著作权，根据《中美知识产权谅解备忘录》（1993年3月17日生效）和《保护文学和艺术作品伯尔尼公约》（1992年10月15日对我国生效）受中国著作权法的保护。因此，被告销售他人出版的属于侵权复制本的激光视盘的行为客观上也构成对原告著作权的侵犯。

3.2 判决结果

北京市第一中级人民法院经审理认为：

原告美国八大影视公司对其电影作品享有的著作权受中国著作权法的保护。先科商场、音像大世界销售的上述激光视盘系他人未经著作权人许可而复制的，故该激光视盘属于侵权复制品。先科商场、音像大世界作为音像制品的专业销售商，应注意著作权法律和国家有关部门对销售音像制品的规定。国家版权局国权〔1993〕28号文件《关于为特定目的使用外国作品特定复制本的通知》规定，中国公民或者法人为特定目的使用外国作品的特定复制本，在1993年10月15日后均应取得原著作权人的授权才能销售，否则，按侵权处理。因此先科商场、音像大世界销售侵犯外国作品著作权的激光视盘的行为主观上有过错。同时，先科商场、音像大世界的销售行为客观上也损害了上述原告的合法权益，应承担相应的法律责任。北京市第一中级人民法院依照《中华人民共和国著作权法》第四十五条第（五）项的规定，对上述案件作出一审判决：

1. 先科商场、音像大世界立即停止销售侵犯原告著作权的激光视盘；
2. 先科商场、音像大世界赔偿上述原告共计288 925.66元人民币；
3. 驳回原告的其他诉讼请求。

同时，法院依照《中华人民共和国民法通则》第一百三十四条第四款的规定作出民事制裁决定，对先科商场、音像大世界销售和库存的上述侵权激光视盘予以收缴。

宣判后，原告美国八大影视公司的代理律师表示服从法院判决。因被告方在法定上诉期内未提出上诉请求，因此法院对上述案件的一审判决已发生法律效力。

4. 分析和评述

北京市第一中级人民法院审判的这起案件，是中美两国政府1992年签署《关于保护知识产权的谅解备忘录》生效后中国法院受理的首批美国电影公司状告中国音像销售公司侵犯电影作品著作权的民事案件，因而受到了社会各界的普遍关注，新闻界就此也进行了大量报道。解析这起侵犯著作权案，主要涉及三个法律问题：

4.1　关于外国作品著作权人的确定

外国作品受中国著作权法调整，必须符合一定的条件，或者是外国作品首先在中国境内发表；或者是外国作品虽在中国境外发表，但该作品作者所属国是中国参加的国际著作权公约的成员国，或者与中国签订了著作权双边保护协定。这是由著作权的地域性原则决定的。只有符合上述条件，中国才承担保护外国作品著作权的义务。因此，原告的电影作品是否受中国著作权法的保护是本案需要解决的首要问题。由于1992年1月17日中美两国政府签订了相互保护对方国民知识产权的双边协定。根据该协定，自1992年3月17日起，中美两国国民的知识产权在对方国内受法律保护。不仅如此，中国在1992年10月还加入了《伯尔尼公约》，由于美国也是该公约的成员国，因此中国根据该公约也要保护美国国民的著作权。在解决了前述问题后，还要确定原告是否具有其主张权利的电影作品的著作权人资格。原告的电影作品在美国发表和登记，证明该事实的证据不在中国境内，因此依照中国民事诉讼法的规定，法庭要求原告对在中国境外取得的证据，须经过美国公证机关公证并经过中国使领馆的认证。原告提交了经过公证、认证的公司注册登记、授权委托书、版权登记证书，法庭经审查后对原告的著作权人主体资格予以确认。

4.2　关于销售行为的侵权认定

在审理中，原告明确表示由于不知道所诉激光视盘的制作时间是否在《中美关于保护知识产权的谅解备忘录》生效之后，故对该激光视盘的制作者、出版者暂不起诉，而在我国的民事诉讼中，人民法院实行"不告不理"的原则，因此本案没有追加激光视盘的制作者、出版者为当事人。但这涉及能否单独追究销售行为人的侵犯著作权的法律责任，此前在著作权司法审判中还没有先例。从本案看，原告指控的主要事实清楚，而双方争议的焦点是：被告作为音像制品的销售商，其销售行为是否构成对原告著作权的侵犯？对此，应从侵权行为的构成要件和著作权法包括国际著作权条约的规定来分析被告的行为。

从主观方面看，要审查被告销售侵权视盘主观上是否具有过错。被告作为音像制品的专业销售商，应注意著作权法律和国家有关部门对销售音像制品的规定。特别是在中国加入有关国际著作权公约、条约后，有关音像制品的销售商不仅要遵守行业管理规定，而且要注意销售的音像制品是否可能侵犯他人的知识产权。对于外国作品，销售商更应该加以注意。因此，尽管被告销售的激光视盘属第三方提供的正式出版物，但其以此作为免责的理由不能成立，仍应认定被告销售侵犯外国作品著作权的激光视盘的行为有主观上的过错。从客观方面看，原告对本案涉及的电影作品的著作权在中美两国签订《关于保护知识产权的谅解备忘录》和中国加入《伯尔尼公约》后,应受到中国法律的保护。被告在北京销售了他人出版的属于侵权复制本的激光视盘,其销售行为客观上损害了原告的合法权益。依照《中国著作权法实施条例》的规定,销售行为属于著作权法规定的发行行为,销售侵权制品构成独立的侵权行为,并承担相应的法律责任。

4.3 关于本案赔偿损失数额的确定

原告认为,被告在中国法律对国际著作权条约成员国的国民的作品开始保护两年多以后,仍实施侵权行为,严重妨害、迟滞了原告的作品合法进入中国市场,使原告在相当长的时期内,在市场竞争优势上受到损失。此种损失是实际的、现实的。这种损失远非被告非法获利所能抵偿。所以请求法院判令两被告分别向各原告支付不低于 5 万元人民币的赔偿金,最终赔偿金额以法院认定的为准。关于侵犯著作权的赔偿问题,根据本案情况,应以被告实施侵权行为的情况来确定损害赔偿数额,要考虑实施侵权行为的时间、销售侵权制品数量、销售侵权制品的损害后果、侵权的社会影响等因素。本案中在确定赔偿额时,未采用以往以被告所得利润作为赔偿数额的方法,而是采取以被告的销售数量乘以原告的单位可得利润作为原告的损失来确定赔偿数额的方式来计算。这一方法是对确定著作权侵权赔偿数额的一种尝试,目的在于解决以审计结论认定的被告经营利润在出现亏损或者利润极小时作为原告损失的不合理性。

综上所述,原告美国八大影视公司对其电影作品享有的著作权受中国著作权法的保护。本案首次判决单独追究销售商的侵权责任,表明了中国司法机关依法保护中外著作权人合法权益的鲜明态度。

【资料来源】
[1] 孙建,罗东川. 知识产权名案评析 [M]. 中国法制出版社,1998.
[2] 张丽英. 国际经济法教学案例 [M]. 北京:法律出版社,2004.

商标使用权的转让纠纷案

1. 案件背景

商标转让是商标注册人在注册商标的有效期内，依法定程序，将商标专用权转让给另一方的行为。注册商标的转让形式有合同转让和继承转让。合同转让是指转让人和受让人之间通过签订转让合同的方式转让注册商标的；继承转让是指个人及依法登记的个体工商户死亡或丧失行为能力，由法定继承人继受其注册商标的。

在实践中，大量的转让注册商标都是以合同方式转让注册的。转让注册商标应依法履行一定的手续，且必须经商标局核准后，转让注册才能生效。转让注册商标而不向商标局办理有关手续的，属于自行转让注册商标的行为，根据我国《商标法》第四十四条的规定，将受到行政处罚，严重时还可能导致注册商标被撤销。

商标转让需要注意的事项：

商标转让合同是指商标的所有人依法定程序，将其商标转移给他人，并由受让人享有该商标的专用权。

（1）审查商标转让合同效力。商标转让合同效力审查主要是审查合同是否有无效或可撤销情形，被转让的商标是否为被人民法院冻结的商标以及办理了质押登记的商标：

①审查合同中是否存在我国《合同法》第五十二条规定的情形。

《合同法》第五十二条规定：

有下列情形之一的，合同无效：

（1）一方以欺诈、胁迫的手段订立合同，损害国家利益的；

（2）恶意串通，损害国家、集体或者第三人利益；

（3）以合法形式掩盖非法目的；

（4）损害社会公共利益；

（5）违反法律、行政法规的强制性规定。

《合同法》第五十四条规定：

下列合同，当事人一方有权请求人民法院或者仲裁机构变更或者撤销：

（1）因重大误解订立的；

（2）在订立合同时显失公平的。

一方以欺诈、胁迫的手段或者乘人之危，使对方在违背真实意思的情况下订立的合同，受损害方有权请求人民法院或者仲裁机构变更或者撤销。

当事人请求变更的，人民法院或者仲裁机构不得撤销。

②审查被转让的商标是否为被人民法院冻结的商标以及办理了质押登记的商标。在冻结期和质押期内，未经人民法院和质权人的同意，该商标不得转让。否则，该商标转让合同无效。

（2）审查商标转让合同条款。

①合同主体。合同的转让方应为合法享有商标专用权的企业、事业单位、社会团体、个体工商户、个人合伙以及外国人或者外国企业，受让方限于企业、事业单位、社会团体、个体工商户、个人合伙以及外国人或者外国企业。

②商标的基本情况，包括商标名称、图案，国别、注册时间、注册号，注册商标核定使用的商品或服务的类别和商品或服务的名称。

③商标权使用许可状况。商标权在被转让前，经常会出现转让人已将商标使用权许可第三人使用的情况。为了保障受让人的利益，受让人应在签订合同前，清楚了解该被转让的商标的权利状况，应明确约定被转让商标被许可使用的情况，以及受让人在合同签订后是否仍需承受被许可使用的相关权利义务。

④商标权转让后，受让方的权限。应约定清楚可以使用该商标的商品种类（或服务的类别及名称）以及可以使用该商标的地域范围。

⑤商标权转让的性质。应明确约定该商标权转让的性质是属于永久性的商标权转让还是非永久性的商标权转让。不同的转让性质，受让人享有不同的权利期限。

⑥商标权转让的时间。针对不同的商标权转让性质，转让的时间也有所不同。对于永久性的商标权转让，一般约定自商标权转让合同办妥商标转让变更注册手续后，该商标权正式转归受让方。而对于非永久性的商标权转让，则应约定转让期限，并约定转让方将在转让期限届满之日起收回商标权。

⑦商标权转让的转让费与付款方式。此条款中应明确约定转让费及付款方式、付款时间。如系涉外业务，还要考虑到币种汇率、计算方法。

⑧商标转让手续的办理。应明确约定双方应共同向商标局提交转让注册商标申请书，转让注册商标申请手续由受让人办理。另外，应约定变更注册人所需费用应由何方承担。

⑨商品质量的保证。商标权转让方要求受让方保证该商标所标示的产品质量

不低于转让方原有水平，转让方应向受让方提供商品的样品，提供制造该类商品的技术指导或技术诀窍（可另外签订技术转让合同）；还可提供商品说明书、商品包装、商品维修法，在必要时还应提供经常购买该商品的客户名单。属非永久性转让的，转让方可以监督受让方的生产，并有权检查受让方生产情况和产品质量。

⑩双方的保密义务。应明确约定双方均承担保守对方生产经营情况秘密的义务。受让方在合同期内及合同期后，不得泄露转让方为转让该商标而一同提供的技术秘密与商业秘密。

⑪违约责任，是保障债务履行以及保护、救济债权人合法权益的有效手段。当合同当事人不履行合同义务或履行合同义务不符合约定时就要承担相应的违约责任。承担违约责任的形式包括继续履行合同、采取补救措施、赔偿损失、支付违约金等。

违约责任注意事项：

- 没有明确约定应当承担违约责任的各种情形，因此无法适用违约责任条款。
- 在支付违约金或者损害赔偿金的违约形式中，没有约定违约金或者损害赔偿金的计算依据，使得违约条款不具有可操作性。
- 将解除合同误解为承担违约责任的形式或者错误地认为只要违约就可以解除合同。
- 约定的违约金过分高于造成的损失的，当事人可以请求人民法院或者仲裁机构予以适当减少。法律规定"当事人约定的违约金超过造成损失的百分之三十的，一般可以认定为合同法第一百一十四条第二款规定的"过分高于造成的损失"。

⑫争议解决条款，一般约定先经双方友好协商，协商不成再通过法律途径解决：

- 若采用诉讼方式解决，各方出于自身的立场考虑都尽量约定在己方所在地法院管辖。
- 若采用仲裁途径解决，各方出于自身的立场考虑都尽量约定在己方所在地的仲裁机构管辖。

⑬法律适用条款，对于双方处于不同国家的情况，各方出于自身的立场考虑都尽量约定适用本国法律。

2. 案情事实

1992年9月18日，广东省对外经济发展××公司、南光（香港）公司和日豪实业有限公司签订了"中外合作××有限公司合同"，三方约定在中国××市××县共同举办合作经营企业××有限公司（即申请人）。

1995年9月12日，申请人和被申请人××有限公司签订了关于被申请人加入合作经营××有限公司的补充合同。同日，申请人和被申请人签订了一份技术转让合同，双方约定：被申请人同意不作价提供其已在香港注册的轻质墙板××商标的使用权，以及制造该商标项下产品的有关技术，作为其加入申请人的合作条件。申请人向被申请人购买价值为CIF××港50万美元的进口设备，用于配套申请人已有的设备。被申请人应向申请人提供涉及生产合同产品的书面及非书面的技术资料和经验，包括产品的设计、产品图纸、制造工艺、材料配方、质量控制、试验、设备安装、调试、运行、维修等一切技术数据及参考等。被申请人应在申请人开出信用证后4个月内装运设备清单所列的补充设备，运抵××港。申请人应在合同生效之日起7个工作日内开出以被申请人为受益人的，有效期为4个月的不可撤销的信用证，其金额为设备总值的60%，计30万美元。被申请人同意将余下的设备款20万美元作为技术风险担保金。补充设备与原有设备配套、安装、调试等，应在补充设备运抵厂区之日起3个月内完成。由申请人，被申请人共同组成产品考核小组，对试产的产品进行考核及送检；若考核的产品合格，由考核小组及申请人、被申请人共同签署产品合格书予以确认。到此，申请人应在3个工作日内用电汇的方式将余下的20万美元的风险担保金汇往被申请人制定的银行账号。若考核的产品不合格，应由被申请人负责进行整改。整改必须在一个月内完成。若整改后仍不合格，被申请人应赔偿申请人因此遭受的经济损失。整改完毕后，仍未达到整改目的，申请人有权没收技术风险担保金。被申请人有责任协助合同产品进入国际市场。申请人的出口产品使用被申请人提供的在中国香港注册的××商标，并在产品的包装上注明"中华人民共和国××有限公司制造"字样。合同经申请人，被申请人授权代表签名后，报中国政府的审批机关批准生效，适用中国的有关法律、法规。

双方在技术转让合同中还约定，因执行该合同所发生的或与该合同有关的一切争议，应通过双方友好协商解决。如协商仍未能解决，应提交中国国际经济贸易仲裁委员会，按该会仲裁程序暂行规则进行仲裁。

1995年11月21日，××市对外经济贸易委员会明经贸引字〔1995〕第79号文批复，批准了上述"补充合同"和"技术转让合同"。

在上述"技术转让合同"的履行过程中，双方当事人发生争议。申请人于1998年5月20日向中国国际经济贸易仲裁委员会深圳分会申请仲裁，并提出以下仲裁请求：①仲裁被申请人即时停止商标侵权行为；②仲裁被申请人消除因其不法侵害致使申请人所受的不良影响；③仲裁被申请人赔偿损失人民币49.4万元；④本案仲裁费用由被申请人承担。

针对被申请人的仲裁申请，被申请人提出了反请求：①确认解除"技术转让合同"；②仲裁申请人赔偿20万美元的违约损失；③仲裁申请人立即停止商标侵权行为；④仲裁申请人消除因其不法侵害致使被申请人所受的不良影响；⑤本案仲裁费用由申请人承担。

依据双方当事人提交的证据以及仲裁庭的庭审调查。仲裁庭认定以下事实并提出分析意见。

（1）适用的法律。双方当事人在"技术转让合同"第9章第1条的规定。该合同应适用中国的有关法律，法规。因此，仲裁庭认为，解决本案争议应适用的法律为中国法律。同时，依据中国法律的有关规定，本案中所涉××商标权的争议应适用商标注册地法律即中华人民共和国香港特别行政区的法律。

（2）关于申请人的仲裁请求。申请人称，按照"关于被申请人加入合作经营××有限公司的补充合同"和双方当事人之间的"技术转让合同"，被申请人已将××商标的使用权提供给申请人，申请人依法获得了××商标的使用权；而被申请人在香港《××日报》上刊登通告等一系列行为，严重违反了上述合同的有关规定，对申请人构成了商标侵权。

仲裁庭查明，被申请人确于1998年3月14日前在香港《××日报》上刊登通告，称××万用墙板是其自产自销产品，除被申请人或其特约经销商外，一切其他使用××万用墙板商标或冒牌产品，被申请人会依法律途径追讨之。1998年5月12日，被申请人在《××日报》上再次刊登"提防假冒"××万用墙板的通告，称由1998年5月1日起，一切××万用墙板如非由其他通告中所列3家直属公司销售，则会另附上一份产品证明书，以防假冒。

1998年5月5日，被申请人对经销由申请人生产的使用××商标墙板的经销商××有限公司在香港高等法院提起侵权之诉。

1997年12月15日，被申请人致函申请人称：由于贵公司目前已能生产及销售产品，应该履行合约付回余款200 000.00美元整。如果贵公司未能在1997年12月30日前按合同付款，本公司会终止我们之间的技术转让合同，并以后请勿用××商标，否则以做侵犯我公司商标权处理。

本案的证据证明，被申请人已于1995年2月9日将××商标在香港知识产权署商标注册处登记，取得注册商标权。

依据香港《商标条例》的有关规定，注册商标权人以外的人，如欲获得某一注册商标的使用权，须和商标权人签订商标许可使用合同。并在香港依法办理注册登记，取得"注册使用人"资格。但在本案中没有证据证明申请人已经依法取得了××注册商标使用权，因此，被申请人前述排斥申请人在香港使用××注册商标的行为，不能认为是侵犯了申请人的合法权利，申请人据此提出的裁令被申请人即时停止商标侵权行为，裁令被申请人消除因其不法侵害致使申请人所受到不良影响，裁令被申请人赔偿损失人民币49.4万元的理由不能成立。

按照"技术转让合同"第1章第1条的规定，被申请人不作价提供其已在香港注册的轻质地板××商标的使用权，以其制造该商标项下的产品有关技术，作为其加入申请人经营的合作条件。第4章第3条规定，申请人的出口产品正是使用被申请人提供的香港地区注册的××商标。并在产品的包装上注明"中华人民共和国××有限公司制造"的字样。与此有关，在"关于被申请人加入合作经营××有限公司的补充合同"中规定："被申请人提供的合作条件为：不作价提供其轻质墙板××商标的使用权，以及制造该商标项下的产品的有关技术。"申请人以为有了上述的合同规定，申请人就获得了××注册商标的合法使用权。显然，这是错误的认识。因为××商标是在香港注册的商标，按照香港的法律，其许可使用权的获得须遵循特定的法律程序。上述合同规定不能满足令申请人获取该注册商标使用权的法律条件，而只是设定了被申请人应实施特定的行为令申请人在香港获得××注册商标合法使用权，作为其成为申请人公司股东的条件。显然，被申请人没有履行上述合同义务。因此，申请人并没有获得××注册商标使用权。然而，就本案争议而言，申请人的各项仲裁请求基于其已获得××注册商标使用权的假定前提，申请人却并未就被申请人的上述违约行为提出索赔。

（3）关于被申请人的反请求。依据"技术转让合同"的规定，被申请人应在补充设备运抵厂区之日起3个月内完成补充设备与原有设备配套、安装、调试等，即应在1996年6月19日前完成上述工作。在"技术转让合同"签订后，被申请人依约于1996年1月19日、3月12日及3月18日分批将补充设备运抵申请人厂区。但被申请人在1996年7月2日致函被申请人，限期在1996年8月15日前完成，并转入试生产。被申请人回函称，延误的主要原因是申请人负责的机械模具部分迟迟未能安装及完工以及接下来申请人要更改路轨。后双方协商限期在1998年9月10日前完成。但被申请人仍未能完成上述工作。

仲裁庭查明，被申请人不能完成设备的安装与调试，其基本原因在于被申请人与其所雇工工程技术人员之间发生拖欠薪酬纠纷，以及与其所签合同设备安装承包商发生拖欠工程款纠纷，以致工程停工。以上事实有工程技术人员Roger、陈××和承包商代表陈××的证言为证。被申请人对上述证言未能做出令人信服的反驳。

1996年10月3日，申请人通知被申请人拒付20万美元的技术风险担保金，并自行请人进行补充设备的配套、安装、调试工作，所需费用要求被申请人负担。被申请人于1996年10月7日复函称，安装设备未能如期完成的原因是申请人方的廖××造成的。此后，申请人自行完成了补充设备的配套、安装、调试。

据上述事实，仲裁庭认为，被申请人在"技术转让合同"规定的期限内未完成补充设备的配套、安装、调试，在延长了安装期限后，被申请人仍未能履行合同义务；被申请人的行为违反了"技术转让合同"的规定，构成违约。由于被申请人是违约方，因此对于被申请人要求解除"技术转让合同"的反请求，仲裁庭不予支持。

依据"技术转让合同"第 3 章第 2 条和第 3 条规定，应当由申请人和被申请人共同组成产品考核小组，对试产品进行考核及送检。若考核的产品合格，由考核小组及申请人、被申请人共同签署产品合格证书予以确认。到此，申请人应在 3 个工作日内将 20 万美元的风险担保金支付给被申请人。由于被申请人未完成补充设备的安装调试工作，此后，双方也未能组成产品考核小组，未能共同签署产品合格证书。因此，仲裁庭人物为申请人拒付 20 万美元技术风险担保金是符合合同规定的。

据上述事实和理由，仲裁庭对被申请人的第 1 项、第 2 项反请求不予支持。

此外，据前述分析，申请人未取得在香港使用××注册商标使用权的原因是由于被申请人未履行其"转让技术合同"应承担的义务，因此，被申请人的第 3 项、第 4 项反请求同样不能成立。

3. 争议问题及判决结果

3.1 争议问题

3.1.1 关于××商标的使用问题

申请人称：依据"关于被申请人加入合作经营××有限公司的补充合同"及"技术转让合同"。被申请人以××商标的使用权作为合作条件，上述两份合同依法定程序经××市对外经济贸易委员会于 1995 年 11 月 21 日发布明经贸引字〔1995〕第 79 号文审批通过。申请人也进行了工商变更登记手续。××市工商行政管理局于 1995 年 11 月 24 日核准。因此，被申请人在法律及事实上已成为申请人的股东，被申请人的法定代表人××成为申请人的副董事长；上述可见，申请人享有××万用墙板注册商标的使用权。

但被申请人自 1998 年 3 月以来，多次在香港《××日报》发表对申请人使用××万用墙板注册商标严重不利的"通告"及其他形式的文字信息。侵害了申请人对该商标的合法使用权。申请人于 1998 年 3 月 10 日致函被申请人，对被申请人的"通告"提出质疑及抗议，并要求解释及消除影响。但被申请人对此不予理睬。被申请人甚至于 1998 年 5 月对申请人的香港客户××有限公司因销售申请人的产品而向香港高等法院提起商标侵权之诉，严重损害了申请人及××有限公司的利益及商业声誉。由此可见，被申请人以公开在报刊上发表"通告"等形式排出了申请人对××万用墙板注册商标的合法使用权，造成广泛的不良影响，侵害了申请人对该商标的合法使用权的事实是明确的、具体的。

被申请人则辩称：被申请人作为××注册商标的所有人。在法律上不可能成为其自己商标的侵权者。被申请人和申请人签订了"技术转让合同"，但就商标问题而言，被申请人只是许可申请人使用商标，而不是将注册商标转让给申请人，××注册商标的所有权一直是属于被申请人。由于申请人在履行"技术转让合同"中有违约行为，被申请人已依法通知申请人解除合同；因此，申请人自1997年12月31日起已不再享有××商标的使用权。

被申请人则辩称：被申请人作为××注册商标的所有人。在法律上不可能成为其自己商标的侵权者。被申请人1998年在《××日报》上的申明不是侵权行为，而是维权行为。虽然被申请人和申请人签订了"技术转让合同"，但就商标问题而言，被申请人只是许可申请人使用商标，而不是将注册商标转让给申请人，××注册商标的所有权一直是属于被申请人。由于申请人在履行"技术转让合同"中有违法行为，被申请人已依法通知申请人解除合同，因此，申请人自1997年12月31日起已不再享有××商标的使用权。

被申请人在中国生产的××商标墙板成功地通过了香港房屋委员会所有要求的资格测试，并于1996年5月21日被列入1996年特许商家墙板名录。香港房屋委员会采取记分制的形式对特许专卖墙板厂商进行年审，只有达到规定要求的供应商才能继续保留其特许专卖厂商的资格。由于香港市场已经出现未经被申请人检测和许可销售的××商标墙板，被申请人为了确保其××商标墙板的特许专卖资格，不得不在香港《××日报》上刊登通告，警告那些假冒××商标的供应商。××有限公司和××有限公司从申请人订购的××商标墙板，并未经被申请人检测和许可销售，违反了香港房屋委员会的有关管理规定，以致被下令拆除。因此他们才不得不终止或减少对申请人产生的订购，也就是说，申请人的"损失"也完全是由于其本身不适当使用××商标所引致的。

3.1.2 关于"技术转让合同"的履行问题

被申请人称：在申请人开出信用证后，被申请人依约分别于1996年1月19日、3月12日、3月18日分3批将补充设备运抵申请人工厂，并开始设备的配套、安装和调试工作。当申请人提出被申请人未能按"技术转让合同"的规定完工的意见后，被申请人方的××先生曾于1996年7月15日到申请人厂内调查，发现主要原因是由于申请人负责的机械模具部分迟迟未能安装及完工，以及后来申请人又更改路轨等造成拖延而致。1996年7月31日及8月4日，被申请人将两份报价单传真给申请人，要求申请人订购有关生产原料，以便进行墙板测试，但申请人迟迟未有回复。1996年10月3日，申请人书面通知被申请人将拒付20万美元的技术风险担保金，并自行请人进行补充设备的配套，安装和调试工作。对此，被申请人于10月7日作出回复，指出设备安装未能依期完成，是由申请人的厂长××的行为所导致的，主要表现为：①在整体工程安装过程中，对工人施压，令其不要协助被申请人工作人员；②对设备安装工程负责人施压并唆使他怠工，拖延工期；③在做小样板测试时被申请人的技术人员受到××的恶劣对待，不但不派人接送被申请人的外籍工程师，还致电责骂被申请人工程人员；④不尊重被申请人的意见，恶意将合作公司董事会会议内容泄露给已被被申请人停职的员工；⑤将合作公司货物送交已被被申请人停职的人员，而没有通知被申请人。

由于××的行为已严重违反了"技术转让合同"的有关规定，被申请人促请申请人更换厂长，并声明：如申请人自行请人进行补充设备的配套、安装和调试工作，由此而导致的任何损失，被申请人一概不负责任。申请人在1997年7月22日已经生产并提供给深圳客户，说明其对设备性能和产品质量等已无异议；有关设备的验收以及产品的考核最终未能进行，也是因为申请人不予配合，而被申请人单方面又无法实施。据此，被申请人于1997年12月15日正式致函申请人，要求其在1997年12月30日前付清20万美元余款，否则将终止"技术转让合同"，取消申请人对××商标的使用权。申请人在合理期限内仍未履行其付款义务，根据中国《涉外经济合同法》第29条第2款的规定，被申请人有权通知申请人，解除合同。

申请人则称：被申请人逾期两个多月尚未能履行完毕合同义务后，申请人于1996年7月26日以传真方式致函被申请人声明：逾期履行合同导致的损失由被申请人负担，并要求被申请人必须在1996年8月15日前完成设备的配套、安装、调试的全部工作，转让试产。否则，申请人将拒付20万美元的技术风险保证金。被申请人于次日复函推诿，申请人于同日即1996年7月27日，针对被申请人逾期完工的推诿理由以特快专递的方式致函被申请人，重复课上述材料的立场，并指出申请人应负责工程部分已完工，因受被申请人工程延误影响的部分也将在月底完成。申请人于1996年7月30日完成了路轨改造工程，而被申请人于上述推延的期限内仍未能完成相关工作。迫于无奈，申请人后与被申请人协商口头同意将期限再延至1996年9月30日。被申请人仍不能在上述最后期限内完成相关工作。直到1996年10月3日。申请人已无法接受被申请人如此不负责任的一直拖延的态度。遂致函通知被申请人。基于被申请人的一再拖延，依合同的约定，申请人拒付（没收）20万美元的技术风险担保金，并自行请人进行补充设备的配套、安装、调试工作，所需费用由被申请入承担。

被申请人在设备尚未安装好且试产仍遥遥无期的情况下，于1996年7月3日及8月4日传真两份报价单给申请人，要求申请人出资订购由其购买数量庞大，价格异常昂贵的各种化学制剂等以便工厂进行测试及生产等。申请人的其他股东以设备尚未完成安装，测试无期且报价单中所列数量太大，价格太贵及测试的费用依合同的约定应由被申请人负担为由，经与被申请人协商最终作罢。

被申请人拖欠，不付工程技术人员的工资及设备安装承包商的工程款，是导致被申请人违约的最直接的原因。

3.2 判决结果

中国国际经济贸易仲裁委员会深圳分会（下称深圳分会）依据申请人与被申请人签订的技术转让合同中的仲裁条款以及申请人的仲裁申请，于1998年5月29日受理了双方当事人关于上述合同仲裁案。

本案仲裁程序适用1998年5月10日起施行的《中国国际经济贸易仲裁委员会仲裁规则》（下称仲裁规则）。

由于申请人仲裁请求涉及的金额未超过人民币50万元，因此，本案在受理时适用简易程序。在深圳分会受理本案后，被申请人提出了反请求，反请求涉及的金额超过了人民币50万元，依据《仲裁规则》第72条的规定，本案不再适用简易程序。

1998年11月6日和1998年12月8日，仲裁庭在深圳两次开庭审理本案，双方当事人均出席了庭审，仲裁庭听取了双方当事人的陈述和辩论，以及申请人方证人出庭作证和双方的质证，并就有关争议事实和双方当事人的意见进行了询问。

1999年3月26日，仲裁庭作出本裁决：(1) 驳回申请人的1、2、3项仲裁请求；(2) 驳回被申请人的全部反请求；(3) 本案仲裁费用申请人和被申请人按4:6的比例分担。本裁决为终局裁决。

4. 分析和评述

关于国际商标转让的内涵及外延，迄今尚无明确的多边条约规定。因此，清楚地界定国际商标转让的法律内涵，可以帮助我们研究国际商标转让的立法思想及相关的基础性法律问题。随着世界经济的发展，各国经济联系加强，许多的企业通过跨国商标权的转让，降低各种投资风险，使企业迅速进入国际品牌化的进程。与此同时，跨国商标权的转让纠纷日渐增多。商标转让突破原有的地域限制，这使得国际社会和各国对国际商标转让的法律冲突问题、国际商标转让的法律适用规则、国际商标转让纠纷的解决方式不断做出新的思考。我国还没有一部有关国际商标转让的专门法律，关于国际商标转让的立法散见在我国商标法及相关规定中，在法律规则、审查标准、受让人的权利救济等方面还有许多亟待完善的地方。当前，在国际知识产权保护方面，有关国际商标转让的原则性的规定主要体现在《巴黎公约》、《马德里协定》、TRIPS 协定中，发达国家有关国际商标转让的立法与实践也比我国要早要完善，通过比较研究国内外主要国家的国际商标转让制度的相关规定以及国际公约中有关国际商标转让的规定，分析国际商标转让制度中存在的法律问题，可以让我们立足我国有关国际商标转让的现状，扬长避短，不断完善我国的国际商标转让的法律措施。

【资料来源】

[1] 安丽. 国际技术转让方法 [M]. 中国法制出版社，2003.

[2] 韦经建，王彦志. 国际经济法案例教程 [M]. 北京：科学出版社，2005.

商标权所有权之争案

1. 案件背景

商标权是商标专用权的简称，是指商标主管机关依法授予商标所有人对其注册商标受国家法律保护的专有权。商标注册人拥有依法支配其注册商标并禁止他人侵害的权利，包括商标注册人对其注册商标的排他使用权、收益权、处分权、续展权和禁止他人侵害的权利。商标是用以区别商品和服务不同来源的商业性标志，由文字、图形、字母、数字、三维标志、颜色组合、声音或者上述要素的组合构成。

根据《商标法》规定，商标权有效期10年，自核准注册之日起计算，期满前12个月内申请续展，在此期间内未能申请的，可再给予6个月的宽展期。续展可无限重复进行，每次续展注册的有效期为10年。自该商标上一届有效期满次日起计算。期满未办理续展手续的，注销其注册商标。

商标权是一种无形资产，具有经济价值，可以用于抵债，即依法转让。根据我国《商标法》的规定，商标可以转让，转让注册商标时转让人和受让人应当签订转让协议，并共同向商标局提出申请。

在转让商标权时，应当按照《企业商标管理若干规定》的要求，委托商标评估机构进行商标评估，依照该评估价值处理债务抵偿事宜，而且，要及时向商标局申请办理商标转让手续。商标侵权的民事责任商标专用权被侵权的自然人或者法人在民事上有权要求侵权人停止侵害、消除影响、赔偿损失。

商标权具有独占性、时效性、地域性、财产性、类别性。

商标许可权是指注册商标所有人通过签订许可使用合同，许可他人使用其注册商标的权利。许可使用是商标权人行使其权利的一种方式。许可人是注册商标所有人，被许可人根据合同约定，支付商标使用费后在合同约定的范围和时间内有权使用该注册商标。实质上，办事与许可制度对于企业将发展横向联合，发挥优势，扩大名牌商品生产，活跃流通，满足消费者需要，提高社会经济效益，具有积极的意义。

2. 案情事实

1995年，作为王老吉商标的持有者，广药集团将红罐王老吉的生产销售权租给了加多宝，而广药集团自己则生产绿色利乐包装的王老吉凉茶，也就是绿盒王老吉。1997年，广药集团又与加多宝的母公司香港鸿道集团签订了商标许可使用合同。2000年双方第二次签署合同，约定鸿道集团对王老吉商标的租赁期限至2010年5月2日到期。2001~2003年，时任广药集团副董事长、总经理李益民先后收受鸿道集团董事长陈鸿道共计300万元港币。得到了两份宝贵的"协议"：广药集团允许鸿道集团将"红罐王老吉"的生产经营权延续到2020年，每年收取商标使用费约500万元。2004年广药集团下属企业王老吉药业推出了绿盒装王老吉，2011年11月，广药集团开始将王老吉的其他品类授权给其他企业。对此，加多宝发表声明，双方的矛盾开始公开化。

2012年5月10日晚间，广州药业在香港联合交易发布公告称，根据中国国际经济贸易仲裁委员会2012年5月9日的裁决书，广药集团与鸿道（集团）签订的《"王老吉"商标许可补充协议》和《关于"王老吉"商标使用许可合同的补充协议》无效，鸿道（集团）有限公司停止使用"王老吉"商标，2012年5月15日，广药集团赢得王老吉商标。2012年5月27日，加多宝集团在其官方网站上发表重要声明称，自中国国际经济贸易仲裁委员会于5月9日作出"王老吉"商标归于广药集团裁决后，鸿道集团不服该裁决，以仲裁委违反了《中华人民共和国仲裁法》第五十八条规定为由，于5月17日向北京市一中级人民法院提出了撤销该裁决的申请，北京市第一中级人民法院已立案。

按《仲裁法》第六十四条规定，当一方当事人申请撤销裁决时，人民法院应当中止另一方当事人申请执行裁决。广药称将索赔75亿元，5月27日加多宝集团（下称"加多宝"）向北京市一中院提起撤销先前仲裁裁决的申请并已获立案，而广州医药集团（下称"广药"）回应称加多宝此举是"对法律的无知"，并准备针对之前两年来加多宝的侵权非法所得提出索赔75亿元。6月20日，鸿道集团收到广州市人民检察院通知，已中止陈鸿道案件。在此前的6月初，加多宝母公司鸿道集团已经申请撤销王老吉商标仲裁裁决一案。广州药业7月16日公告，控股股东广州医药集团收到北京市第一中级人民法院日期为7月13日的民事裁定书。根据该裁定书，北京市一中院就鸿道有限公司提出的撤销中国国际经济贸易仲裁委员会于2012年5月9日作出的仲裁裁决的申请作出裁定，驳回鸿道集团提出的撤销中国国际经济贸易仲裁委员会作出的（2012）中"国贸仲京裁字第0240号"仲裁裁决的申请。该裁定为终审裁定，基本被视作广药集团和加多宝的"王老吉"商标争夺案画上了句号。

2012年8月7日，广药集团又收到新的仲裁通知，律师分析，新仲裁结果可能会被拖至2013年4月。被广药集团称为"完胜"的王老吉商标纠纷案，看来并没有完结。加多宝起诉广药"红罐"包装侵权尚未有结论，广药集团又收到有关王老吉商标新的仲裁通知。对此，广州王老吉大健康产业有限公司副董事长倪依东在接受记者采访时表示，广药集团将积极应对新仲裁，还将对加多宝提的《商标许可协议》的真实性进行司法鉴定。广州药业发布公告称，广州药业控股股东广药集团已于13日收到北京市一中院的裁定书，该裁定书驳回了加多宝母公司鸿道（集团）提出的撤销中国国际经济贸易仲裁委员会于5月9日做出的仲裁裁决的申请。本裁决为终审裁定。

中国国际经济贸易仲裁委员会于5月9日做出仲裁裁决裁定，广药集团与鸿道（集团）签订的《"王老吉"商标许可补充协议》和《关于"王老吉"商标使用许可合同的补充协议》无效，并要求鸿道（集团）停止使用"王老吉"商标。对此，鸿道集团于6月1日向北京市一中院提交撤销该裁决的申请。而就在14日，加多宝还向媒体出示了此前未曾公布的一份与广药集团签订的《商标许可协议》，加多宝表示，鸿道（集团）生产和销售王老吉红罐及瓶装凉茶的使用权并没有过期，"王老吉"商标使用权将延续到2013年1月19日。

2012年5月21日，广药集团在广州召开新闻发布会，首次公布王老吉凉茶发展规划及"凉茶就喝王老吉"的新红罐王老吉凉茶广告语。广药集团与鸿道集团关于"王老吉"的商标之争可能会在两个月后出结果。而广药的关系企业又将绿罐的王老吉带到了糖酒会上。新红罐王老吉6月上市，广药集团将通过"136发展方略"，把王老吉从民族品牌打造成世界品牌，并公开提出了未来5年实现王老吉凉茶销售300亿元，2020年实现600亿元的销售目标。新的"广药版"红罐王老吉凉茶也计划在6月初上市，其招商和销售布点等工作已经准备就绪，未来还将视市场需求进行新品研发和推广。广药集团在新闻发布会上表示，迄今为止，广药集团已经在全球58个国家和地区开展了王老吉商标注册工作，未来将进一步加快注册，为实现王老吉品牌的国际化打下坚实的基础。广药版红罐王老吉凉茶的外观，与加多宝生产的红罐凉茶颇为相似。罐身的图、文布局基本相似：同为红底黄字，同样是竖写名称，在主名称两侧也同样印有黑色、类似对联的说明文字，罐口也都做出特殊颜色的字体。在新品发布会上，广药集团宣称，将在5年内把王老吉凉茶销售额做至300亿元，2020年做大至600亿元。

此前曾有经销商表示，广药集团已经与福建的银鹭、惠尔康展开了合作，银鹭、惠尔康帮助广药代工红罐王老吉，同时他们还将利用自己的营销网络为将上市的红罐王老吉做铺垫。

对于王老吉的红色罐装，加多宝宣称，对红罐拥有装潢专利权，其他企业模仿此装潢生产属侵权。2012年7月16日，王老吉商标争夺战终审判决公布，这场持续达445天的纠纷终于画上了句号。广药集团举行新闻发布会上宣布了北京市第一中级人民法院7月13日判决书：驳回鸿道集团关于撤销王老吉仲裁结果的申请。加多宝正式发布声明称，加多宝出品的红罐王老吉凉茶已全面启用新包装，"目的是使广大消费者正确识别加多宝出品的正宗凉茶，保护正宗凉茶的单一性与纯正性，从而保护和推动凉茶文化的健康发展。"自广药收回王老吉商标以来，正加快产能建设，预计8月上旬红罐王老吉将覆盖全国地区，并且逐渐从委托加工转向加工与自产相结合。

在拿回王老吉商标使用权后，广药高调召开新闻发布会指加多宝此前对外公布的"神秘合同"涉嫌伪造。广药集团称，加多宝出示的"神秘合同"有多处涂改及互相矛盾的地方，他们已就这一情况向公关机关报案。广药王老吉砸数亿元下单央视和芒果台来对抗加多宝。2011年11月起，广药集团宣布开始实施"大健康产业战略"。2012年8月28日，在苏州吴中区木渎商城内两家终端销售人员"暴力"再度升级，双方员工再次因促销活动发生摩擦并互殴。

3. 判决结果

7月13日，北京市第一中级人民法院做出终审判决，广药集团完胜王老吉商标官司。

4. 分析和评述

"王老吉"商标被许可使用方加多宝公司的红罐王老吉销售收入已达到160亿~180亿元，按照国际惯例，商标使用费应是销售额的2%~5%。以红罐王老吉年销售160亿元来计，商标使用费按其销售额的2%来计算，加多宝公司应至少向广药集团交纳商标使用费3.2亿元。然而，2000~2011年，商标使用费年租金仅有400多万元，即使延续到2020年，也只有500多万元。而相比广药集团租给其他合作伙伴如广粮集团等的商标使用费，则是销售额的2.3%~3%，即便是广药集团下属的合资公司王老吉药业，每年都要按销售额的2.1%缴纳商标使用费。因此，可以说广药集团在"王老吉"商标使用许可费用上受到了巨大的损失。作为商标权使用许可的被许可方，也应考虑最大限度地维护自己所获得的商标使用权的最大利益。除了应考虑约定合理的许可期限和许可费用外，还应考虑如何对合同到期许可方收回商标使用权进行约定。和中国式所有蹩脚的合作一样，加多宝和广药的合作也是江湖式进入，法律式退出。

自2008年开始，加多宝就应该意识到和广药品牌租赁中可能存在的合作风险。后来虽然又违规签约了5年，但是事实上意义也不是很大，因为这还有合作结束的时候。可以说，加多宝至少有3~5年的时间准备应对和广药合作的失败，应该是战略清晰，策略得当。可是，在市场上，我们看到却是无战略、不从容的加多宝，看到的是仓促更换品牌、仓促渠道物料变革、仓促中的法律应诉等等，更遗憾的是，加多宝没有在知识产权上做其他辅助性的保护，今天还在和王老吉争谁到底"怕上火"。广药拥有商标权，但不能将品牌价值归入自己麾下商标价值不等于品牌价值，商标是商品的符号，品牌价值则与生产经营者的广告投入、销售营运密切相关，广药高调宣布品牌价值千亿元缺乏实据，甚至有贪加多宝之功的嫌疑。10年前，加多宝用非法手段获得了王老吉商标使用权；10年后加多宝又仗着违法合同的保护拒绝给广药适当的增加商标使用费，最终导致了双方的鱼死网破，不得不说这是一个两败俱伤的结局。

一个有品牌但没产品，一个有产品却失去了品牌。前者借它的品牌启动产品体系，后者则希望用产品再打造一个品牌。王老吉的品牌推广其实一直是加多宝在做。企业在追求利益最大化时一定要重视知识产权的保护，有必要把身边的案例作为"镜子"时常警示自己，以免"为他人作嫁衣"。

【资料来源】
吴汉东. 知识产权基本问题研究［M］. 北京：中国人民大学出版社，2005.

权利穷竭案例

1. 案件背景

专利权实施许可可分为以下几种类型：

(1) 独占许可。是指权利人与被允许使用人在合同中约定的时间和地域内，只允许被许可方实施该专利技术，其他任何人不得行使其专利技术。在这种情形下，专利权人在规定的时间和地域内亦丧失自己专利技术的使用权。

(2) 排他许可。是指权利人与被允许使用人在合同中约定的时间和地域内，只有专利权人和被允许使用人有权使用该专利，其他任何人无权使用该专利。

(3) 普通许可，也叫一般许可，非独占许可，是指权利人与被允许使用人使用其专利外，权利人还可以允许第三人使用其专利。

(4) 分许可。是指专利权人和被允许使用人可以使用其专利，同时专利权人和被许可使用人都有权允许其他人使用其专利。

(5) 交叉许可，也称相互实施许可。是指两个专利权人互相允许对方在约定的时间和地域、范围内实施自己的专利，换句话说，就是甲允许乙实施甲的专利，乙允许甲行使乙的专利。

权利穷竭原则，是指知识产权所有人或经其授权的人制造的知识产权产品，在第一次投放到市场后，权利人即丧失了对它的进一步的控制权，权利人的权利即被认为用尽、穷竭了。

凡是合法地取得该知识产权产品的人，均可以对该知识产品自由处分，只要不侵犯知识产权人的独占权。权利穷竭原则是知识产权法的一个重要问题。权利穷竭不但与知识产权的特点、知识产权客体的特点及知识产权法的宗旨等知识产权基础理论问题相关，而且同现实生活中出现的平行进口问题相联系。

从知识产权功能的角度来说，权利穷竭的理论基础就是经济利益回报。知识产权制度的建立，旨在保护发明创造人、作品创作者的权利，使其在没有别人同其竞争的条件下充分利用自己的知识产品以实现自己的经济利益。知识产权的本质乃是利益问题。

将经济特权授予个人或是单位完全是为了产生更大的公共利益。而权利穷竭原则，则是对知识产权所有人的权利所进行的一种限制，"是为了平衡知识产权人专有权所产生的负面效应所设置的，其主旨是对知识产权人的权利加以必要的限制，以免产生过度垄断，阻碍产品的自由流通。"目前，学界普遍认为，知识产权的基本特征之一是其独占性或者说是专有性，这和商品的自由流通恰恰是矛盾的，权利穷竭原则正是为了解决这种矛盾而产生的。保证商品的自由流通是权利穷竭原则的目的所在。但是笔者认为，权利穷竭原则的理论基础是经济利益回报理论，即知识产权所有人基于法律的规定而独占性地制造并销售其知识产权产品后，他已经从这种独占性的制造、销售活动中获得了应得的经济利益，知识产权的基本功能已经实现。知识产权制度赋予了权利人独占性的权利，保证权利人在没有他人假冒、仿造的情况下充分利用其智力成果制造、销售知识产权产品，从而实现自己的经济利益。权利人在依靠这个独占性保证条件获得充分的经济利益回报后（第二次利益回报），知识产权的功能已经实现，他不应该再继续对该知识产权产品施加进一步的控制。否则，就有碍于商品流通，有损于社会公众的利益。

从法理学的角度来说，权利穷竭的理论基础就是私人利益与社会利益的平衡。如果将权利穷竭原则纳入法理学、法哲学分析，则可以这样认为：从法律思想上看，19世纪末，权利本位由个人本位逐渐向社会本位转化，特别是进入20世纪后，这种转化更为明显。早期的权利本位主义崇尚自由，倡导权利，这一思想表现在知识产权领域就是知识产权是一种绝对性的、排他性的权利，除了具有时间性和地域性这两个特征外，它被赋予了与所有权相同的意义。最初的知识产权几乎不受任何限制。而随着社会的发展、法律思潮的进步，个人权利本位逐步让位于社会权利本位。社会权利本位则由极端尊重个人权利自由转变为更加注重社会利益，更加注重社会利益的维护和社会的全面发展和进步，注重个人利益与社会整体利益的平衡。社会本位思想体现在知识产权领域，即是对知识产权人的权利加以必要的限制。权利穷竭原则即是限制措施之一，它体现了知识产权保护中的个人利益和社会利益的平衡。知识产权法中的权利穷竭原则的价值目标就是为了平衡个人利益和社会利益以实现社会的公平和正义。

2. 案情事实

LG Electronics（以下简称LGE）拥有一项关于计算机数据管理技术的专利包。LGE与英特尔签订交叉许可协议，授权英特尔实施该专利组合，但授权有个限制条件，就是该许可协议中规定禁止对未完成品进行再组合，"任一方没有许可第三人把许可产品与非来源于另一方的组件进行组装，以及使用、进口、许诺销售、销售该组装产品",并声称:"本协议任何内容不限制或改变许可产品上的专利权穷竭"。在一个分立的协议中,英特尔同意给其产品购买人以书面告示:"您购买的任何英特尔产品获得了 LGE 的授权因而不侵犯 LGE 的任何专利,但这一许可并不延及,无论明示地或默示地,您通过把英特尔产品与任何非英特尔产品组合而成的产品"。被告 Quanta 从英特尔购买了微处理器和芯片集,并将其与非英特尔公司制造的存储器和数据传输线组合成电脑,而该组装过程落入了 LGE 专利包中的 5077,733('733)号方法专利。LGE 起诉 Quanta 的组合产品即电脑侵犯了其专利权。美国联邦巡回法院 CAFC 判决认为专利穷竭原则不适用于方法专利,判决侵权成立。

3. 判决结果

最高法院否定了美国联邦巡回法院的判决,依据专利穷竭原则,对符合特定条件的未完成品进行再组合不构成侵犯专利权,同时承认跨专利之间的权利穷竭。

4. 分析和评述

最高法院否定了美国联邦巡回法院 CAFC 的判决,做出如下重要判决意见:第一,专利权穷竭原则适用于方法专利。最高法院列举了历史上的判例后认为,如果取消对方法专利的穷竭原则,将会严重地损害穷竭原则,因为专利权人可以把设备的专利权利要求撰写为方法专利权利要求,从而轻易地规避权利穷竭原则。第二,"未完成产品"首次销售使专利权穷竭的条件。法院认为本案适用 Univis 案确立的"未完成产品"首次销售导致专利权穷竭的规则,并强调"未完成产品"须符合两个条件:一是"未完成产品"除了用于实施该专利外"无合理非侵权用途";二是"未完成产品"包含了该专利的实质特征。本案中,英特尔售出的微处理器和芯片集对于 733 号方法专利而言是"未完成产品",但它符合了上述两个条件,因此导致 733 号专利的穷竭。如果承认"未完成产品"首次销售导致穷竭的规则,将必然要承认跨专利穷竭。最高法院认为,一般而言,专利 A 的实施物的首次销售不会使专利 B 的权利穷竭,但如果该实施物在实施专利 A 的同时,也基本上体现了专利 B,则会导致专利 B 的穷竭。本案中,英特尔售出的微处理器和芯片集实施了 LGE 专利包中的许多其他专利,而没有实施 733 号方法专利,但法院认为基本上体现了 733 号专利,因此导致该专利的权利穷竭。第三,关于售后限制条件的问题。有效的售后限制条件是否阻止专利权穷竭,这是区分相对穷竭与绝对穷竭的分水岭。最高法院没有明确回答这一问题,而是对 LGE 与英特尔之间的许可合同进行解释，认为要求给予购买者告示的条款没有出现在许可合同中，而是出现在一个分立的合同中，而且 LGE 并没有提出对该分立合同的违反构成对许可合同的违反，因此本案不存在售后限制条款。但是，最高法院在判决书的注 7 中说："对 Quanta 的销售系授权销售，但这一点未必限制 LGE 的其他合同权利。即使专利权穷竭排除了专利侵权损害赔偿，对于专利权人能否获得合同赔偿这一问题，由于 LGE 的诉求没有包括违约之诉，我们不发表意见。"

【资料来源】
[1] 万琦. 美国专利权用尽原则若干问题研究 [J]. 世界知识产权，2008.
[2] 尹新天. 专利权的保护（第二版）[M]. 知识产权出版社，2016.

商标侵权争议案

1. 案件背景

知识产权是指人们就其智力劳动成果而依法享有的专有权利，通常是国家赋予创造者的对其智力成果在一定时期内享有的专有权或独占权。

知识产权从本质上来讲是一种无形财产权，它的客体是指智力成果或者知识产品，是一种无形财产或者说是一种没有形体的精神财富，是创造性的智力劳动所创造的劳动成果。知识产权是有使用价值和价值的，受到国家的保护。知识产权，指"权利人对其所创作的智力劳动成果所享有的专有权利"，一般只在有限时间期内有效。各种智力创造例如艺术作品、文学和发明，以及在商业中使用的标志、名称、图像和外观设计，都可以当作某一个人或组织所拥有的知识产权。人们开始广泛使用术语"知识产权"是在1967年世界知识产权组织成立以后。知识产权分为工业产权和版权，其中工业版权就是指那些专利商标外观设计，而版权则是指自然人、法人或者其他组织对文学、艺术和科学作品依法享有的财产权利和精神权利的总称。主要包括著作和文学产权。如今专利权、著作权、商标权等知识产权受到侵犯的现象越来越多。在21世纪，知识产权与人类的生活息息相关，到处充满了知识产权，在商业竞争中我们可以看出其重要作用。

知识产权具有独占性，即只有权利人才能享有，他人不经权利人许可不得行使其权利。权利主体独占智力成果为排他的利用，在这一点，有似于物权中的所有权，所以过去将之归入财产权。商标主管机关依法授予商标所有人对其注册商标受国家法律保护的专有权。商标是用以区别商品和服务不同来源的商业性标志，由文字、图形、字母、数字、三维标志、颜色组合和声音等，以及上述要素的组合构成。中国商标权的获得必须履行商标注册程序，而且实行申请在先原则。商标是产业活动中的一种识别标志，所以商标权的作用主要在于维护产业活动中的秩序，与专利权的作用主要在于促进产业的发展不同。

2. 案情事实

原告：丰田公司。

被告：浙江吉利汽车有限公司、北京联创汽车贸易有限责任公司、北京亚辰伟业汽车销售中心。

丰田隶属丰田财团，丰田财团的旗下有五家世界500强企业，分别是丰田汽车、丰田自动织机、丰田通商、爱信精机、日本电装。丰田是一家汽车工业制造公司，创立于1933年，创始人是丰田喜一郎。丰田是日本最大的汽车公司，同时也是世界十大汽车工业公司之一。丰田总部设在日本爱知县丰田市和东京都文京区，财团旗下均是世界知名企业，产业链覆盖从上游原料到下游物流的所有汽车产业的环节。丰田从1990年开始使用三个椭圆的标志，其中大椭圆代表了人类生活的地球，中间由两个椭圆垂直组合成一个T字，代表丰田公司。它的含义就是丰田立足于未来，立足于客户，对未来有信心、有希望，对客户有保证，与客户心心相连、互相信赖以及自己的高超技术和潜力。丰田逸致在环保和新能源领域进行投资，励志成为环保领域领军人。

浙江吉利控股集团有限公司成立于1986年，经过20多年的风风雨雨，在汽车、摩托车、汽车发动机、变速器、汽车电子电气及汽车零部件方面取得不错的成绩，它是我国汽车行业十强之中唯一的一家民营轿车生产企业。从1997年开始连续4年进入全国500强，资产总值达到105亿元。凭借着自主创新，被评为"中国汽车工业50年发展速度最快、成长最好的企业"。2009年12月23日，更是发生了惊人的举动吉利收购沃尔沃。2012年进入世界500强。

2002年12月，丰田公司以"商标和不正当竞争侵权"为由对吉利提出诉讼，起诉吉利集团旗下的美日汽车前盖、轮胎、方向盘、车辆后备厢等显著位置上使用的车标酷似丰田汽车"牛头"造型的注册商标，对消费者造成了误导。

同时，日本丰田也对北京联创汽车贸易有限责任公司、北京亚辰伟业汽车销售中心提出诉讼，原因是它们在对外广告宣传中使用了"丰田动力，价格动心"和"丰田8A发动机"的宣传语，认为这是不正当的竞争行为同时违背了诚实信用原则。

丰田要求吉利赔偿1 400万元，当时吉利销售量23 200辆，按照1%的利润率应赔偿1 392万元外加律师费总计1 400万元。

针对上述情况，吉利集团召开了保护民族知识产权座谈会，李书福顿时成了民族英雄，扛出民族大旗要为中国民族企业出口气，激发了全中国的爱国热情。媒体认为跨国企业要侵占中国市场，作为行业领先巨头对中国市场虎视眈眈，虽然今天我国奇瑞等企业还比较弱小，但也是它们占领中国市场的绊脚石。我国法律界人士进行了鉴定会,经过仔细研究探讨得出结论:吉利美日汽车商标和丰田的商标是不可能被消费者弄混的。丰田提出知识产权的概念来打压中国汽车企业,但由于鉴定会的结论已出,意识到胜算概率不大,在开庭时作出让步,要求吉利停止使用它们认为的疑似的商标和宣传语,并且撤销了诉讼的和之前要求的索赔。

3. 争议问题及判决结果

中级人民法院一审驳回丰田的诉讼请求:汽车属于高消费商品,这样的商标根本不会给客户误导,因为消费者购买之前会做很多了解对不同品牌的汽车都会进行识别。法院认为,丰田注册的商标和美日用的图形存在很大差异,所以不涉及侵占商标权的情况。还有就是吉利公司在美日汽车宣传时使用"丰田"及"TOYOTA"文字及"丰田动力动心价格"、"搭载日本TOYOTA8AFE四缸电喷发动机"字样,并在产品使用说明书中使用"丰田汽车公司生产"字样,虽然存在夸大成分,但尚未达到我国法律所规定的对产品的性能、用途等作引人误解的虚假宣传的程度,相关公众不会误认美日汽车发动机系日本本土制造,且8A发动机的技术实际来源于丰田株式会社,该行为不会对丰田汽车的品牌声誉产生不利影响,吉利公司的上述行为不构成不正当竞争。至此,丰田对吉利的诉讼以失败告终。

【资料来源】

http://xuekemba.blog.163.com/blog/static/10953962006II52616900.

专利保护案之专利保护的客体范围

1. 案件背景

这是一起《与贸易有关的知识产权协议》（TRIPS 协议）争端解决案件（首起由 WTO 专家组审理的 TRIPS 协议争端案），此案的关键是对 TRIPS 协议第 70 条第 8 款与第 9 款的解释。

专家组特别指出："尽管 TRIPS 协议完全是乌拉圭回合谈判的新结果，并且是 WTO 协议中具有相对独立的地位，但是它是与 WTO 体系不可分离的一部分，同样以 GATT 的长期实践为基础。"换言之，对 TRIPS 协议的解释，还必须遵循 GATT 的基本原则。根据《建立 WTO 协议》第 16 条第 1 款："除本协议另有规定，WTO 将以 1947 年 GATT 诸缔约方和在 1947 年 GATT 框架内建立的各机构所遵循的决定：程序与习惯性做法为指导。"

按照有关规定：

如果截止《建立 WTO 的协议》生效之日，一成员仍未按照第 27 条的义务对医药品和农业化学产品提供专利保护，则该成员应：

（a）尽管有第 6 部分的规定，自《建立 WTO 的协议》生效之日起提供一种办法可就这些发明提出专利申请；

（b）对那些在本协定生效之日提出的申请，适用本协定规定的授予专利的标准，视该标准已在申请之时被该成员使用；若优先权存在并提出申请时，以优先申请之日为准；

（c）自授予专利时起和在根据本协定第 33 条提出申请之日起的剩余专利期限内根据本协定向符合（b）项所说的保护标准的那些申请提供专利保护。

1998 年 1 月 16 日，DSB 采纳了专家组和上述机构的报告，就该事宜做出最终决定，印度败诉。4 月 22 日，美印双方宣布，两国已同意实施期为 15 个月，即在 1999 年 4 月 16 日之前，印度必须修改其有关专利制度，以符合 TRIPS 协议。

从此案事实和最终结论不难看出，印度输在"违反 TRIPS 协定第 70 条第 8、第 9 款"的实体义务上，其做法有必要反省，更值得其他国家引以为戒。

本案主要涉及 TRIPS 协议中关于专利权的保护规定、TRIPS 第 27 条第 6 部分对药品和农用化工产品特别规定的"过渡性安排"以及第 70 条第 8 款和第 9 款对过渡性安排的限制性规定等问题。

2. 案情事实

1996 年 7 月 2 日，美国依据 DSU 第 4 条和 TRIPS 第 64 条要求与印度进行磋商，理由是印度没有给予药品和农用化学产品专利保护，违反了它根据 TRIPS 承担的义务。1996 年 7 月 27 日美、印双方举行了磋商，但未能达成一致。11 月 7 日，美国要求 DSB 成立专家小组以审查它所提交的事宜，1997 年 2 月 5 日，由三人组成的专家小组成立。1997 年 4 月 15 日和 5 月 13 日，专家小组举行了两次会议，并在第二次会议后给予各方机会，就美国在第一次会议上依 TRIPS 第 63 条的要求发表各方的书面意见。1997 年 6 月 27 日，专家小组作出了临时报告并分发给各方，报告认为印度违反了其承担的 TRIPS 第 63 条第 1、第 2 款（关于透明度）、第 70 条第 8 款（关于建立"邮箱"制度）以及第 70 条第 9 款（关于建立"授予独占销售权"制度）的义务。对此，美、印双方均未提出再次举行会议，只有印度要求专家小组重新审查报告中的部分内容。

1997 年 10 月 15 日，印度向 DSB 提起上诉，并于 10 月 27 日提交了上诉报告。11 月 14 日，美国和欧盟也分别提交了被上诉方材料和第三方材料。1997 年 11 月 14 日，上诉庭举行了口头听证会，在会上双方及第三方均阐述了自己的理由并回答了相关提问。在分析听证会上各方提出问题的基础上，上诉庭于 1997 年 12 月 19 日公布其终局报告，推翻了专家小组关于印度违反了 TRIPS 第 63 条第 1、第 2 款的调查结论，同时维持了专家小组关于印度违反了 TRIPS 第 70 条第 8 款和第 9 款的调查结论。1998 年 1 月 16 日，DSB 通过了上诉庭的报告以及经修改的专家小组报告。

对上诉庭的报告，争端双方同意执行期为 15 个月，到 1999 年 4 月 16 日至 1999 年 4 月 28 日，印度通告了它执行专家小组报告的情况，宣布它已经通过立法建立了专家小组建议的保护机制。

3. 争议问题及判决结果

3.1 争议问题

3.1.1 药品与农用化学制品在 TRIPS 协议下是否受保护及受什么样的保护

美国根据 TRIPS 协议的第 70 条第 8 款（1），认为印度缺乏一套合法有效提交药品与农用化学制品的邮箱申请机制，根据第70条第9款认为印度未能建立一套可授予药品与农用化学制品在过渡期内独占市场投放权的制度。而印度则认为其现在已经建立了一套合法有效的邮箱申请制度，至于建立一套独占市场投放权制度并非其现在应承担的义务。

关于是否要扩大专利的保护范围和保护力度一直是第二次世界大战后发展中国家与发达国家争论的话题之一。作为主要的知识和技术的生产国和输出国，西方主要发达国家竭力想在世界范围内保护其知识产权以收回利润，因此他们主张强化知识产权的国际保护。这当中以美国的手段最为著名，其将知识产权的保护与国际贸易挂钩，借助健全有效的国际贸易法律机制来达到保护其知识产权的目的，这集中体现在其《1998年综合贸易与竞争法》对301条款的修改，并创造了一个新的针对知识产权的"超级"301条款。而发展中国家为了发展本国的经济，自然只能降低对一些有关国计民生的重大技术的保护。体现在药品与农用化学制品、食品上就是如此。如果提高了投入化肥、药品的成本，专利保护将潜在地不利于一国的粮食安全基本口粮供应不足，或不利于贫穷人口的健康。他们须对受专利保护的药品支付更多的金钱。这种对立也反映在关贸总协定的乌拉圭回合谈判中，发展中国家要求对医药、化工、食品和动植物品种允许有例外，可以不予以专利保护，美国在谈判期间对巴西、中国等国挥舞其"超级301条款"，以制裁相威胁以强迫发展中国家加大对知识产权的保护力度，在欧盟的同时加压下，发展中国家最终接受了除动物品种外其他均应予以专利保护的文本。经发展中国家的一再坚持，以及考虑到发展中国家的实际困难，TRIPS协议规定给予发展中国家过渡期，且对药品与农用化学制品作出特殊安排。自1995年TRIPS协议生效至1999年底，DSB已处理了19个知识产权的纠纷，这19个案件的申诉方均是发达国家，其中除了1个是加拿大外其他全部是美国或欧盟。本案的产生可以说是以美国为代表的发达国家与发展中国家（印度为代表）关于知识产权保护的尖锐冲突从规则制定阶段向执行过程的延伸。

TRIPS协议第70条第8款规定"如果在建立《建立世界贸易组织协定》生效之日，某成员方尚未在医药化工产品及农用化工产品的专利保护上，符合本协议第27条规定的义务，则该成员方不论上文第6部分如何规定，均应自《建立世界贸易组织协定》生效之日起规定出使上述发明的专利申请案可以提交的措施"。这里提出了发展中国家在药品和化学产品方面的保护要求。这些国家原先专利制度不保护药品和化学产品，但根据这一条，应当先建立制度，能够受理这一方面的专利申请，也就是说要建立一个"邮箱"，让这些申请可以存在邮箱内。同时还要保证存放中的申请不会丧失新颖性。一旦这些国家专利法开始保护药品和化学产品，存放在邮箱中的申请就可以进入专利审查阶段。美国指责印度专利法否定对这种药品与农用化学制品的专利保护，且未依该条建立一套合法有效的邮箱申请制度。印度否认这种事实。印度提出的理由是,它现存的行政制度实际上已经有效提供了"邮箱"。但专家组与上诉庭均认为,由于印度现存的行政制度与印度专利法的强行性规定相抵触,因此在法律上具有不确定性,未能达到条款所确认的保存提交的专利申请案的新颖性和优先权的目的和宗旨。虽然 TRIPS 协议的第 1 条第 1 款规定"成员方有自由确立以其域内法律制度及实践实施本协议的恰当方式",但如果所采取的措施无法切实履行其所承担的义务,这种措施仍是不符合 TRIPS 协议的规定的。我国在 1989 年修改专利法时就已把专利保护的范围扩及以前未受保护的食品、药品及各种化学制品上,且 1992 年又出台了《植物新品种保护条例》,因此在 WTO 协定对我国生效之日起,对于 TRIPS 协议本款规定的义务对我国意义不大,不过另一方面从这一条例可推出我们仍必须要注意的是我国目前的一些现行做法。在我国现阶段,法律的效力等级概念仍很模糊,经常在法律出台后又制定一些与之规定不同的条例或实施细则,这些条例或实施细则有的就是为履行国际义务,在来不及修改法律的情况下临时制定的。比如,1992 年中美达成知识产权谅解备忘录以后,国务院及有关部委分别制定了一些规定,然而类似的这种临时制定的法规在经得住国内司法审查的情况下(我国司法实践习惯于承认特殊优于一般,即使他们不是在同一层面上),是否能在加入 WTO 后经得住其 DSB 或有关各种政策评审委员会的评审,是否会被认定为法律的不确定,这无疑是一大问题。

3.1.2 关于"独占销售权"

从 TRIPS 协议的第 70 条第 8 款来看,"独占市场投放权"保护的是发明人就一项发明已申请了专利但尚未获得专利批准的阶段,就相关产品享有的独占销售的权利,他可以依此排斥他人未经许可的销售行为,所以它其实相当于专利法中"专利申请案中的权利"。一项发明在申请专利之前由于发明人可以采取保密的手段,不为外人所知。但发明人开始申请专利后,由于有关技术资料按规定必须公开,其他竞争对手很容易获得这些技术并将之付诸工业、商业使用,所以此时有必要授予申请人一定的权利以保护其发明,这种权利即国外专利法中一般所规定的"专利申请案中的权利"。在我国的专利法律体系中并未明确规定这种权利机制,1989 年,我国《专利法》进行修改时曾有人提出引入这一概念,不过由于当时一些人士将这种权利与我国法律所特别规定的"专利申请权"混为一谈,所以最终未能成功。然而司法实践当中不可避免地要遇到专利申请公开后授予前对发明人的保护的问题,最高人民法院在 1992 年 12 月 29 日的《关于审理专利纠纷案件若干问题的解答》中规定专利申请公布后,他人继续使用与申请专利的技术相同的发明技术,依据专利法规定应支付适当的费用,但这一司法解释与"专利申请案中的权利"在实质内容上仍是有差距的。从目前情况来看,我国有必要以加入世界贸易组织为契机,对专利法进行修改,增加有关"专利申请案中的权利"的内容。

TRIPS 协议的第 70 条第 9 款还规定了授予独占销售权的 5 个条件，它清晰地表达了这样一个思路：即使一国的专利法并不保护药品与农用化学制品的产品专利，只要这种产品已由他国批准专利并且这种产品开始在该国国内销售，其他成员方就要授予发明人独占销售权。在一国获得专利使专利权人可以直接得到在其他国家的权利，知识产权的地域性被突破了。这种突破并非法律本身进化而来，而是外力强加，特别是前面提及的发达国家对知识产权高标准保护需要而来的。1992 年中美知识产权谈判中，美方曾提出这种保护方式，中方认为这有违传统的知识产权保护有地域性的原则，但美方坚持"只讲实践，不谈理论"，这种保护最后被写入中美知识产权谅解备忘录中。据此，1993 年，我国医药、化工行政部门颁布实施了《药品行政保护条例》及《农业化学物质产品行政保护条例》，对当时还不能授予专利的药品与农用化学制品给予了类似于 TRIPS 协议的第 70 条第 9 款规定的保护。知识产权的地域性以这种形式被突破，反映了发达国家与发展中国家在保护知识产权上的针锋相对，以及发达国家最终凭借其政治、经济上的优势地位取得有利于其利益的保护的现状。因此，有学者认为 TRIPS 协议较多体现的是发达国家成员方的利益，是一项不平衡的协议。

3.2 判决结果

1998 年 1 月 16 日，DSB 采纳了专家组和上述机构的报告，就该事宜做出最终决定，印度败诉。4 月 22 日，美印双方宣布，两国已同意实施期为 15 个月，即在 1999 年 4 月 16 日之前，印度必须修改其有关专利制度，以符合 TRIPS 协议。

从此案事实和最终结论不难看出，印度输在"违反 TRIPS 协定第 70 条第 8、第 9 款"的实体义务上，其做法有必要反省，更值得其他国家引以为戒。

4. 分析和评述

本案主要涉及 TRIPS 第 27 条第 6 部分对药品和农用化工产品特别规定的"过渡性安排"以及第 70 条第 8 款和第 9 款对过渡性安排的限制性规定。

TRIPS 第 27 条规定，除了某些例外或条件，对一切技术领域内具有新颖性和创造性，并能付诸工业应用的任何发明，不论是产品还是方法，均有可能获得专利。而且，专利的保护和专利权的享有，不能因发明地点、技术领域、产品是进口或在本地制造，而有任何歧视。成员可以为了保护公共秩序或公德，包括保护人类、动物或植物的生命和健康，或者为了避免对环境的严重破坏，不授予某些发明以专利权。并且还可以制止在其领域内就这类发明进行商业性使用，只要这种排除并非仅由于该成员的域内法律禁止该发明的使用。此外，各成员还可将下列各项排除于可获专利之外：①为人类或动物的治疗所用的诊断方法、治疗方法和外科手术方法；②植物和动物（不包括微生物）以及生产植物或动物的主要是生物的方法。

考虑到 TRIPS 在产品专利保护方面有许多超前保护的内容，对发展中国家成员有可能构成一定的困难，TRIPS 协议在第六部分对药品和农用化工产品特别规定了"过渡性安排"：如果一个发展中国家成员根据 TRIPS 规定必须扩大其产品专利保护的技术领域，那么它在该技术领域适用 TRIPS 第二部分关于专利保护的规定可再延迟 5 年，即总共可延迟 10 年在该技术领域适用 TRIPS 关于专利保护的规定。

但是，如果在《建立世界贸易组织协定》生效之日（1995 年 1 月 1 日），某成员尚未在医药化工产品及农用化工产品的专利保护上，符合协定第 27 条（即专利保护的客体）规定的义务，那么，即使该成员属于可以享受协定第六部分过渡性安排的发展中国家，其也应根据协定第 70 条第 8 款和第 9 款建立所谓的"邮箱制度"和可授予"独占销售权的制度"。

TRIPS 第 70 条第 8 款规定：如果在《建立世界贸易组织协定》生效之日，某成员尚未在医药化工产品及农用化工产品的专利保护上，符合本协定第 27 条（即专利保护的客体）规定的义务，则该成员不论协定第六部分（即过渡性安排）如何规定，均应自《建立世界贸易组织协定》生效之日起规定出使上述发明的专利申请案可以提交的措施。根据这一规定，对于那些原先专利制度不保护药品和农业化学产品的成员，即使根据协定"过渡性安排"可以延迟承担授予这些产品专利的义务，但也应在 1995 年 1 月 1 日即建立一个"邮箱"，存放这一方面的专利申请，并保证存放中的申请不会丧失新颖性。一旦这些国家的专利法开始保护药品和农用化学产品，存放在邮箱中的专利申请就可以立即进入专利审查阶段。

TRIPS 第 70 条第 9 款规定：对于已由其一成员批准专利并且已在该成员国内销售的药品和农用化学产品，其他成员均应授予其在本国境内的"独占销售权"，而不管该成员是否根据协定"过渡性安排"尚不承担授予这些产品专利的义务。TRIPS 规定"独占销售权"的期限是获得市场准入后 5 年，或是持续到该产品的专利申请被授予或被驳回之日，两期限以较短的为准。

印度正好属于必须在过渡期内建立这两项制度的发展中国家成员。由于在 WTO 协定生效时印度国会正在休会，因此为履行 TRIPS 第 70 条第 8 款和第 9 款项下的义务，印度总统曾于 1994 年 12 月 31 日根据《印度宪法》第 123 条发布了印度专利（修正）条例，在原专利法中加入专章保护食品、药品和农用化学产品的发明，明确规定这些产品发明可向专利机关提交专利申请，并且还规定了随后专利机关的审查程序以及建立一种制度授予这些产品独占销售权。印度还将这一条例通知了 WTO 的与贸易有关的知识产权理事会。然而，根据印度宪法，总统的上述临时行为在国会复会后 6 个星期到期，因此随着 1995 年春印度国会的复会，条例在 1995 年 3 月 26 日失效。在国会复会以后，为能继续实施该条例，印度政府曾于 1995 年 3 月向国会提交该修正案，但随着 1996 年 5 月 20 日国会被解散，专利法修正案也随之搁浅。在上述期间，印度从未向外界（包括知识产权理事会）宣布过该专利修正条例的有效期。由于印度最终未建立邮箱制度以及可授予独占销售权的制度，美国和欧共体先后向 DSB 提起争端，认为其违反 TRIPS 第 70 条第 8 款和第 9 款的义务。

值得注意的是，在本案的审理过程中，专家组的报告对 TRIPS 第 70 条第 8 款的"邮箱制度"和第 9 款"独占销售权的制度"都作了进一步的阐释，有一定的指导意义。在案件的审理过程中，印度引用 TRIPS 第 1 条第 1 款（成员有自由确定以其域内法律制度及其实践实施本协定的恰当方式）和第 70 条第 8 款(1)4 根据印度的观点，该条没有规定必须选择特定的方式予以实施，认为成员可以自由决定本国提交"邮箱申请"的方式。由于通过法令及议会法案的方式加以规定均未取得成功，于是印度最后决定通过行政手段来解决，即命令专利局继续接受涉及医药和农用化学产品的发明专利申请并单独加以保存，以满足 TRIPS 第 70 条第 8 款的要求。而事实上从 1995 年 1 月 1 日至 1997 年 2 月 15 日之间，印度专利局一共接受了 1 339 件此类邮箱申请，这充分说明印度目前规定的提交申请的方式已经符合"邮箱申请"制度所有必须符合的条件。

在这个问题上，由于专家小组认为知识产权制度中程序必须具有一定的可预见性，以使成员能够作出合理的预测以及正确的贸易和投资决定，因此专家组最终认同了美国的观点。认为印度确实有义务于 1995 年 1 月 1 日后采取法律手段实施第 70 条第 8 款，这样才能消除任何可能的对于邮箱申请是否会被驳回以及基于邮箱申请授予的专利权是否会被宣告无效的猜疑。专家小组进一步指出，按照印度 1970 年的专利法第 15 条第 2 款，任何医药或农用化学产品的专利申请由于缺乏可专利性，应由印度专利局予以驳回。而通过行政手段建立起的"邮箱申请"制度显然与专利法的上述规定相冲突，因此这种"邮箱"制度的法律效力是不稳定的，这就不能保障提交申请的其他成员国民的利益。

印美双方关于第 70 条第 9 款"独占销售权"的制度的争论焦点是实施该条款的时间以及"独占销售权"的范围。印度认为其没有违反该条款的义务，理由是：第一，印度尚未收到任何要求"独占销售权"的申请，所以也未曾驳回任何要求这一权利的申请；第二，考虑到就药物化学产品获得专利权和市场准许所必需的时间，还需要有几年的时间才会有人真正需要获得这项权利，所以印度目前没有必要建立"独占销售权制度"；第三，由于第 70 条第 9 款要求成员授予"独占销售权"的期限最多不超过 5 年,所以成员只需在 2000 年 1 月 1 日之后建立该项制度。因为除非"独占销售权"的期限届满以后紧接着便得到专利权,否则获得 5 年的"独占销售权"没有任何商业价值。以印度为例,假如药品的发明人于 1997 年获得"独占销售权",并使该产品在印度广为人知以及广为应用,则其竞争者在 2002 年"独占销售权"期限届满时便可以自由经营该产品,而直到 2005 年发明人才可能作为专利权人禁止该未经许可的经营行为。

专家小组没有采纳印度的上述观点和理由。因为:首先,专家小组认为是否需要建立"独占销售权"制度与是否实际存在此类请求无关,问题在于如果印度不明确地将这项制度规定在法律中,其他成员便不能作出合理的预测;其次,针对印度提出的"还需要几年才会有人真正需要获得这一权利"的观点,专家小组举出了 ELI LILLY 公司的例子。该公司于 1995 年 1 月 1 日之后在美国就两个药物产品获得了专利权和市场准入。之后,该公司开始考虑是否在印度申请"独占销售权",于是向美国政府要求获得有关程序的信息,而美国政府却表示无能为力,因为它对印度的制度也是一无所知;最后,针对印度的第三个观点,美国的答复是:对于任何其他公司而言,在"独占销售权"届满后专利获得之前经营该产品是毫无意义的,因为如果其在 2002 年开始经营,却要在 2005 年停止经营,将会付出更多的代价。专家小组采纳了美国的这点看法。

针对双方关于 TRIPS 第 70 条第 9 款的争议,专家小组总结说:第 70 条第 9 款的义务与 TRIPS 的其他义务一样,都要求印度改变相关法律。因为如果印度不建立这样的制度,其他成员的国民即使有意也不可能申请这项权利,当然也就不会因为确信可以获得这一权利而采取任何贸易措施。

【资料来源】

[1] 张丽英. 国际经济法教学案例 [M]. 北京:法律出版社,2004.

[2] 国家知识产权局. 国际贸易中的知识产权保护 [M]. 知识产权出版社,2014.

专利授权条件

1. 案件背景

专利制度是让专利权人在法定期间内享有专利技术的排他权，使其享有商业上的特权利益，以鼓励其将知识公开分享。授予专利权的发明和实用新型，应当具备新颖性、创造性和实用性。新颖性是指该发明或者实用新型不属于现有技术；也没有任何单位或者个人就同样的发明或者实用新型在申请日以前向国务院专利行政部门提出过申请，并记载在申请日以后公布的专利申请文件或者公告的专利文件中。创造性是指与现有技术相比，该发明具有突出的实质性特点和显著的进步，对于同领域的技术人员来说是非显而易见的，该实用新型具有实质性特点和进步。实用性是指可用于工业或商业用途。

2. 案情事实

美国跨国公司 Monsanto 已经出手阻止被告——一个印度私人公司侵犯其两个专利（Numbers 104120 和 125381）。这个诉讼开始时涉及两个专利，但在诉讼过程中，专利 Number 104120 到期，最终定性为一个专利（Number 125381）。

我们可以先了解一些初步事实。众所周知，杂草是粮食作物的一种威胁，尤其是像大米这类属于草本类作物。研究进行了很多年，目的是想发现一种对大米无毒的除草剂，也就是说是一种能除掉杂草却不会对大米有任何毒副作用的杀虫剂。很长时间，研究都没有进展。但是在 1966 年、1967 年取得突破。科学家 John Olin 发明了 CP53619，构成 2 - Chloro - , 6 - Diethyl - N - (Butoxy - Methyl) - Acetanilide，该配方符合对大米无害的杀虫剂的要求。国际大米研究机构 1968 年的年报如此说道："大米的杂草控制是农业经济学的一个重要部分。机构获得了证明三氯乙基颗粒苯乙烯对一年生草具有选择性控制的功效的第一个农业经济学证据。另一种成分 CP53619 对移植的、浸渍稻、非浸渍稻和旱稻有非常好的杂草控制作用。"

第一个原告是 Monsanto 公司，第二个原告是第一个原告在印度的子公司。诉讼中，第一个原告认为自己是 "Phytotoxic Compositions" 和 "Grass Selective Herbicide Compositions" 发明的专利持有人，按时在 1966 年 3 月 1 日注册的专利号是 104120 和 1970 年 2 月 20 日的注册专利号 125381。与发明有关的宣称和独特性很重要，"声明中提到的有效成分叫'Butachlor'"。它暗示——并没有直说——被告的专利也包括 Butachlor，但是事实上并没有。接下来将要说的是，第一原告允许第二原告根据 1980 年 9 月 3 日的协议从 1971 年开始使用专利。原告声称被告试图将含所说专利的 Butachlor 的产品投入市场。因此，他们写信告诉被告注意专利是属于他们。他们收到了一些回信。1981 年 5 月第二周，第二原告发现被告正在推销含有 Butachlor 的产品。原告买了一些由被告生产的 "Butachlor50" 样本。

原告指出，被告所出售的只不过是利用第一原告的专利配制的一个复制品。被告的配制被送到相关机构分析，并认为含有化学物质 "Butachlor (2 - Chloro - 2, 6 - Diethyl - N - (Butoxy - Methyl) - Ac - etanilide)"。依据这些证据，原告认定被告侵犯了自己 125381 和 104120 号专利，出售含有该专利的配制。原告提起诉讼要求禁止该行为。

被告声称根据 1970 年专利法的 107 部分自己有权这么做。被告要求解除原告的专利。

对诉讼的详细审查和原告提供的目击者证据很快暴露了诉讼的漏洞。从控诉中的陈述中我们看到 "声明中提到的有效成分叫'Butachlor'"，这暗示着 Butachlor 含有原告的专利。但是，现在的情形是，依据 PW - 2，不管是原告还是任何其他人都不能拥有 Butachlor 的专利权。原告的法律顾问也是这样认为的。原告公司的一位化学家解释了使用 Butachlor 的溶剂或乳剂是行业同行做法，同时，他也承认他无法辨认被告公司在产品中添加的其他原料成分。PW - 2 认为 Butachlor 是个普遍名字，美国杂草科学研究会赋予该化学物质该名称。他们公司生产的含有该添加成分的产品品牌名叫 Machete。他也承认世界上有很多公司在生产 Butachlor，但他并不十分了解。他指出，他们并没有就 Butachlor 申请专利，而是申请了一个生产 Butachlor 乳化剂的工序的专利，以便可以制造稻谷除草剂。在进一步的仔细审查下，PW - 2 最终承认自己使用煤油作为 Butachlor 的溶剂和一个印度公司生产的乳化剂作为催化剂。他也被迫承认他们生产的程序没有任何秘密。他最终承认 "声明中提到的有效成分叫'Butachlor'" 的秘密其实是众所周知的。

因此，Butachlor 实际是在 1968 年之前被发现的，作为一种具有对大米无毒的杀虫剂。杀虫剂的配方记载在 1968 年国际大米研究机构报告里，Butachlor 这个名字也在该机构 1969 年报告中提到。没人注册 Butachlor 专利，它是全世界的财产。在 Butachlor 之前，任何一种杀虫剂都必须使用溶剂和催化剂。而且，催化也不是什么新发现。无可争议的事实是，没有任何有关 Butachlor，溶剂，催化剂和催化过程的专利。现在这一案例是关于有效成分 Butachlor 的秘密和催化过程，注定是失败的。根据 1970 年专利法第 61 部分，一个专利不符合专利法所说的定义，发明可以被取消。根据第 64 部分，一个专利如果不是新的发明或者是很多人知道和使用也可以被取消。同样，如果完全专有不明显，也没有比人们所知道的有其他新的步骤也可以被取消。

显然，Butachlor 在专利 Number 125381 被授予前就是众所周知，其配方和使用在 1968 年国际大米研究机构报告中就公开了。没有人拥有 Butachlor 专利。溶剂和催化剂也不是新东西。而且，催化也不是什么新发现。所以，没有任何有关 Butachlor，溶剂，催化剂和催化过程的专利。原告最终也承认了上面的事实。原告是试图把一个全世界都知道的东西说成是自己专有的，并申请了专利 Number 125381。

3. 判决结果

Monsanto 公司专利被取消。该申诉被驳回，还花了诉讼费。

4. 分析和评述

授予专利权应当具备新颖性、创造性和实用性，如果发明的标的对于同领域的技术人员来说是非显而易见的，即认为发明含有创造性措施。根据 1970 年专利法第 61 部分，一个专利不符合专利法所说的定义，发明可以被取消。根据第 64 部分，一个专利如果不是新的发明或者是很多人知道和使用也可以被取消。同样，如果完全专有不明显，也没有比人们所知道的有其他新的步骤也可以被取消。

该案例中，Monsanto 公司为其除草剂产品申请的专利并不符合该条件。该产品的有效成分叫"Butachlor"，而这种成分在 Monsanto 公司申请专利前已经为全世界所知，不具备创造性，也不包括未知的创新步骤。因此，法院取消了专利，也认定没有被侵犯专利。

【资料来源】
[1] 吴汉东. 知识产权基本问题研究 [M]. 北京：中国人民大学出版社，2005.
[2] 雷奥古斯特. 国际商法 [M]. 北京：机械工业出版社，2010.

专利权纠纷案之平行进口

1. 案件背景

平行进口（Parallei Imports）是指本国的商标权人将自己生产的商品出售给国外经销商或者将自己的商标许可给国外生产企业后，这些国外的经销商或者生产企业将其与商标权人在国内生产的相同的商品，重新进口到国内的做法。

由于市场营销策略（如扩大市场份额和占有率）的需要，商标权人出售给国外经销商或者国外被许可使用商标的生产企业生产的商品的价格都比较低，这些产品平行进口后，通常都会对商标权人的国内市场造成一定的冲击。故为了保护正常的国内市场秩序，许多国家都采用不同的方法阻止商品的平行进口。

平行进口是由商标所有人投放海外市场的合法产品，但由他人在未经商标所有人同意的情况下进口到本国市场的行为。由于这种未经许可的进口往往与正式许可的进口平行，故被称为平行进口。

在美国，平行进口的反对者通常以"灰色市场商品"指称平行进口商品。根据美国判例法，"灰色市场商品"的含义为：未经美国知识产权所有人同意而进口至美国的在美国境外制造，并包含了有效的美国知识产权的商品。

平行进口（Parallel Imports）是国际贸易和知识产权保护领域中的一个古老的话题，虽经一百多年的理论争论和各国法律实践，仍未形成一致的对策，甚至同一国法院对之的态度也前后充满了矛盾和变化。

在中外法学界，关于平行进口的概念，主要有三种观点：

第一，平行进口是指在国际货物买卖中，一国未被授权的进口商，在某项知识产权已获进口国法律保护且知识产权人已在该国自己或授权他人制造或销售其知识产权产品的情形下，从国外知识产权所有人或其被许可人手中购得该种产品，并输入该国销售的行为。

第二，以美国乔治·华盛顿大学知识产权研究中心 Wegner 教授为代表，认为平行进口是指一国未被授权的进口商从外国的知识产权所有者手中购得商品并未经批准输入本国，而该知识产权以前已受到本国的法律保护。

第三，以笔者的归纳，平行进口是指内容相同的知识产权产品在两个以上国家均获得知识产权保护，未经授权的进口商将此种知识产权产品从一国进口（或出口）到另外一国的行为。

平行进口的典型特点为：

其一，被进口的产品与特定的知识产权相关；

其二，被进口的产品有着合法的来源，即系由权利人或经其同意之人投放于出口国或地区的市场，因此，这类商品又被称为"真品"；

其三，被平行进口的产品以低价与进口国或地区市场上原有的同一知识产权产品展开竞争；

其四，在进口国或地区存在反对平行进口的相关权利人。

"平行进口"所涉及的相关权利人有以下几种类型：①在进口国或地区与出口国或地区由同一人享有知识产权，并由知识产权人自己（或者由被许可人）同时在进口国或地区与出口国或地区两个市场或其中的一个市场经销有关产品。这是一种严格意义上的形态，所涉及的权利人包括知识产权人和被许可人。②进口国或地区与出口国或地区的相关的知识产权分别由通过某种公司纽带形式相联系的不同企业（如母公司与子公司，或不同的子公司）根据合同享有。所涉及的权利人包括进口国或地区与出口国或地区的知识产权人。平行进口可以有多种表现形态，对此有着不同的描述方式。本案例在此对平行进口的实质性的形式予以介绍，其他许多形式均从这几种形式中衍化。

2. 案情事实

安徽合肥调味品厂从 1993 年开始生产一种叫"maltol"的调味添加剂。而生产该"maltol"调味添加剂的方法与美国 Pfizer 公司于 1990 年 8 月在美国境内申请并被批准获发明专利的方法相同。1994 年 1 月，安徽公司将 maltol 卖给另一家公司，由该公司再转卖给美国特拉华州的一家公司 F&S 公司。美国 Pfizer 公司向纽约南区美国联邦地区法院起诉安徽公司和美国 F&S 公司，其理由如下：①安徽合肥调味品厂生产"maltol"调味添加剂的方法与美国 Pfizer 公司获专利保护的方法相同，属侵权行为。②美国 F&S 公司进口该种"maltol"调味添加剂侵犯其专利权。后美国 Pfizer 公司起诉安徽公司侵权理由改为依据美国法典 35 卷第 271 节（g）的规定。该节规定，凡无权进口到美国或在美国销售、使用在美国专利登记的产品的人，应承担侵权责任，如果这种进口、销售、使用该产品发生在专利登记有效期内。Pfizer 公司认为，该节规定适用于安徽公司，因为它完全知道美国 F&S 公司将在美国进口和销售 maltol。安徽公司则认为该节不应适用外国生产者，提出动议要求法院驳回起诉。

3. 判决结果

法院认为，本案争议的焦点是：

(1) 安徽公司在中国境内生产"maltol"调味添加剂是否侵犯美国 Pfizer 公司专利权；

(2) 美国 F&S 公司是否侵犯美国 Pfizer 公司专利权；

(3) 美国 Pfizer 公司可否扩大解释"进口者"而诉安徽公司侵权。

Pfizer 公司起诉安徽公司失败，但可以告 F&S 公司侵权。

4. 分析和评述

法院分析了为什么要制定第 271 节（g）的规定，过去，专利所有者只能对发生在美国境内的侵权主张救济。对外国生产者不能提出索赔，第 271 节（g）是想弥补这一漏洞，只要美国法能管得到就应进行处理。但该节并没有制止在另一个国家使用美国专利，除非条约有所规定。因而该节没有域外效力。对不在美国发生的侵权的外国生产者无能为力。Pfizer 公司的辩解得不到支持，从该节的用语看，不能因外国生产者预见买方最终会将产品进口到美国而要承担责任。尽管美国法院不能直接处理外国生产者，美国的 Boesch v. Graff 一案中，美国最高法院首次认定专利权的权利穷竭仅限于国内穷竭，而不涉及国际穷竭，在未经专利权人同意的情况下，进口商擅自从国外进口专利产品，法院可对进口商或销售者处理。法规中"进口"一词应按其字面意思解释。故安徽公司要求驳回起诉动议准许，但 Pfizer 公司可以告 F&S 公司侵权。

【资料来源】

[1] 王英伫. 对外贸易中的知识产权保护 [J]. 山东对外经贸，1999（5）.

[2] 季崇威. 对外贸易的新希望 [J]. 瞭望，1985（9）.

精神权利的保护

1. 案件背景

精神权利是指作者享有的禁止他人篡改受著作权保护的作品的人身权利。精神权利独立于作者的财产权利，在保护精神权利的大多数国家里，即使精神权利转让之后，作者的著作权利依然存在。《伯尔尼公约》等世界公约也规定了"确认作者身份权"、"保护作品完整权"等精神权利。《伯尔尼公约》第6条之二规定：不受作者经济权利的影响，甚至在上述经济权利转让之后，作者仍保有声明其为作品作者身份的权利，并有权反对对其作品的任何有损其声誉的歪曲、割裂或其他更改，或其他损害行为。

2. 案情事实

1959年，印度负责工艺装修的政府部门委托一位天才的雕塑家Amar Nath Sehgal设计壁画。作品被用来装饰印度首都新德里一处重要的政府场所，Vigyan Bhawan的拱形门。壁画在1962年完成，最终成型以后有40英尺高140英尺长。

壁画赢得了社会各界的称赞，也在世界面前展现了一个真实的印度——它的农民，工匠妇女和儿童，日常家务，节日活动。成吨的固态青铜制造的模具凝固了时间。

20年的时间里，壁画吸引了来自世界各地的政要和艺术鉴赏家，成为首都文化的地标。后来Vigyan Bhawan翻修的过程中，壁画被撕扯下来，剩下的部分被装了起来。

看到自己的作品被破坏，Sehgal先生很生气，在随后的几年向当局申诉无果后，将当地政府告上法庭，起诉政府侵犯了他的精神权利。他特别强调：

第一，构成一幅作品的同质内容的肢解造成了损害；

第二，政府的做法是对他作为一名艺术家的名誉和名声的侵犯，因为把壁画变成了垃圾，这对开始时作品的赞誉造成了打击；

第三，作品上他的名字的消除也对他的著作权造成了损害。

在1992年5月诉诸法律对挽救壁画已经为时已晚，Sehgal先生被判定暂时性被侵权以防止对作品造成更大的伤害。结果表明，Sehgal先生很幸运，因为法官本人就是一位对艺术、文学的狂热爱好者，并且对艺术作品有很高的鉴赏力。制止命令起到了及时的挽救作用。

在1962年，Vigyan Bhawan的贫瘠的墙上因为有了雕塑家Amar Nath Sehgal的奇幻的艺术之手有幸披上了一幅美丽的壁画，鉴赏家对其称赞不已，称其为美丽的杰作……许多年来，它在艺术的目光中检阅，在艺术的声道中回响，不断传达艺术之美。然后，在1979年，它被撕扯下来，遗忘在仓库的角落。据考证，由于不恰当的搬运导致了巨大的损坏，并且有些细小的部分已经遗失，包括作者的名字……在一个以创造力为傲的国家，那些无法区分马耳斯和维纳斯的人是无权决定创造国家历史和文化遗产的艺术家的命运的。著作权法的第57部分证明了这一点。

被告方起初反对法庭的论断。出于对自己部门权利的信心，政府提出以下观点：

第一，原告已经在1960年10月31日同意将著作权移交给了被告方；

第二，被告方已经从原告那里购买了全部的著作权，因此有随意处置的自由；

第三，壁画已经在Vigyan Bhawan的一场大火中损坏；

第四，根据1960年的协议，任何不满将交由被告指定的仲裁机构处理。

由于始终都没有找到让Sehgal先生挽回荣誉和名声的办法，之前几个月的努力都失败了，该案件之后移交了审判。

起初，情况对艺术家非常不利。不仅是因为他接受委托创造作品，还是因为他主动转让了著作权——自然包括所有的经济权利——给了政府主管部门。他面临着印度政府有力的反对。

Sehgal先生法律行为的成功仰仗于1957年印度著作权法案的第57部分对精神权利的规定。基于《伯尔尼公约》，把这一部分精神权利编成法规，独立于作者的著作权，同时制止对原作品可能对作者荣誉和名声造成不利影响的任何篡改、删除、修改的行为。

法庭认为，如果壁画全部被破坏，很可能Sehgal先生不会获得这样相同的救助，特别是考虑到移除壁画和立法程序设立之间的问题。然而，剩余部分还是可以还原的，通过对这部分的鉴定，法庭可以想象出作品原来的宏伟。

被告方是政府的事实也是对判决起到重要影响的因素。不同于艺术作品的私人拥有者的观点，一种法庭采纳的观点是认为印度政府有义务，把对文化权利以及国家的艺术家和文化遗产保护、保存和尊重载入政府的5年计划。UNESCO的非著作权文化条例也有助于案例事实与政府的义务之间建立联系。

3. 判决结果

当事件进入了最后听证阶段,来自德里最高法院的法官 Pradeep Nandrajog 的判决如下:"余下的壁画应有的所有权利都应归属于 Sehgal 先生。"法庭要求把壁画余下的部分归还给雕塑家,并且对被告方损坏的部分要做出相当于 12 000 美元的赔偿。

但是这还不是最终的判决结果。裁决并没有得到履行,Sehgal 先生很快就裁决议程再次提出了上诉,被告方明显不服从法庭的判决。最终,事件还是得到了友好的解决。在经历了艰苦卓绝的斗智斗勇以后,Sehgal 先生感激于来之不易的胜利,放弃了对政府损害赔偿的诉求,代之的是取回了余下的壁画。

4. 分析评述

有关 Sehgal 先生的壁画的案例,显示了 Berne Convetion 中对精神权利做出规定的重要性,比如采用了印度著作权法案,以及为印度和欧洲法庭提供了经验。该法律是基于下面的原则,那就是——应该存在一种法律,像保护艺术作品的物理形态和有形的表达形式一样,去保护艺术表达的灵魂和实质,这不同于对艺术家和作者的经济权利的保护。

首先,伯尔尼公约规定了作者的精神权利独立于著作权,精神权利应该受到保护。所以即使被告购买了原告的所有权利,原告的精神权利依然存在。

其次,政府的翻修行为对原告的作品进行分割,造成了作品的损坏,侵犯了作者的精神权利。

【资料来源】

[1] 雷奥古斯特. 国际商法 [M]. 北京:机械工业出版社,2010.

[2] 谭华霖. 知识产权权利冲突论纲 [D]. 中国政法大学,2007.

知识产权的侵权认定案

1. 案件背景

美国联邦巡回上诉法院否定中国山东圣奥公司出口产品侵犯知识产权——"337"调查案件中国成功案例：字面侵权原则（字面侵权原则即如果被控侵权物产品或方法的技术特征包含了专利权利要求中记载的全部必要技术特征则落入专利权的保护范围）。

1.1 等同原则的基本含义

等同原则是指专利权的保护范围不仅包括权利要求记载的必要技术特征，而且包括与该必要技术特征实质上等同的技术特征。尽管被控侵权物不具备专利权要求的全部特征，但是其不具备的专利特征在被控侵权物上面能够找到该特征的等同替换物，此种情况下，被控侵权物判定为侵权。其中，必要技术特征是指发明或者实用新型为解决其技术问题所不可缺少的技术特征，其总和足以构成发明或者实用新型的技术方案，使之区别于现有技术中所述的其他技术方案。独立权利要求记载的所有技术特征都是必要技术特征。比如，一项专利，其权利要求为，一种机器人的移动机构，其特征在于：具有六个沿圆周方向均匀分布的驱动臂，驱动臂内设有电机，电机经齿轮传动连接位于驱动臂端部的驱动轮。被控物的结构为：具有六个沿圆周方向均匀分布的驱动臂，驱动臂内设有电机，电机经链条传动连接位于驱动臂端部的驱动轮。虽然被控物缺少专利权权利要求的齿轮传动特征，但是由于链条传动属于齿轮传动的等同替换，所以被控物适用等同原则，属于侵权。

1.2 等同原则的法律依据

（1）《中华人民共和国专利法》（2008修订）（以下简称《专利法》）第五十九条：发明或者实用新型专利权的保护范围以其权利要求的内容为准，说明书及附图可以用于解释权利要求。外观设计专利权的保护范围以表示在图片或者照片中的该外观设计专利产品为准。

（2）《最高人民法院关于审理专利纠纷案件适用法律问题的若干规定》[20010622]（以下简称《最高院若干规定》）第十七条指出：《专利法》第五十六条第一款所称的"发明或者实用新型专利权的保护范围以其权利要求的内容为准，说明书及附图可以用于解释权利要求"，是指专利权的保护范围应当以权利要求书中明确记载的必要技术特征所确定的范围为准，也包括与该必要技术特征相等同的特征所确定的范围。等同特征是指与所记载的技术特征以基本相同的手段，实现基本相同的功能，达到基本相同的效果，并且本领域的普通技术人员无须经过创造性劳动就能够联想到的特征。基本相同的手段包括产品部件的简单移位、方法步骤顺序的简单变换和专利必要技术特征的简单的替换、分解、合并等。

（3）《最高人民法院关于审理侵犯专利权纠纷案件应用法律若干问题的解释》（法释〔2009〕21号）（以下简称《最高院若干解释》）第七条：人民法院判定被诉侵权技术方案是否落入专利权的保护范围，应当审查权利人主张的权利要求所记载的全部技术特征。被诉侵权技术方案包含与权利要求记载的全部技术特征相同或者等同的技术特征的，人民法院应当认定其落入专利权的保护范围；被诉侵权技术方案的技术特征与权利要求记载的全部技术特征相比，缺少权利要求记载一个以上的技术特征，或者有一个以上技术特征不相同也不等同的，人民法院应当认定其没有落入专利权的保护范围。

（4）《北京市高级人民法院关于〈专利侵权判定若干问题的意见（试行）〉的通知》（京高法发〔2001〕229号）（以下简称《北京高院若干意见》）第31条至第42条对等同原则的适用做出了详细的规定。

1.3 等同原则的适用

如何适用等同原则，一直是专利侵权判定中的难点。在代理专利侵权案件时，应综合考量法律文义、立法目的和适用效果，使案件处理与经济科技发展和文化创新的现实需求相适应，妥善处理好法律的稳定性与社会需求的变动性之间的矛盾。

根据《最高院若干规定》第十七条的规定："等同特征是指与所记载的技术特征以基本相同的手段，实现基本相同的功能，达到基本相同的效果，并且本领域的普通技术人员无须经过创造性劳动就能够联想到的特征。"因此，判断侵权物中是否具有与授权专利相应特征相等同的特征，必须从手段、功能、效果以及本领域技术人员是否显而易见等四个方面分别进行比较，如果两者的手段、功能、效果基本相同，而且对于本领域技术人员来说也属于显而易见的话，则可以认定为等同特征，否则就不宜认定为等同。专利法要求符合授权条件的发明专利与实用新型专利必须都具有新颖性、创造性和实用性，通常情况下，除非明显不具有实用性，否则不对实用性进行审查。另外，如果某一技术方案不具备新颖性，必然也就意味着其不具有创造性。最高人民法院也正是基于上述考虑，进而认为在判定两个技术特征是否构成等同特征的过程中主要应该考虑创造性因素，因为一旦涉嫌侵权技术方案中的相应技术特征对于专利技术方案中的相应技术特征而言具有了创造性，也就说明两者属于本质不同的技术特征，涉嫌侵权技术方案相对于专利技术方案而言也就属于本质不同的技术方案，所以该技术特征也就不再属于与专利技术方案相应技术特征等同的特征；反之，如果该涉嫌侵权物的相应特征只是对于专利技术相应特征进行了简单的文字变换、常规手段的等效变换，则这种变换不具有任何创造性，实际上仍然是一种意图规避侵权的侵权行为。

《专利法》第二十二条规定："创造性，是指同申请日以前已有的技术相比，该发明有突出的实质性特点和显著的进步，该实用新型有实质性特点和进步。"由此可知，创造性包括了实质性特点和进步两个方面。国家知识产权局颁布的专利审查指南中，关于创造性地判断部分进一步明确了创造性的判断标准："发明有突出的实质性特点，是指发明相对于现有技术，对所属技术领域的技术人员来说，是非显而易见的。发明有显著的进步，是指发明与最接近的现有技术相比能够产生有益的技术效果。"由此可知，创造性的内容实际上已经包括了功能、效果、手段等内容在内。

适用等同原则认定专利权的权利范围时应当注意的是：

（1）判定等同的时间点标准：在判定两个技术特征是否构成等同时，采用不同的时间标准所得到的结论往往是不一样的。对于应该以专利申请日、专利公开日、专利授权公告日还是专利侵权日为标准，各国有不同的规定。在我国的法律法规中尚没有明确的规定。根据《北京高院若干意见》第三十七条的规定，"判定被控侵权物（产品或方法）中的技术特征与专利独立权利要求中的技术特征是否等同，应当以侵权行为发生的时间为界限"，北京市高级人民法院在司法实践中采用的是以专利侵权日为判断是否构成等同的时间标准。

（2）进行等同侵权判断，应当以该专利所属领域的普通技术人员的专业知识水平为准，而不应以所属领域的高级技术专家的专业知识水平为准。适用等同原则容易在确认专利权的权利范围时造成权利范围的任意改变。不同的人对同等特征会得出不同的结论。《最高院若干规定》第十七条第二款指出："等同特征是指与所记载的技术特征以基本相同的手段，实现基本相同的功能，达到基本相同的效果，并且本领域的普通技术人员无须经过创造性劳动就能够联想到的特征。"

（3）等同原则的运用应当具有客观性，不需要考虑被指控侵权人的主观因素。

（4）等同判定与专利创造性程度的关系：虽然专利法对发明和实用新型都要

求具有一定的创造性，但是不同的发明创造的创造性程度差异是较大的。适用等同理论时一方面要阻止模仿者以欺骗手段侵犯专利权人的垄断权；另一方面也要注意将专利权人依据专利法得到的保护严格划定在公平原则覆盖的范围内。《北京高院若干意见》第四十条规定："进行等同侵权判断，对于开拓性的重大发明专利，确定等同保护的范围可以适当放宽；对于组合性发明或者选择性发明，确定等同保护的范围可以适当从严。"可以看出，北京市高院在认定是否构成等同时，对创造性程度越高的专利，适用等同原则的条件越宽松，反之，对于创造性程度较低的专利，则对认定等同原则的条件严格控制。因为专利法的立法宗旨一方面在于保护专利权人的合法权益，促进专利技术的实施；另一方面还在于保护公众从专利实施中受益，并促进科学技术的再进步，实质上是以专利技术的公开换取对专利权利的法律保护，因此谁对社会的贡献越大，对谁的保护力度就应该越大。而正是基于上述考虑，才对与不同的创造性的专利适用等同原则时采取不同高度的要求。

(5) 在专利侵权判断中，应当仅就被控侵权产品或者方法的具体技术特征与专利对应必要技术特征是否等同进行对比判定，不对被控侵权产品或者方法与专利技术方案的整体是否等同进行对比判定。对于以组分和含量共同限定的化合物和组合物发明专利，首先应当判定被控侵权物组分与专利组分是否相同或者等同。组分中有一项或者多项不相同也不等同的，应当认定被控侵权产品没有落入专利保护范围；组分相同或者等同的，继续进行对含量范围的对比。权利要求对组分的含量范围设定了上限和或下限，被控侵权产品的含量不在该含量范围内的，一般不应当认为是等同特征。对于以功能限定的专利必要技术特征，被控侵权产品或者方法对应技术特征的实施方式仅实现同样功能的，应当认定被控侵权产品或者方法采用了专利必要技术特征的相同特征。被控侵权物对应技术特征的实施方式在实现同样功能之外，还可以实现其他附加功能，但对整体技术方案未产生实质性影响的，应当认定被控侵权产品或者方法采用了专利必要技术特征的等同特征；附加功能导致整体技术方案产生了新的实质性技术效果的，应当认定被控侵权产品或者方法采用了既不相同也不等同的技术特征。专利权利要求对某一技术特征的功能进行了限定，并且说明书也重申了该功能对于发明的重要性的，不得将不具有该功能的技术特征解释为专利必要技术特征的等同特征。

2. 案情事实

美国国际贸易委员会（ITC）应美国企业的要求，就中国圣奥化工有限公司出口的橡胶防老剂侵犯专利一案发起"337条款"调查，并做出了不利于中国企业的裁决。中国企业进行了上诉，并就专利说明书中的"控制量"一词的解释进行抗辩。美国联邦巡回上诉法院最终判定中国企业胜诉。该案是中国企业在美国"337 条款"调查中少有的上诉并获胜的案例。美国联邦巡回上诉法院认为,本案争议的焦点在于圣奥公司对 4 - ADPA 和 6PPD 的生产方法是否侵犯了富莱克斯公司拥有的 063 号专利和 111 号专利。争议的实质问题即对在该生产程序中"控制量"(controlled amount)这一化学术语的不同解释。美国国际贸易委员会(ITC)法官采纳了富莱克斯公司的解释方法,基于这种解释方法,ITC 就该案的裁定结果是:①圣奥公司在 4 - ADPA 和 6PPD 的生产过程中存在对富莱克斯公司的字面侵权;②富莱克斯公司的指控并非因含糊不清而无效;③从已有技术的角度而言,该指控也不能因为太过明显而无效。

然而,上诉法院对该案进行了重新审理,对"控制量"一词进行了分析和解释,最终推翻了 ITC 的裁定,认定圣奥公司并不存在字面侵权行为,理由在于术语发生争议应当应以专利说明中对该术语的解释作为指导该术语解释的唯一的最好的方式,而被告的解释符合专利说明书中对该词的解释和界定,因此撤销并驳回了 ITC 的裁定。

3. 判决结果

ITC 与上诉法院的裁定结果为 ITC 应在不存在字面侵权行为的情形下,根据"等同原则",对圣奥公司是否侵权进行说明。

4. 分析和评述

本案争论的中心问题是关于"控制量"这一术语的解释。质子材料的"控制量"随着溶剂的变化而有所差异;而且,化学反应基础的种类、数量及离子的变化都可能影响"控制量"。然而,对于该术语,化学界没有一个普遍认可的定义。富莱克斯公司指控称,"控制量"意指"质子材料的数量应控制在一个最高值和一个最低值之间",这个最高值"要高于苯胺和硝基苯抑制反应的数量",最低值是"不能使 4 - ADPA 中间物质不能正常分离的数量"。按照富莱克斯公司的这种解释,圣奥公司存在侵权行为。对此圣奥公司辩称,该"控制量"术语的解释应以专利说明书中的记载为准,即为"以苯胺为溶剂的反应混合物中,水的比例最高为 4%",然而在圣奥公司的生产过程中,水的比例超出了 4%,故没有侵权。

美国国际贸易委员会(ITC)法官采纳了富莱克斯公司的解释方法,基于这种解释方法,ITC 就该案的裁定结果是:①圣奥公司在 4 - ADPA 和 6PPD 的生产过程中存在对富莱克斯公司的字面侵权;②富莱克斯公司的指控并非因含糊不清而无效;③从已有技术的角度而言,该指控也不能因为太过明显而无效。

针对ITC的该项裁定,上诉法院对该案进行了重新审理,对"控制量"一词进行了分析和解释,最终推翻了ITC的裁定,认定圣奥公司并不存在字面侵权行为,撤销并驳回了ITC的裁定。上诉法院认为:第一,圣奥公司不存在字面侵权。对于"控制量"一词的解释一旦因专利的某些术语发生争议,应以专利说明中对该术语的解释作为指导该术语解释的唯一的最好的方式。专利人对专利中的术语可以做出特定的定义,一旦发生争议,对术语的解释不应按照该词语的通常含义,而应以专利中对术语的界定内容为准。该案中,涉案的专利说明书有意识地对争议的术语作出了明晰而准确的解释,则没有必要寻找术语其他的进一步解释。圣奥公司对"控制量"一词的解释是正确的,符合专利说明书中对该词的解释和界定,应予采纳。第二,ITC应当对圣奥公司进行"等同原则"调查。ITC正是对圣奥公司作出了存在字面侵权行为的裁定,故而没有涉及根据"等同原则"圣奥公司是否侵权的问题。尽管富莱克斯公司曾提出,按照圣奥公司对"控制量"一词的解释,根据"等同原则",圣奥公司可能存在侵权行为,但是富莱克斯公司与ITC均没有在上诉中提及该问题,因此,ITC应在不存在字面侵权行为的情形下,根据"等同原则",对圣奥公司是否侵权进行说明。

【资料来源】

[1] 龚柏华,马艾骐. 美国联邦巡回上诉法院否定中国圣奥公司出口品侵犯知识产权"337条款"案评析[J]. 国际商务研究,2008(3).

[2] 曾炜. 浅谈专利侵权判定中的等同原则[J]. 法制与社会,2007(4).

第五部分　WTO 规则

国民待遇的适用案

1. 案件背景

关税及贸易总协定 GATT 1994 第三条"国内税与国内规章的国民待遇":

1. 各缔约国认为:国内税和其他国内费用,影响产品的国内销售、兜售、购买、运输、分配或使用的法令、条例和规定,以及对产品的混合、加工或使用须符合特定数量或比例要求的国内数量限制条例,在对进口产品或国产品实施时,不应用来对国内生产提供保护。

2. 一缔约国领土的产品输入到另一缔约国领土时,不应对它直接或间接征收高于对相同的国产品所直接或间接征收的国内税或其他国内费用。同时,缔约国不应对进口产品或国产品采用其他与本条第一款规定的原则有抵触的办法来实施国内税或其他国内费用。

3. 与本条第二款有抵触的现行实施的国内税,如果是 1947 年 4 月 10 日有效的贸易协定中所特别规定允许征收的,而且在有关贸易协定中还规定了凡已征收这种国内税的产品,它的进口关税即不能任意增加,则征收这种国内税的缔约国,可以推迟实施本条第二款的规定,直到在贸易协定中所承担的义务得到解除,并能将进口关税增加到抵销国内税保护因素所必需的水平时为止。

4. 一缔约国领土的产品输入到另一缔约国领土时,在关于产品的国内销售、兜售、购买、运输、分配或使用的全部法令、条例和规定方面,所享受的待遇应不低于相同的国产品所享受的待遇。但本款的规定不应妨碍国内差别运输费用的实施,如果实施这种差别运输费用纯系基于运输工具的经济使用而与产品的国别无关。

5. 缔约国不得建立或维持某种对产品的混合、加工或使用须符合特定数量或比例的国内数量限制条例,直接或间接要求某一特定数量或比例的条例对象产品必须由国内来源供应。缔约国还不应采用其他与本条第一款规定的原则有抵触的办法来实施国内数量限制条例。

6. 本条第五款的规定不适用于 1939 年 7 月 1 日,或 1947 年 4 月 10 日,或

1948年3月24日（各缔约国可以从这三个日期中自行选择一个日期）在一个缔约国领土内有效实施的国内数量限制条例；但这种条例如与本条第五款的规定有抵触，不应采取损害进口货的利益的办法来加以修改，应该把它们当做关税来进行谈判。

7. 任何对产品的混合、加工或使用须符合特定数量或比例要求的国内数量限制条例，在实施时不得把这种数量或比例在不同的国外供应来源之间进行分配。

8.（甲）本条的规定不适用于有关政府机构采办供政府公用、非为商业转售或用以生产供商业上销售的物品的管理法令、条例或规定。（乙）本条的规定不妨碍对国内生产者给予特殊的贴补，包括从按本条规定征收国内税费所得的收入中以及通过政府购买国产品的办法，向国内生产者给予贴补。

9. 各缔约国认为，规定国内物价最高限额的管理办法，即使符合本条的其他规定，对供应进口产品的缔约国的利益，可能产生有害的影响。因此，实施这种办法的缔约国，应考虑出口缔约国的利益，以求在最大可能限度内，避免对它们造成损害。

10. 本条的规定不妨碍缔约国建立或者维持符合本协定第四条要求的有关电影片的国内数量限制条例。

2. 案情事实

从2002年起，经过5次关税调整，中国进口车关税从2001年的70%（发动机排量在3升以下的轿车）和80%（发动机排量在3升以上的轿车）降到25%，零部件进口税率则降至10%。由于进口零部件的税率一直显著低于进口整车的税率，因此近年来在实际生产中，许多汽车制造商大量进口汽车零部件，在国内组装为成品车，而后进行销售。这样，通过进口零部件组装成汽车比直接进口整车可以变相规避高达15%的关税，制造商得以大幅降低成本，获取更为丰厚的利润。因此，为了防止外国新车化整为零，避开高关税大规模涌入中国市场。我国先后于2004年5月、2005年2月和3月出台了《汽车产业政策》、《构成整车特征的汽车零部件进口管理办法》（以下简称《管理办法》）以及《进口汽车零部件构成整车特征核定规则》三部法令（以下统称为"争议措施"）。根据《管理办法》第28条，对经核定中心核定为构成整车特征的进口零部件，海关将按照整车归类，并按照整车税率计征关税和进口环节增值税。依据第21条，有下列情形之一的，进口汽车零部件构成整车特征：日进口全散件（CKD）或半散件（SKD）组装汽车的；在办法第4条规定的认定范围内，①进口车身（含驾驶室）、发动机两大总成装车的；②进口车身（含驾驶室）和发动机两大总成之一及其他 3 个总成（系统）（含）以上装车的；③进口除车身（含驾驶室）和发动机两大总成以外其他 5 个总成（系统）（含）以上装车的；进口零部件的价格总和达到该车型整车总价格的 60% 及以上的。

2006 年 3 月 30 日，欧盟和美国根据 DSCT 第 4 条、GATT 1994 第 22 条、TRIMs 协定第 8 条以及 SCM 协定第 4 条和第 30 条等规定请求与中国进行磋商，指控中国实施的措施对其出口到中国的汽车零部件产生不利影响。2006 年 4 月 13 日，加拿大请求与中国进行磋商。

2006 年 9 月 15 日，欧盟、美国和加拿大分别请求设立专家组。

2007 年 1 月 29 日，总干事设立了专家组。

阿根廷、澳大利亚、巴西、日本、墨西哥、中国台北和泰国保留作为第三方参与专家组程序的权利。

专家组与各当事方于 2007 年 5 月 22 日和 24 日召开了第一次实质性会议。有第三方参加的会议于 2007 年 5 月 23 日召开。专家组与各当事方间的第二次实质性会议于 2007 年 7 月 12 日和 13 日召开。

2007 年 9 月 20 日，专家组发布了其报告的陈述部分。2008 年 2 月 13 日，专家组向各当事方提交了中期报告。2008 年 3 月 20 日专家组向当事方提交了最终报告，并于 2008 年 7 月 18 日正式公布。

3. 争议问题及判决结果

3.1 争议问题

专家组认为，这个案件涉及中国汽车零部件进口的措施。在专家组程序中，美国、欧盟和加拿大提出了自己的请求，指控中国颁布的政策和措施（如前所述）违反了 WTO 的有关规定（如前所述），并要求专家组建议中国使本国的措施与 WTO 的规定相一致。随后，中国提出了反请求，要求专家组拒绝美国、欧盟和加拿大提出的请求，并指出，在目前的案件中，请求专家组查实备受争议的措施的内容与《关贸总协定》第 2 条或者第 3 条的不一致，而且这些措施与中国承担的《关贸总协定》的义务不一致，属于《关贸总协定》第 20 条的例外。此后，双方就这一问题展开了辩论。欧盟认为，中国作为 WTO 的成员方，承担了 WTO 协定下的国际义务，要通过降低汽车零部件关税和除去国内部分的要求来开放本国的市场。尽管在中国入世议定书中，中国提出，如果国产的汽车超过了进口汽车零部件的某些最高标准，就会对进口汽车零部件征收不同的关税。这种措施会使进口汽车零部件更加昂贵，与国产汽车相比，缺少竞争力，并鼓励在当地生产汽车零部件。因此，欧盟认为，这些措施构成了对进口汽车零部件的歧视,并鼓励使用国产汽车。由于中国汽车市场是一个价格敏感性的市场,对进口汽车零部件征收附加关税,会使得其失去竞争力。紧接着,欧盟相继论证了中国违反 WTO 的有关协定(包括 TRIMS、GATT、SCM 和中国入世议定书)。

美国在答辩中指出中国采取的措施有利于国产汽车零部件,而不利于进口汽车零部件,其目的是为了对国内汽车产业提供保护。这些措施包括对进口汽车零部件征收 25% 的税收,而对相同的国内产品则没有征收。美国进一步指出,这些措施显然与中国承担的 WTO 协定下的义务相冲突,尤其是直接或者间接组装汽车的零部件的较高比例必须来自于国内这样的规定。

加拿大在答辩中指出 2005 年中国颁行的行政法规违反了其承担的 WTO 义务和入世议定书,对汽车零部件构成整车的标准做了规定,如果进口汽车零部件构成了 60%,则按照整车征收关税,这是对进口汽车零部件采取的歧视措施。并且,所有这些措施并不适用于其国产汽车零部件。

中国在答辩中指出,这是涉及中国关税法管理的实体问题和形式问题。欧盟、美国和加拿大认为 GATT 1994 并未允许中国汽车厂商进口汽车零部件和组装成整车的形式。中国认为,与之刚好相反,这种组装汽车的形式符合 GATT 1994 第 2 条的规定。

最后,专家组查明了以上事实,认定中国的有关措施违反了 WTO 的有关规定,指出这些措施并不符合 GATT 1994 第 20 条的例外条款,否认了中国的抗辩。

3.2 判决结果

2008 年 9 月 15 日,根据"谅解书"第 16 条的规定,中国通知 WTO 争端解决机构,并提出了上诉请求,对专家组报告中的某些法律问题提出了上诉。在答辩中,中国要求上诉机构颠倒专家组报告中关于 GATT 第 3 条的认定,指出这些措施只不过是符合 GATT 第 2 条规定的范围的一项关税义务,也就是说,并不构成歧视。随后,美国、欧盟以及加拿大也提出了自己的答辩。

2008 年 12 月 15 日,上诉机构作出了终审裁决:

(1) 支持专家组的结论,认为这些措施并不是 GATT 1994 第 2 条范围之内的普通关税义务;

(2) 支持专家组的结论,这些措施不符合 GATT 1994 第 3 条第 2 款的规定,对进口汽车零部件征收费用但对同类国内产品却不征收费用构成了歧视;

(3) 支持专家组的结论,这些措施不符合 GATT 1994 第 3 条第 4 款的规定,为国内汽车零部件提供了有利的待遇,而对进口汽车零部件提供了不利的待遇;

(4) 支持专家组的结论,认为这些措施不符合 GATT 1994 第 2 条第 1 款的规定。

因此,上诉机构建议中国废除这些与 GATT 1994 不符的措施,以遵守中国在

WTO 下的义务。如前所述，由于上诉机构的裁决是终局的，当事方应无条件接受，除非争端解决机构一致反对。因此，争端解决机构的报告会自动获得通过。

4. 分析和评述

在 7 月 18 日正式公布的长达 300 多页的报告中，专家组裁决中国对超过整车价值 60% 以上的进口零部件按整车税率征税的做法对进口汽车零部件构成歧视，违反 WTO 的相关贸易规则。其中涉及的主要法律问题有以下几项。

4.1 中国的措施是否符合 GATT 1994 第 3.2 条第一句话

（1）第 3.2 条的适用争议措施的性质是争端双方最重要，也是最本质性的分歧。作为申诉方，欧、美、加等国认为争议措施以违反 GATT 1994 第 3.2 条第一句话的方式征收了"国内税"（internal charge），而中国则抗辩认为根据争议措施所征收的是一种符合 GATT 1994 第 2.1（b）条的"普通关税"（ordinary customs duty）。

针对双方的上述主张，专家组分别考察了 GATT 1994 第 3.2 条第一句话中"国内税"的含义和第 2.1（b）条中"普通关税"的含义。

GATT 1994 第 3.2 条第一句话规定："任何缔约方领土的产品进口至任何其他缔约方领土时，不得对其直接或间接征收超过对同类国内产品直接或间接征收的任何种类的国内税或其他国内费用。"鉴于 GATT 1994 第 3.2 条以及任何其他的 WTO 涵盖协定均未规定"国内税"的定义。专家组参考了《贸易政策术语辞典》中对于"国内税"的定义，认为"国内"意味着引发费用支付的主要因素发生在关税领土之内。为进一步澄清"国内税"的含义，专家组又援引了 GATT 时期的比利时—家庭津贴案和 WTO 时期的阿根廷—皮革和皮革制品案专家组报告中的论述，专家组指出："考虑到与上述 GATT 和 WTO 专家组裁决的一致性，我们同样认为表明一项收费是否构成 GATT 1994 第 3.2 条意义上的'国内税或其他国内费用'的一个重要因素是考察该项支付义务是否源于一项'国内因素'，如，产品在国内被转售或在国内被使用，而该'国内因素'发生在一成员方产品进口至另一成员方领土之后"。随后，专家组又援引了 GATT 1994 补充脚注中的相关内容，指出任何适用于进口产品和相同国内产品的国内税和其他国内费用，即使针对进口产品，并在进口的时间或地点征收，仍将被视为第 3 条意义上的国内税或其他国内费用。因此，国内税征收的时间和地点并不必然是表明其属于 GATT 1994 第 3.2 条范围内的决定性标准。

专家组随后分析了"普通关税"的含义。GATT 1994 第 2.1（b）条规定："一缔约方领土的产品如在另一缔约方减让表的第一部分内列明，在这种产品进口到这一减让表所适用的领土时,应依照减让表的规定、条件或限制,对他免征超过减让表所列的普通关税。对这种产品,也应免征超过于本协定签订之日对进口或有关进口所征收的任何其他税费,或免征超过于本协定签订之日进口领土内现行法律规定以后要直接或授权征收的任何其他税费"。对于 GATT 1994 第 2.1 (b) 条中的"普通关税",WTO 涵盖协定亦未给出定义。对于"普通关税"的通常含义,专家组参考了 2006 年《国际海关术语目录》、《布莱克法律词典》第 7 版以及 2003 年《贸易政策术语辞典》中关于"普通关税"的定义,并全方位考察了第 2.1 (b) 条相关词语的含义。专家组得出结论认为,综合考虑第 2.1 (b) 条中"在其进口"(on their importation) 和"到领土"(into flee territory) 两个词语的含义,"普通关税"是指在货物进入另一成员方的关税领土时所发生的付费义务,并且一项"普通关税"必须以货物进口时为估价标准。基于上述结论,专家组指出:"考虑到上下文以及 GATT 1994 的宗旨和目的,因此我们认为,GATT 1994 第 2.1 (b) 条第一句话中'在进口到'一词的正常含义包含了不容忽视的严格而又精确的时间因素。这意味着,支付普通关税的义务与产品进入另一个成员方领土的那一刻(时间)密切相关……正是在那一刻,也仅仅是在那一刻,支付通关税的义务才得以发生……进口国现时或后续实施的执行、评估或再评估、施加或征收普通关税的法案启示为必须建立在处于这个时刻的货物的基础之上……与普通关税相反,'国内税'的支付义务并不发生于产品进入另一成员方领土的那一刻,而是源于国内因素。如,由于货物在国内被转售或由于货物在国内被使用而这些国内因素发生在货物已经进入到另一成员方的领土之后……如果一项普通关税的支付义务产生于货物进口之后的状态,而不是其进口时的状态,则将抹杀普通关税与国内税间'极端重要'的区别。"

在援引了一系列 WTO 和 GATT 的先前裁决,考察了 WTO 协定和 GATT 1994 的目标和宗旨,并综合考虑了上述各种因素后,专家组最终得出结论认为申诉方成功地证明了基于争议措施所征收的费用构成 GATT 1994 第 3.2 条下的国内费用,因为根据争议措施所征收的费用发生于汽车零部件进口到中国领土之后,而不是在进口时。这也就意味着,争端的解决应当依欧、美、加所主张的,适用 GATT 1994 第 3.2 条关于国民待遇的规定,而不是中国所主张的第 2.1 (b) 条,正是在这一基础和根本性问题上的失利最终直接导致中国遭遇在 WTO 的第一场"败诉"。

(2) 对第 3.2 条的违反。在得出上述结论后,专家组继续分析了争议措施是否符合第 3.2 条第一句话所规定的国民待遇原则。专家组及上诉机构在加拿大一个期刊案中曾指出的,分析一项措施是否违反 GATT 1994 第 3.2 条,应当分两步进行:第一步,审查进口产品与国内产品是否属于"同类产品";第二步,审查该进口产品是否被以超过国内产品的税率征税。如果对这两个问题的答案都是肯定性的，那么就存在违反第 3.2 条第一句话的情形。专家组按照这种方法对争议措施进行了分析。

专家组首先分析了进口汽车零部件与国内汽车零部件是否属于相同产品。对此，专家组完全采纳了申诉方的主张，认为争议措施没有以原产地外的任何其他标准区分进口汽车零部件，即意味着全部的进口和国产零部件是相同产品。

专家组随后分析了第二个问题，即进口汽车零部件是否被征收了高于国内产品的国内税和费用。专家组在参考了日本—酒类税案 II 的上诉机构报告中关于"超过"（in excess of）一词的分析后认定，由于争议措施并不适用于国内产品，因此基于争议措施而征收的费用自然也就不适用于国内产品，构成 GATT 1994 第 3.2 条意义上的高于国内产品的国内费用。

基于上述两个问题的分析结论，专家组最终裁定基于争议措施所征收的费用违反了 GATT 1994 第 3.2 条第一句话。

4.2　中国的措施是否符合 GATT 1994 第 3.4 条

争议措施给予进口汽车零部件的待遇是否低于国内汽车零部件？

GATT 1994 第 3.4 条规定："任何缔约方领土的产品进口至任何其他缔约方领土时，在有关影响其国内销售、标价出售、购买、运输、分销或使用的所有法律、法规或要求方面，所享受的待遇不得低于相同国内产品所享受的待遇……"

申诉方主张争议措施违反 GATT 1994 第 3.4 条。中国则抗辩，作为边境措施，争议措施不属于第 3.4 条的范畴。

上诉机构报告曾澄清，认定一项措施违反 GATT 1994 第 3.4 条必须满足 3 个要素：首先，争议涉及的进口和国内产品是"相同"产品；其次，争议的措施是"影响其（进口产品）国内销售、标价出售、购买、运输、分销或使用的法律、法规或要求"；最后，并且进口产品受到了"低于"相同国内产品所享受的待遇。

专家组逐一分析了上述三个问题。

首先，争议的进口产品与国内产品是否"相同"。专家组认为，根据争议措施，进口汽车零部件与国内汽车零部件在第 3.2 条第一句话的意义上"相同"，而第 3.2 条第一句话中"相同"的适用范围要窄于第 3.4 条中的"相同"，因此争议的进口汽车零部件与国内汽车零部件在 GATT 1994 第 3.4 条的意义上"相同"。

其次，争议措施是否是第 3.4 条意义上的"法律、法规或要求"。专家组指出，争议措施对任何打算使用进口汽车零部件的汽车生产商强加了各种行政程序。这些行政要求涉及受争议措施影响的汽车零部件在进口前、进口中和进口后的诸多义务，如自身估价、组装后的认证等。因此，争议措施属于第3.4条意义上的"法律或法规"。尽管争议措施强制适用于所有使用进口零部件组装汽车的汽车制造商，制造商仍然可以通过选择根本不使用进口零部件从而避免这种行政程序的适用。因此，即使这些措施可以被视为是"自愿的"其仍将是 GATT 1994 第3.4条意义上的"要求"。同时，专家组指出，争议措施对任何使用进口汽车零部件的汽车生产商所施加的行政程序，以及争议措施所规定的标准，结合以最后形成整车为基础的税收估价，对汽车生产商形成了某种激励，以鼓励商家使用国内零部件替代进口零部件。因此，专家组认定，争议措施在 GATT 1994 第3.4条的意义上，影响到进口汽车零部件的"国内销售、标价出售、购买、运输、分销或使用"。

最后，争议措施给予进口汽车零部件的待遇是否低于国内汽车零部件。专家组首先对第3.4条所规定的"较低"（less favorable）待遇的标准进行了界定，专家组参考了上诉机构在"韩国—牛肉案"中的论述，指出"进口产品和国内相同产品之间在形式上的差别待遇对于证明违反第3.4条既不是必需的，也不是充分的。判断是否给予进口产品以低于国内相同产品的待遇应当考察一项措施是否改变了相关市场上的'竞争条件'从而对进口产品造成损害。"基于这一考虑，专家组随后分析了争议措施是否改变了中国市场的竞争条件，从而对进口汽车零部件造成不利。在专家组看来，争议措施对进口汽车零部件施加了相同国内产品无须适用的行政程序，而这将导致从一个新车型下线到鉴定中心鉴定的整个装配过程面临实质性的延误。

争议措施改变了中国市场的竞争条件，从而对进口零部件造成损害。专家组进一步指出，由于进口汽车零部件是否达到争议措施所要求的整车特征的决定是以汽车零部件的最终装配为基础的。因此，如果汽车生产商想要避免这种行政程序，争议措施将不可避免地影响到汽车生产商在国内和进口汽车零部件间进行选择。争议措施所规定的整车特征的决定标准和这种标准在汽车最终装配后的适用不仅在进口汽车零部件和相同国内汽车零部件之间造成了一种形式上的区分，同时这种形式上的差别在抑制汽车生产商使用进口汽车零部件上也极为重要。因此，专家组认定争议措施给予进口汽车零部件的待遇低于国内汽车零部件，违反 GATT 1994 第3.4条。

4.3 中国的措施是否属于 GATT 1994 第20（b）条的例外

在认定争议措施违反 GATT 1994 第3.2条和第3.4条所规定的国民待遇原则后，专家组继续考察了争议措施能否构成 GATT 1994 第20条所规定的例外情形。根据以往上诉机构的裁决，一项违反 GATT 1994 的措施，如果要满足第20条，必须具备两个条件，首先，措施属于第20条规定的一项或几项例外情形；

其次，措施满足第 20 条前言的要求。

GATT 1994 第 20（b）条规定："本协定的任何规定不得解释为阻止任何成员方采取或实施以下措施：（d）为保证与本协定规定不相抵触的法律或法规得到遵守所必需的措施，包括与海关执法、根据第 2.4 条和第 17 条实行有关垄断、保护专利权、商标和版权以及防止欺诈行为有关的措施。"

上诉机构在韩国—牛肉措施案中曾澄清，一项措施只有同时具备两个因素才能满足第 20 条（d）的规定："首先，措施旨在'保证遵守'本身不与 GATT 1994 的某些规定相抵触的法律或法规；其次，措施是保证这种遵守所'必需'的。"

因此，为了决定争议措施是否满足第 20 条（d），专家组首先考察了中国是否确立了一项本身不违反 GATT 1994 的法律或法规。专家组认为中国有关汽车关税规定的解释违反了其在减让表下的义务，因而违反了中国在 GATT 1994 第 2.1 条（a）和（b）项下的义务。因此，如果中国主张争议措施旨在保证遵守中国关于汽车关税的规定，那么中国没能证明争议措施满足第 20 条（d），因为争议措施所保证的并非是对第 20 条（d）意义上的"不违反"WTO 的法律或法规的遵守。

中国强调争议措施的实施旨在防止某些汽车企业"规避"（circumvention）中国进口汽车海关关税的非法行为，并列举了三种"规避"行为，主张如果漠视上述"规避"行为的存在，进口商今后将再也不可能以适用于整车的关税税率缴纳进口关税。对于中国的主张，专家组在全面考察了相关词语的确切含义后指出，国际贸易中"规避"一词的含义表明，"规避"与"反规避"并未与"普通关税"相联系。在 WTO 协定中，"规避"仅在有关反倾销税、原产地规则、《农业协定》纺织品贸易中被承认。而且只有在《农业协定》中"反规避"这一概念才被明确确认。此外，诸如"逃避"和"避免"这类词语并没有以与关税相关联的方式存在于 WTO 中，至少在法律文本中不存在。相比较而言，此类词语较多地出现在国内税法之中。因此，专家组认为中国未能令其满意地证明所谓"规避"中国汽车关税规定的行为如何违反了中国关税减让表下的义务因而需要通过争议措施来阻止。

最后，专家组指出：既然已经认定中国未能证明争议措施是为确保遵守中国的关税承诺减让表，那么争议措施自然不是"必需的"，中国未能证明争议措施满足第 20 条（d）的例外情形，因此，专家组没有必要再继续考察争议措施是否满足第 20 条"序言"的要求。

4.4 中国的措施是否违反《中国入世工作组报告》第 93 段

申诉方还提出，中国将全散件（CKD）环口半散件（SKD）为整车并以整车税率征收关税违反了中国的关税承诺表，美国和加拿大则认为争议措施中有关

CKD 和 SKD 的规定违反了《中国入世工作组报告》下简称"《报告》"第 93 段的承诺。

对于第一个问题，专家组先后查阅了权威机构对 CKD 和 SKD 的定义，以及中国政府的一贯立场和做法，最终认定中国政府对于 CKD 和 SKD 按照整车对待并征税的做法没有违反中国入世关税承诺表。

对于第二个问题，中方认为由于第 93 段规定的前提条件没有发生，"设立此类税号"就因此不存在违反第 93 段承诺的问题。报告第 93 段规定："某些工作组成员对汽车部门的关税待遇表示特别关注。对于有关汽车零件关税待遇的问题，中国代表确认未对汽车全散件 CKD 环口半散件 SKD 设立关税税号。如果设立此类税号，则关税将不超过 10%。工作组注意到这一承诺"。在《报告》中，中国政府承诺对 CKD 和 SKD 的关税不超过 10%，但前提条件是中国为 CKD 和 SKD "单独设立"了税号，而该税号在中国入世时并不存在，鉴于此，专家组决定判断第 93 段规定的条件是否出现。

美国、加拿大认为，中国的争议措施实际上已为 CKD 和 SKD 划出了须承担 25% 关税的关税界限，因此中国事实上就是给 CKD 和 SKD "设立"了关税。中方主张，由于中国的关税表都是通过财政部修订、发布，而中国的财政部并没有就 CKD 和 SKD 本身制定新的关税表，因而没有满足第 93 段规定的前提条件。

对于上述争论，本案专家组查阅了《商品名称及编码协调制度公约》（HS CONVENTION）对于商品编码的相关规定，同时也分析了中国措施的实际效果，特别是《管理办法》第 21.1 条对于 CKD 和 SKD 构成整车特征并以整车缴纳关税的规定，指出：专家组审查的是中国是否遵循了它的承诺，而不是中国是否已经满足其国内的法律程序，认为"一旦中国决定于 2004 年和 2005 年实施争议措施并通过该措施系统地为 CKD 和 SKD 进口设置了某种关税线，在专家组看来，这一行为有效地为 CKD 和 SKD '设立'了关税线。"专家组最终认定：由于在关税表中通过采取争议措施从而为 CKD 和 SKD 设立了关税线，中国已经满足了适用第 93 段的前提条件，而且由于中国将 CKD 和 SKD 视为整车征收 25% 的关税，这就违反了其在第 93 段中"不超过 10% 的关税"承诺。

【资料来源】

[1] 陈立军. 中国影响汽车零部件措施案与 WTO 国民待遇原则 [J]. 哈尔滨学院学报，2009（5）.

[2] 贺小勇. 论"中国影响汽车零部件进口措施案"的法律核心问题 [J]. 法学，2007（3）.

对转基因农产品的进口限制

1. 案件背景

自20世纪70年代以来，以转基因技术为核心的现代生物技术产业蓬勃发展。1983年，世界上第一例转基因作物一种含有抗生素药类抗体的烟草在美国成功培植。1993年，第一批转基因产品转基因晚熟西红柿获得美国农业部批准进入商业化生产种植，此后，抗虫棉花、玉米、大豆、油菜等10余种转基因植物获准商品化生产并上市销售。20多年来，转基因产品在全球迅速推广，转基因农作物种植面积和贸易额迅速增加。转基因技术的迅速发展，在一定程度上为人类解决了食物短缺的问题、改善了食物品质，也增大了转基因产品国际贸易的潜在空间。但由于世界各国转基因技术发展的不平衡，以及转基因产品对生物多样性、生态环境和人类健康影响的不确定性，转基因产品的进出口国家在转基因产品的贸易方面产生了广泛的争端，尤其是以美国和欧盟为代表的转基因产品贸易争端成为国际社会关注的焦点。

美国不仅是世界上转基因作物商业化生产最多的国家，还是重要的农产品出口国，农产品出口是美国农业生产者重要的收入来源。20世纪90年代初，面对美国农产品在激烈的国际竞争中出口量下降的局面，美国政府采取的一项重要措施就是将其拥有绝对优势的生物技术应用于农业，实施以降低成本和提高产量为目标的转基因农业战略，以巩固其世界农业强国和农产品出口第一大国的地位。与其农业战略和全球战略相适应，美国在转基因产品的贸易政策方面一直持积极开放的态度，主张将转基因产品和传统农产品同等对待，将推动转基因产品贸易作为国家出口战略和国家安全战略的重要措施之一。

欧盟向来是美国等国家农产品的主要出口地。但是自20世纪90年代以来，欧盟境内不断发生的疯牛病、口蹄疫等食品安全问题引起人们的广泛恐慌，而转基因产品正好是在欧洲人普遍担心食品安全的时期迅速发展起来的。在这种情况下，欧盟在制订食品安全规则时显得格外小心，以食品安全和保护消费者等因素为由，对美国的转基因产品进行抵制。到目前为止，在美国批准13种转基因作物中，欧盟只批准了其中 4 种（转基因玉米）。欧盟先后出台了 90/220 指令、258/97 条例和 2001/18 指令（在某些内容上替代了 90/220 指令）管理转基因产品，规定任何转基因产品在投放市场前必须经过特定审批程序得到授权。自 1998 年 10 月开始，欧盟暂停审批转基因产品市场准入申请，有些成员还暂停进口已获欧盟批准的转基因农产品。欧盟这一系列举措，极大地阻碍了美国转基因农产品（尤其是玉米）进入欧盟市场。USDA 数据显示，美国只有少部分农田种植了得到欧盟批准的玉米品种，而且大部分产品与其他玉米品种混合收割。由于美国出口玉米大多都混有一些 EU 未批准的转基因玉米品种，因此很难出口欧盟。1997 年以前，美国玉米欧盟出口量约占玉米出口总量的 4%，价值约为 3 亿美元，美国向欧盟最大两个玉米进口国——西班牙和葡萄牙年出口量约 175 万吨。但从 1997 年开始，美国玉米对欧盟出口量以惊人速度下降。例如，1998~1999 年度，西班牙玉米进口量不到上一年的 1/10，而葡萄牙玉米进口量几乎为零。到 2004 年，欧盟在美国玉米出口市场份额中所占比重已经下降到不足 0.1%。同样，欧盟的暂停措施对其他转基因产品出口大国，如阿根廷、加拿大也造成了影响。

2003 年 8 月，美国、加拿大和阿根廷以欧盟暂停措施违反其在 WTO 协定下的义务为由，分别向 WTO 提请诉讼。案件经过长达 3 年多的审理，于 2006 年 9 月 21 日发布了专家组报告"欧盟——影响生物技术产品审批和销售的措施案"，而有关当事方在 WTO 争端解决机制（DSU）规定的上诉期内均未提出上诉，于是，同年 11 月 12 日本案在 WTO 争端解决机构（DSB）会议上最终尘埃落定。

2. 案情事实

2003 年 5 月，美国、加拿大、阿根廷分别请求与欧盟在 WTO 框架下，就欧盟及其成员国有关妨碍或禁止美国等农产品及食品进口问题进行磋商（WT/DS291、WT/DS292、WT/DS293）。美国等认为，自 1998 年以来，欧盟延迟两国转基因产品审批，限制了农产品及食品进口，某些欧盟成员国坚持限制转基因产品的国内销售及进口，特别是那些已被欧盟批准在成员国内部进口和销售的特定产品，这些规定不合理，不符合 WTO 贸易规则。同年 6 月，双方磋商未果。2003 年 8 月 8 日，美国、加拿大和阿根廷分别要求成立专家小组处理纠纷。8 月 29 日，争端解决机构将三国专家小组合并，根据争端解决规则与程序（DSU）设立专家小组，明确了专家小组的职权范围，"按照 WT/DS291/23、WT/DS292/17 和 WT/DS293/17 文件中所举证的，相关协议的相关条款，审查美国、加拿大、阿根廷在文件中提交争端解决机构（DSB）的事项，并提出调查结果以协助 DSB 提出建议或做出该协定规定的裁决。" 2004 年 3 月 4 日 WTO 组建了 3 人专家小组。澳大利亚、巴西、智利、中国、哥伦比亚、萨尔瓦多、洪都拉斯、墨西哥、新西兰、挪威、巴拉圭、秘鲁、泰国、乌拉圭以及中国台湾地区等国家和地区作为第三方参与案件审理。专家小组从 2004 年 2 月第一次实质性会议开始工作，2006 年 2 月 7 日出具了中期报告，在任一当事方没有提出举行中期诉讼会议后，于 2006 年 5 月 10 日，专家小组向当事方送达了最终报告。案件从原告提出诉讼到专家小组建立用了 10 个月时间，专家小组历经 2 年多时间（2004 年 3 月至 2006 年 5 月）准备报告，至少 5 次推迟出报告的时间。2006 年 11 月 29 日，专家小组报告获得通过。WTO 最终裁决欧盟及其成员国败诉。

3. 争议问题及判决结果

3.1 争议问题

本案中，虽然美国、加拿大和阿根廷三方原告在描述欧盟暂停措施词语上略有差别，但事实上原告均在质疑欧盟针对转基因农产品实施了"事实上的暂停"（de facto moratorium）。所谓"事实上的暂停"，表现为以下三个方面：

第一，欧盟事实上的普遍暂停，也称普遍暂停。即自 1998 年 10 月以来，由于欧盟自身程序问题，造成了转基因农产品申请审查或审批被全面中止。

第二，特定产品市场禁令，也称特定产品措施。即欧盟对一些特定的转基因产品，主要是转基因油菜籽的审查或批准程序方面的"不当"延迟。

第三，成员国国内措施（简称"保障措施"或"成员"）。即一些欧盟成员国对 6 种转基因油菜籽和玉米品种实施了进口、上市或销售禁令。尽管根据专家组的裁决，首先是认定了欧盟审批程序为 SPS 协定下的 SPS 措施，在此基础上，裁决本案所争议的暂停措施导致了转基因农产品申请在审查和审批程序上存在"不当"延迟，因此违反了 SPS 协定下义务。EU 生物技术产品审批制度这些产品已经获得了批准。针对欧盟暂停措施，三方原告分别指控其违反了《1994 关税与贸易总协定》（GATT, 1994）、《技术性贸易壁垒协定》（TBT 协定）、《实施卫生与植物卫生措施协定》（SPS 协定）、《农业协定》等 WTO 协定相关条款。其中，以 SPS 协定适用性及欧盟暂停措施是否违反 SPS 协定相关条款等问题争议最为突出。

3.2 判决结果

本案原告方（美国、加拿大和阿根廷），诉被告方（欧盟及其成员国）在事实上普遍暂停、特定产品市场禁令和部分成员国内保障措施等三方面对转基因产品生产、上市或进口实行了暂停，违反了 SPS 协定、TBT 协定、农业协定及

GATT（1994）等 WTO 协定相关条款。

3.2.1 关于普遍暂停措施的裁决

专家小组认为从 1999 年 6 月到 2003 年 8 月期间欧盟对转基因产品申请，无法完成审批程序，存在"事实上的暂停"，导致造成了"不当延迟"，违反了 SPS 协定附件 C 和第 8 条的规定。而对于原告提出与 WTO 协定其他相关条款不一致的指控，专家小组不予支持。

3.2.2 关于特定产品措施的裁决

专家小组对 27 宗产品申请中 24 项认定在审批过程中存在"不当延迟"，在其审批程序中，欧盟违反了 SPS 协定第 8 条和附件 C 项下的应承担的义务，而对原告提出的与 WTO 协定其他相关条款不一致的指控，专家小组不予支持。

3.2.3 关于成员国保障措施的裁决

专家组认定欧盟 6 个成员国对特定转基因产品所采取的保障措施，没有按照 SPS 协定第 5.1 条进行风险评估，也不符合 SPS 协定第 5.7 条的规定，欧盟违反了 SPS 协定第 5.1 条规定的义务。因成员国保障措施违反 SPS 协定第 5.1 条规定，欧盟应承担连带责任，欧盟行为违反了 SPS 协定第 2.2 条的第 2、第 3 项的要求。

4. 分析和评述

4.1 美欧转基因产品贸易争端的原因分析

4.1.1 现实原因

（1）对转基因产品的安全性看法不同。美国政府认为转基因产品非常安全，因为该产品是生物技术创新和发展的应用，从本质上说是经过生物科技加速的自然选择过程，植物基因工程与目前的植物培育技术并无巨大差异。基因突变、组织培养、胚胎拯救和原生体融合，这些技术已经成功培育出新的栽培品种，影响了大部分世界人口的生活。多年来人们一直食用的粮食与我们祖先食用的粮食已有着巨大的基因性差异，只是科学家对这些基因性差异的了解有限罢了。对植物进行基因改良所冒的风险不比用传统培育方法改良植物所冒的风险大。欧盟则认为转基因产品对人类健康和生态环境可能造成一定的危害。在食品安全性方面，转基因技术会减少食品中的营养成分，产生霉素或增加霉素含量，引起人体过敏反应，对某些药物产生抗药性等；在环境安全性方面，转基因作物会破坏生物多样性，产生超级杂草，转移基因重组会产生新的病毒等。

（2）消费者的信息差别。消费者接受的信息差别，影响着消费者对转基因产品的态度。美国和欧盟的媒体和企业传输给消费者有关转基因产品的信息有着显著差别。美国的媒体、公司或社会团体大肆渲染转基因产品是安全的，而不谈其安全隐忧，如孟山都公司反复向公众灌输转基因产品的种种益处。据调查，有50%以上的美国人表示可以接受转基因产品，另有不到10%的人对此不置可否，反对者占20%。而欧盟则大力宣传转基因作物的风险，甚至称其为"魔鬼食品"或"自杀食品"，这大大影响了欧洲消费者对转基因产品的看法，另外，由于英国的疯牛病事件、比利时的"二噁英"污染事件等一系列食品安全事件使欧洲人对食品的安全谨小慎微，在不清楚转基因食品是否有害健康之前，他们不会贸然接受。欧盟委员会曾做过一份调查，发现70%的欧洲人不想吃转基因食品，94%的欧洲人希望享有购买是否含转基因物质产品的选择权。

（3）文化传统的不同。美欧两地由于历史和人文的原因，形成了不同的文化传统。美国人比较开放，更容易接受新鲜事物，消费者比较赞成并乐于接受新兴产品，所以目前对转基因产品的接受程度较高。欧洲人则比较传统，接受新事物要经历一个过程；而且欧盟的一些宗教组织认为转基因技术应用于食品有悖于他们的宗教信仰以及伦理道德标准；另外，欧洲是高密度人口居住地区，居民住宅和农场邻近野生动植物中心，人们密切关注人类对自然环境的影响，绿色社团组织影响很大，所以，欧洲人对转基因产品接受程度很低。

4.1.2 表象的背后——经济利益的冲突

从表面上看，从美国和欧盟在转基因产品贸易上的激烈争端可以看出，表面上看，双方争论的焦点是食品安全和环境保护，但这只是从科学研究的角度看问题，若置于国际贸易的大背景中，则是由双方经济利益的冲突引起的。因为转基因技术在农牧业、食品等领域的应用潜力十分巨大，它能明显地提高农业劳动生产率，从而使技术拥有方获得巨大的经济利益。随着技术的进步和市场门槛的降低，转基因产品不断显现其蕴藏着无限的商机和巨大的潜在利益。美国和欧盟由于双方在技术上存在的相对优势和相对劣势，他们从各自的经济利益出发，分别采取了自由贸易政策和保护贸易政策。

（1）美国处于比较优势，转基因产品贸易为其带来巨额利润。从美国方面而言，自20世纪90年代初大力推进转基因农业战略以来，美国在转基因技术的开发和应用领域始终处于国际领先地位。近几年，美国有50%以上的专利是有关生物工程的。美国Astra Zeneca、Dupont、Monsanton、Novartis和Aventis家公司已经垄断了全球种子市场大约23%的份额、转基因种子市场几乎100%的份额。美国转基因作物种植面积始终占世界首位，而且近年来呈不断扩大趋势。美国在转基因技术和生产上的领先地位使得其在转基因产品国际贸易上具有竞争优势。由于转基因技术极大地提高了劳动生产率，大大降低了产品的生产成本。据统计，仅在转基因技术应用后的第二年即1997年，美国农场主就从种植转基因玉米、大豆、棉花上分别节省了11 900万美元、10 900万美元、8 100万美元的成本。同时由于转基因产品价格低廉、质量较好，进入欧洲市场后能够排挤当地生产者的同类产品，从而取得巨大的利润。面对如此可观的经济利益，美国当然会毫不犹豫地推进转基因产品的自由贸易。

（2）欧盟处于比较劣势，转基因产品贸易无利可图，并影响到其非转基因产品的销售。长期以来，在农产品贸易领域，欧洲小庄园式农业与美国大农场式农业相比，先天存在规模经济劣势，导致欧盟对美国的农产品贸易一直存在着逆差。转基因技术出现以后，欧盟在技术上处于劣势而且商品化进展缓慢，直到1998年才出现了第一批商业性种植转基因作物的国家，2000年欧盟国家转基因作物商业性播种面积不足全球总播种面积的0.6%。当拥有更强竞争优势的美国转基因农产品进入欧盟市场时，欧盟的农产品根本无法抵挡。因此，为了维护其经济利益，保护当地生产者，欧盟采取了一系列限制转基因农产品进口的措施，特别是对在欧盟市场销售的转基因食品、种子、饲料及副产品实行标签管理。

欧盟认为，对转基因产品加贴标签有着重要意义，既便于消费者识别，让消费者在选购时真正享有知情权和选择权，又可以作为对转基因产品进行检测、监控和管理的有效手段。但实际上，欧盟如此坚决地提倡加贴标签，也是从其自身的经济利益来考虑的。欧盟要求加贴标签主要是利用消费者偏好的转移来保护当地生产者的利益，加贴标签会增加转基因产品的生产成本和销售成本，会增加进口申报程序要求，延长审批时间，这样转基因产品贸易的不确定因素（如价格风险、汇率风险等）会随之增加，导致部分进口商减少进口数量。

（3）美欧在转基因产品上的冲突可能是暂时的。事实上，欧盟虽然大力抵制转基因产品，但是对转基因作物的研究从未停止过，并且一直在加强。近10年来，欧盟国家农业转基因研究单位由0增加到480家，并继续呈上升趋势，申报有关项目由每年一项上升到1999年的434项。根据2003年7月2日欧洲议会通过的新的转基因产品条例，欧盟将简化和统一转基因产品的上市审批程序，有条件地允许转基因产品在其市场上销售，这是多年来欧盟对转基因产品的禁令首次有了松动。这表明，欧盟的贸易保护政策只是暂时的，是在当前经济利益驱使下进行的，一旦其转基因技术成熟，生产达到一定规模，就有可能像美国那样积极倡导转基因产品贸易自由化，大量出口转基因产品赚取丰厚利润。

4.2 评述

4.2.1 本案评价

事实上，本案结果如何判定已无悬念。在美国的压力下，2004年欧盟就已解除禁令，批准了一个转基因玉米品种上市。但美国并不撤诉，坚持要WTO给一个说法这一现象耐人寻味。长期以来，欧盟以转基因生物安全不确定性为理由，按照预防性原则对进口转基因农产品采取限制措施，而且随着全球范围内公众对转基因产品的日益关注，欧盟转基因产品政策有被效仿趋势，这对积极开拓海外市场的美国等转基因农产品出口大国无疑是一个沉重的打击，因此，美国等诸多WTO的真正目的不是获得经济赔偿，而是借世贸组织削弱欧盟转基因农产品政策的影响。

本案的最终裁决结果是美国胜诉，要求欧盟修改转基因法规的目的达成，也终止了可能由于欧盟转基因法规实施而引发世界范围内他国效仿的骨牌效应。欧盟败诉，使得欧盟对现行转基因法规作些适当的调整，但并未对转基因生物安全风险评估本身这一做法表示否定，实际上审批的主动权还是握在欧盟手中。从1999年6月保障措施实施至本案审理了结，共7年多时间，给了欧盟境内的转基因产业成长的机会，争取了追赶生物技术强国的时间。另外，本案并未附带经济赔偿。在本裁决结果出来之前，欧盟于2004年解除了对转基因产品暂停批准的禁令，所以这个裁决结果可以说是一个双赢的结果。

贸易与环境本身是一对矛盾，在转基因产品问题上愈显突出。本案未明确界定SPS协定有关条款与《卡塔赫生物安全议定书》及其预防性原则之间的关系，而是以美国不是《卡塔赫生物安全议定书》缔约方面回避了该问题。可以预见，如何平衡贸易与环境的关系，WTO等国际规则仍面临挑战。

4.2.2 美欧转基因产品争端对我国的启示

我国对转基因产品的研究和开发始于20世纪80年代后期，目前已经有了较大发展，转基因作物播种面积也仅次于美国、加拿大和阿根廷，居全球第四位。但是，我国迄今还没有一例转基因的大宗粮食、油料作物和转基因动物产品被批准商品化生产，在转基因产品的技术水平和推广程度上与美国、加拿大甚至欧盟等国家还存在很大差距。我国转基因产品占出口总量的比重很小，而近年来从转基因作物种植大国进口的大豆、玉米、油菜籽等主要作物及其初级加工品的数量持续上升，对国内市场造成了很大冲击。基于国情以及目前在国际上的贸易地位，我国对于转基因产品必须采取务实谨慎的态度。

首先，增加转基因技术方面研究与开发的投入，发展高科技农业。生物工程技术在农业上的应用十分广泛，能够提高农业生产力水平，并影响农产品贸易结构。世界农产品贸易正逐步向深加工制成品和高科技产品方向发展。我国农业应顺应这一发展趋势，政府应进一步加大对农业科技的研发的投入，加快科研成果向商业应用转化的步伐，提升农产品结构，增强农产品竞争力。尤其应当关注当今世界基因工程的发展，集中力量开发自己的转基因产品。我国的目标应以农业科技尤其是生物基因工程为支撑，建设科技资本密集型的生物农业及其加工体系，促进传统农业向现代农业的转化，提高我国农产品在国际市场上的竞争力。

其次，加强对有关农产品国际贸易规范和惯例的研究，利用多边国际贸易组织维护我国利益。转基因产品与国际贸易关系日益加深，现代生物技术重组农产品国际贸易格局已是大势所趋。从 2000 年 1 月在蒙特利尔召开的《联合国生物安全议定书》的谈判情况看，转基因产品很有可能成为下一轮 WTO 谈判的内容。在 WTO 框架下，与食品和农产品贸易有关的多边协议，主要是《实施动植物卫生检疫措施协议》（SPS）和《技术性贸易壁垒协议》（TBT）。但在转基因产品方面，目前还缺乏国际性的统一标准，各国为了应付迅速增长的转基因产品贸易，纷纷制订了自己单方面的标准。我国农产品要进入国际市场，就应积极探讨应对其他国家尤其是发达国家的转基因食品进口检验制度的方法，并在农产品生产、加工等环节中严格遵守。同时要研究、熟悉有关国际规范，考虑利用 WTO《技术性贸易壁垒协议》、《动植物检验检疫协议》等多边协议以及争端解决机制，采取必要的贸易保护措施来限制美国、加拿大等国家转基因产品倾销的可能。

最后，建立规范协调的转基因产品管理体系，保障产品安全。一方面，要加强宣传，尊重消费者知情权，培养公众对转基因产品及其安全性问题的客观公正意识，培育对转基因产品具有一定了解、认识和判断能力的消费者群体，使我国安全的转基因产品获得市场的有力支撑；另一方面，要完善转基因立法与执法，在现有《农业转基因生物安全管理条例》、《农业转基因生物安全评价管理办法》、《农业转基因生物进口安全管理办法》、《农业转基因生物标识管理办法》的基础上，将有关立法的原则进一步体现在接轨国际、符合国情、覆盖研发、生产、市场和消费各个方面。我国的转基因产品要获得发展，就必须有更加全面深入的监管，以严格的法律、卫生检疫手段来保障我国转基因产品国际贸易的安全性和可信性，取得良好的国际信誉。

【资料来源】

[1] 陈俊红，孙东升．美欧诉 WTO 转基因农产品争端案及对中国的政策启示 [J]．国际贸易，2008（1）．

[2] 付仲文，李宁．美欧转基因农产品争端诉 WTO 案例分析 [J]．世界农业，2008（3）．

[3] 江保国．WTO 转基因农产品贸易争端第一案述评 [J]．法商研究，2007（5）．

对香烟辅助香料的进口限制

1. 案件背景

1.1 香料之争

美国20%～26%的成年人和12%～19%的青少年是烟民，2007～2009年，美国每年消费香烟3 100亿～3 600亿支。绝大多数美国人抽两种烟，3/4的烟民喜欢无辅助香料的普通烟，1/4的烟民喜欢含有薄荷味道的烟。

据美国食品药品监管局调查，美国每年至少有40万人死于因吸烟引发的疾病，比较有效的控制办法是预防青少年染上吸烟习惯；17岁左右的青少年对含有辅助香料的香烟的喜爱程度比25岁左右的成年人高出2倍；这种香烟与无辅助香料的香烟对人体的危害程度是一样的。因此，美国国会认为，禁止这些辅助香料的使用，可以有效降低青少年烟民的数量，达到保护全民健康的目的。

印度尼西亚是世界上第三大烟草消费国。据《雅加达邮报》最新报道，印度尼西亚烟民占全国总人口的34%，有63%的男人抽烟；近15年来烟草消费量以每年26%的速度递增；2010年烟草业为印度尼西亚中央政府创税收66.1亿美元，占GDP的1%。与美国不同，印度尼西亚人非常喜欢添加了丁香味道的香烟，有93%的印度尼西亚产香烟都添加了丁香。

世界贸易组织于1994年4月15日在摩洛哥的马拉喀什市举行的关贸总协定乌拉圭回合部长会议决定成立更具全球性的世界贸易组织，以取代成立于1947年的关贸总协定。世界贸易组织是当代最重要的国际经济组织之一，目前拥有160个成员，成员方贸易总额达到全球的97%，有"经济联合国"之称。

1.2 曲折的禁烟之路

其实，美国对香烟消费的控制也经历了一个曲折的过程。在1950年以前，烟草制品的生产和销售在美国是不受控制的。1957年美国卫生总署宣布，吸烟是导致肺癌的主要原因。1964年，该卫生总署的咨询委员会进一步确认，吸烟大大提高了肺癌、肺气肿和冠状动脉心脏病的发病率，促使第一部禁烟法——《联邦香烟标签和广告法》出台，要求香烟包装上必须有"吸烟有害健康"的警示。

1990年，美国国会和食品药品管理局对香烟的危害，尤其是对青少年和儿童的危害进行了一次联合调查。这次调查唤醒了民众意识，许多人开始起诉烟草公司，称他们的疾病是烟草公司的香烟造成的。一些州开始要求烟草公司承担公众健康支出费用，进而引发诉讼。

1995年前后，几乎每个州都有针对烟草公司的此类诉讼。最后，美国最大的五个烟草公司开始妥协，分别与州政府达成"精明处理协议"（Master Settlement Agreement，MSA）和品牌推广；解散相关的香烟推广组织，同意在2025年之前，以年度分别支付的方式，总共提供2 060亿美元的公共健康费用；禁止针对年轻烟民的香烟广告。但是，这个协议并没有禁止各种香烟的生产销售，也没有对辅助香料的使用进行规范。

2000年前后，一些烟草公司，尤其是RJ Reynolds公司，开始在生产过程中添加香草、柠檬、香料、西瓜、脱脂糖甚至威士忌等辅助香料，以吸引烟民扩大销量。伊利诺伊州和纽约州认为，RJ Reynolds公司的做法不符合"精明处理协议"的基本精神，要求该公司与所有签订了"精明处理协议"的州签订《2006一致协议》，不再销售含有辅助香料的香烟。但是，这个协议没有禁止该公司在以后开发新的辅助香料。

在整个"禁烟"立法过程中，美国烟草企业和联邦食品药品管理局也经历了激烈的讨价还价。1996年，联邦食品药品管理局签署规章，要求香烟只能售给18岁以上的公民，并且只能在纯成年人的场合销售。1997年，在该规章开始实施时，美国烟草企业起诉，称国会没有授权联邦食品药品管理局进行立法。这一诉求得到了联邦最高法院的支持。规章被宣布无效。

作为对联邦最高法院判决的回应，美国国会之后专门授权联邦食品药品管理局拟订"安全和有效的"标准，采用"对保护公共健康合适的手段"，对含有辅助香料的香烟采取禁止措施（但含有薄荷味的香烟除外）。2004～2009年，美国参议院和众议院经过反复讨论，上述FSPTCA和FFDCA两条法令最终获得通过。

同时，这两部"禁烟"令还要求设立两个机构，"烟草产品中心"（Centre for Tobacco Products，CTP）和"烟草产品科技咨询委员会"（the Tobacco Products Scientific Advisory Committee，TPSAC），加大法令的执行力度。对于含有薄荷味的香烟，法令要求"烟草产品科技咨询委员会"在成立之后的3个月之内报告这种香烟对公共健康的危害。2011年3月，报告出炉，委员会倾向于建议取消薄荷料的添加，但言辞非常隐晦，可能是考虑到烟草行业抵制情绪及对立法的影响力。

2. 案情事实

2009年6月22日,美国总统奥巴马签署的《联邦食品、药品、化妆品法令》(the Federal Food, Drug and Cosmetic Act, FFDCA) 以及配套的《家庭禁烟和烟草控制计划》(the Family Smoking Prevention and Tobacco Control Act, FSPTCA) 规定:任何香烟及其原材料(烟丝、过滤嘴和包装纸)都不能含有天然的或人工合成的引诱烟民的添加剂或香料(辅助香料),包括草莓、葡萄、橙子、丁香、桂皮、菠萝、香草、椰子、甘草、可可粉、巧克力、樱桃、咖啡;但是,添加薄荷是允许的;美国食品药品监管局也有权对添加的薄荷和其他没有列明的香料采取必要的限制措施。同年9月22日,该法生效。

美国每年香烟进口数额较大,2007年价值162万美元,2008年148万美元,2009年75万美元。虽然含丁香味道的香烟只占每年美国市场的0.1%,但都来自印度尼西亚,对印度尼西亚来说是一笔很大的外汇收入。美国是印度尼西亚香烟的主要出口国之一。美国的立法实际上把印度尼西亚产香烟拒之于美国国门之外。

两国外交磋商未果后,印度尼西亚政府决定起诉美国。

3. 争议问题及判决结果

3.1 问题焦点:健康还是秩序?

"保护人类的生命健康是最重要的,没有任何利益比人类的生命健康权更重要。"这是各种WTO规则所确立的基本原则。WTO争端解决机构在以往的裁决中,也多次重申了这个原则。表面看来,美国通过禁止辅助香料的使用降低香烟供求量并无不当。

美国、印度尼西亚双方争辩的焦点集中在WTO《技术性贸易壁垒协定》第二条和第十二条。

印度尼西亚认为,美国"禁烟"法令违反了上述规则:第一,美国不允许进口香烟含辅助香料,但是却允许美国国内生产的香烟含薄荷香料,没有给予进口产品国民待遇;第二,美国的措施超过了必要的限度,对印度尼西亚的贸易利益造成了不必要的障碍;第三,美国没有就这些禁止措施的采用对出口国作出充分的解释,违反了《技术性贸易壁垒协定》第二条的程序性规定;第四,美国没有充分考虑发展中国家的实际困难,没有给予特殊待遇;第五,法令从公布到实施,只有3个月的时间,没有给予出口国充分的准备时间,违反了程序性义务。

美国反驳印度尼西亚的主张，认为虽然《技术性贸易壁垒协定》第二条要求给予进口产品国民待遇，但并没有禁止进口国从公共健康考虑，设立合理的技术性规则；成千上万的美国人抽含薄荷香味的香烟，但截至目前还没有证据表明这种香烟对公共健康有多大的危害，所以美国没有禁止薄荷在香烟生产中的使用；法令符合《关税与贸易总协定》第二十条关于保护公共健康例外的规定；对辅助香料的禁止是合理的，没有超过保护公共健康的必要限度；美国已经考虑了发展中国家的实际情况，并作了充分的解释；法令从公布到实施历时3个月，已经给予了出口国充分的准备时间。

3.2 判决

美国的"禁烟"措施违反了《技术性贸易壁垒协定》第二条，因为它允许薄荷的使用，却禁止其他辅助香料的使用，导致在实际上没有给予来自其他国家的香烟以国民待遇；没有及时履行通知义务和解释义务；"禁烟"法令从公布到实施只有3个月的时间，没有给予出口国充分的准备时间。同时，专家组认为印度尼西亚没有提供充分的证据证明其他诉求，不予支持。

4. 分析和评述

4.1 依据

世界卫生组织《烟草控制框架公约》

第九条 烟草制品成分管制

缔约方会议应与有关国际机构协商提出检测和测量烟草制品成分和燃烧释放物的指南以及对这些成分和释放物的管制指南。经有关国家当局批准，每一缔约方应对此类检测和测量以及此类管制采取和实行有效的立法、实施和行政或其他措施。

第十条 烟草制品披露的规定

每一缔约方应根据其国家法律采取和实行有效的立法、实施、行政或其他措施，要求烟草制品生产商和进口商向政府当局披露烟草制品成分和释放物的信息。每一缔约方应进一步采取和实行有效措施以公开披露烟草制品有毒成分和它们可能产生的释放物的信息。

2005年，世界卫生组织《烟草控制框架公约》(the Framework Convention on Tobacco Control, FCTC) 在世界卫生组织获得通过。这个公约是针对国际烟草贸易快速发展，投资快速增加，以及因抽烟引发的流行病越来越多而设，旨在降低国际烟草的供需数量，要求成员国报告国内烟草供需情况和对依赖烟草种植生存的地区的产业结构调整策略。中国、美国是这个公约的成员国，但印度尼西亚不是。

2010年11月20日，该公约成员国会议通过了专门工作组草拟的《关于执行公约第九条和第十条的指导意见》。不过，《意见》是指导性的，成员国没有必须遵守的法定义务。

《技术性贸易壁垒协定》第二条规定，进口国对来自某个国家的产品的技术性要求，不能高于对国内同类产品或从其他国家进口的同类产品的要求（国民待遇和最惠国待遇）；这些技术性要求不能超过必要的限度，以至于对贸易造成不必要的障碍；如果有国际规则，进口国应该优先考虑使用国际规则；如果进口国的技术性要求可能对其他成员国的利益造成重要影响，应对方的要求，进口国应该对采取措施的原因充分解释；进口国的技术性要求应该根据产品的性能设定，而不是产品的设计和外观；进口国应该及时公告技术性规则，并通知有利害关系的成员国；除紧急情况外，从技术性规则的公布到实施应该有一个合理的准备期间，对来自发展中国家的产品更应该给出口国足够的准备时间。

第十二条规定，发达国家在采取技术性规则时，应该充分考虑发展中国家的实际困难，给予特殊待遇，以免给发展中国家造成不必要的贸易障碍。

4.2 分析和评述：印度尼西亚无法阻挡美国"禁烟"

"吸烟有害健康"，这是人尽皆知的道理，世界各国都在努力减少烟民数量和香烟产量。2009年6月，美国通过新法令进一步限制香烟生产和进口。然而，2010年4月7日，印度尼西亚再次起诉美国，以《技术性贸易壁垒协定》为依据，声称美国应停止禁烟运动。2011年9月2日，WTO专家组作出裁定，在实体性问题上支持了印度尼西亚的主张，美国败诉。

根据争端解决规则，争端的双方都有对专家组裁决提出上诉的权利。然而，不管双方是否上诉，此案的裁决结果依旧无法阻挡美国"禁烟"的脚步，这是大势所趋，烟草类产品进入美国市场会越来越难。如果美国禁止薄荷在香烟生产中使用，并及时履行程序性的通知义务和解释义务，印度尼西亚不可能胜诉。美国这样做，薄荷的使用迟早会被禁止，程序性义务的履行也不可阻挡，无非是文来文往罢了。

在此次纷争中，秩序赢了，健康输了。

4.3 结论

其实印度尼西亚的烟草生产商也没有因此案的胜诉得到任何慰藉，相反，据《雅加达邮报》报道，印度尼西亚卫生部早在2011年5月就开始着手起草《烟草控制规则》（A Ministerial Regulation on Tobacco Control，RPP），准备禁止丁香在香烟生产中的使用。消息一出,印度尼西亚烟草业哗然。业主们认为将要遭受灭顶之灾。印度尼西亚政府决心已定,称每年有至少20万人死于吸烟导致的疾病,虽然印度尼西亚不是《烟草控制框架公约》的成员国,但有必要按照该公约的要求采取控烟措施;即使烟草业给GDP贡献率再大,也没有国民的生命健康更重要。

【资料来源】

［1］中国经济周刊.

［2］http：//news.sina.com.cn/w/sd/2011－09－14/144323154249.shtml.

阿根廷鞋类产品保障措施案

1. 案件背景

保障措施是指当不可预见的发展导致一产品的进口数量增加,以致对生产同类或直接竞争产品的国内产业造成严重损害或严重损害威胁时,进口成员方可以在非歧视原则的基础上对该产品的进口实施限制。该措施是成员政府在正常贸易条件下维护本国国内产业利益的一种重要手段,它与针对不公平贸易的措施不同。设置该措施的目的在于使成员所承担的国际义务具有一定灵活性,以便其在特殊情况出现时免除其在有关WTO协定中应当承担的义务,从而对已造成的严重损害进行补救或避免严重损害之威胁可能产生的后果。

2. 案情事实

1998年4月3日。欧共体针对阿根廷对进口鞋类实施的保障措施。要求与阿根廷进行磋商。1998年6月10日,欧共体向DSB提起端解决,要求成立专家小组。欧共体请求专家小组认定阿根廷违反了《保障措施协议》第2条第1款、第4条第2款(a)项、(L)项、(c)项,第6条,第12条第2款和GATT 1994第19条1款(a)项。经专家小组和上诉机构两次审理,阿根廷的保障措施被认定为与《保障措施协议》相关规定不符。

阿根廷于2000年2月11日通知DSB,称其正在研究执行DSB建议的方法。

2.1 有关事实

1997年2月14日,阿根廷国家外贸委员会(CNCE)发起保障措施调查并作出226/97号决议。对从非南锥体共同市场国家进口的鞋类产品采取临时保障措施。临时措施的形式为征收最低从量税。同时,阿根廷经济与公共事务部取消了自1993年12月31日以来一直征收的鞋类专项税。1997年2月21日,阿根廷按照《保障措施协议》第12条第1款(a)项将保障措施调查和采取暂行措施的情况通知了保障措施委员会。临时措施自 2 月 25 日起生效。3 月 5 日，阿根廷向该委员会提交了采取临时措施的决议副本。7 月 25 日，阿根廷将其国家外贸委员会已就严重损害问题作出结论的情况通知保障措施委员会。9 月 1 日又向该委员会表示将采取最终保障措施。9 月 12 日，阿根廷发布 987/97 号决议，决定自 1997 年 9 月 13 日起对某些进口鞋类产品实施最终保障措施，征收最低从量税（DIEMs）。这一措施自 1997 年 2 月 25 日起，有效期 3 年。并计划分别于 1998 年 5 月 1 日、1998 年 11 月 16 日和 1999 年 8 月 1 日放宽。但该决议第 9 条规定，如果实行保障措施后 1 年内鞋类进口比上年增加 30% 以上，阿根廷经济与公共事务部可以中止放宽计划，将保障措施延长半年。1997 年 9 月 26 日，阿根廷将决议副本提交给保障措施委员会和南锥体共同市场主席国乌拉圭。此后，阿根廷又发布了 1506/98 号、837/98 号决议，对 987/97 号决议作了多次修改，其中有一些是在欧共体提出申诉之后。

2.2 欧共体的诉请和阿根廷的反诉请

2.2.1 欧共体提出的诉请

（1）要求专家小组认定阿根廷违反了《保障措施协议》第 2 条第 1 款、第 4 条第 2 款（a）项、(L) 项、(c) 项，第 6 条，第 12 条第 2 款和 GATT 1994 第 19 条第 1 款（a）项。欧共体还特别指出，阿根廷发起的保障措施调查和其履行的程序义务违反除第 5 条第 1 款外的其他规定，对保障措施进行的修改违反第 5 条第 1 款。

（2）要求专家小组认定，阿根廷根据保障措施调查实施的所有措施与阿根廷应履行的 WTO 义务相背离。

（3）欧共体指出，阿根廷对进口鞋类产品的保障措施应予以撤销或进行修改。

2.2.2 阿根廷提出的反诉请

（1）要求专家小组充分考虑首次书面报告中提及的程序问题。阿根廷并不认为现已取消的对鞋类产品采取的最低从量税应列入专家小组的审议范围，因此要求专家小组不应考虑欧共体据此提出的任何请求；阿根廷要求专家小组不对 5/2/98 号决议作出任何裁定，并指出尽管这一决议包含了两次 DSB 会议中讨论的详细内容，但不属于欧共体与其进行磋商的内容，同时也不属于专家小组的职权范围之内。

（2）反对欧共体要求专家小组"认定"阿根廷未遵守第 2 条第 1 款、第 4 条第 2 款（a）项、(b) 项、(c) 项，第 6 条，第 12 条第 2 款和 GATT 1994 第 19 条第 1 款（a）项规定的请求。

（3）反对欧共体所谓阿根廷所作出的修改决定仅违反第 5 条第 1 款而与其他

条款无关的说法。

(4) 反对欧共体要求专家小组"建议"保障措施可以修改，但其本身应予以撤销的请求。

2.3 阿根廷与欧共体的争论焦点及专家小组的审议

2.3.1 专家小组的职权范围以及调查涉及措施的范围

(1) 是否对阿根廷最低从量税进行制裁。

(2) 关于阿根廷对最终保障措施的一系列修改决议。欧共体称，既然最终保障措施（987/97号决议）属于专家小组职权范围，而且512/98号、1506/98号和837/98号决议仍然以修改最终措施的形式生效，那么这些决议应该列入专家小组的职权范围。

阿根廷反驳说，这些关于最终保障措施自由化日程的修改决议不应该列入此专家小组的职权范围之中，因为欧共体在要求建立专家小组的请求中，仅仅提及了1997年2月14日作出的关于临时措施的226/97号决议和1997年9月12日作出的关于最终措施的987/97号决议。至于专家小组如何协调以下两个方面的质疑：一方面，512/98号和1506/98号决议是以987/97号决议为基础，并产生于987/97号决议的第9条；另一专家小组引用了欧共体香蕉案、日本胶卷案、澳大利亚娃鱼案、危地马拉水泥案中上诉机构的意见。欧共体香蕉案的上诉机构认为，只要在提出的申请中包含对争端涉及的措施的充分认定，就可以看作是满足了《谅解》第6条第2款的要求。虽然修改决议仅仅改变了决议的法律形式或最终保障措施的应用形式，但仍然是实施最终保障措施的基础之一的性质没有改变。日本胶卷案的专家小组认为，如果一项没有提及的措施与已提及的措施关系非常紧密，被申诉方可以通过明确提及的措施了解申诉方要求解决问题的范围，则未明确指出的措施也在审议范围之内。因此，专家小组指出：由于欧共体在请求中首先清楚地确定了临时措施和最终措施，而不是仅仅提及决议号和颁布地点，因此应该属于专家小组的审议范围之内。阿根廷随后作出的修改决议并不因为其是基于不同的保障措施调查而构成的新的保障措施，相反，这些修改决议都是以987/97号决议为基础的，仅仅是对在实质上仍旧生效的最终保障措施在法律形式上进行的一种修改。故此，修改决议也同样属于专家小组的审议范围。所以，最初的决议和后来的一系列修改决议都属于专家小组的职权范围。

2.3.2 关于GATT 1994第19条和"未能预见的发展"

欧共体依据GATT 1994第19条第1款（a）项提出单独请求，认为阿根廷在调查中没有审查鞋类产品进口的增加是否是由于"未能预见的发展"和"成员方履行GATT义务"（包括关税减让义务）造成的。从GATT 1994第19条的措辞看，关税减让和其他义务是与"未能预见的发展"并存的因素，贸易自由化本身不能算是"未能预见的发展"。由于阿根廷承担了南锥体共同市场和 WTO 规定的贸易自由化义务，1990 年其经济开放之后进口就大幅度增加，可见鞋类产品进口增加不是《GATT 1994》方面，这些决议并未列入专家小组的职权范围是因为这些决议都是新的措施，阿根廷解释道，512/98 号和 1506/98 号决议并不是两个新的措施，而是对 987/97 号决议所采取措施进行的可预见性的修改，不包含于仅仅涉及 987/97 号决议的职权范围之内。按照上诉机构对危地马拉与墨西哥之间关于水泥反倾销调查争端的最终决定，欧共体没有也不可能确定 512/98 号和 1506/98 号决议是争端所涉及的措施，因而要求专家小组不对此类决议和任何将来可能采取的措施或同类措施进行裁定。欧共体认为，阿根廷已经承认一系列决议是对 987/97 号决议第 9 条的应用，因而是最终保障措施的一部分，这些决议是对 987/97 号决议的修改而不是作为新的保障措施存在，因而包含于专家小组的审议程序之内。欧共体又指出，在墨西哥与危地马拉水泥案中，墨西哥未提及最终反倾销措施，而欧共体已经在申请成立专家小组时明确提及了最终保障措施，故两项争端并不具可比性，不能应用墨西哥与危地马拉水泥案的裁定。争端双方争论的焦点在于，没有在请求中明确提及的修改决议是否属于《谅解》第 6 条第 2 款中所称的必须明确"争议涉及的措施"。

专家小组首先分析是否有任何条款提到了《保障措施协议》和 GATT 1994 第 19 条之间的关系。专家小组认为，《保障措施协议》第 1 条并不是指如何应用 GATT 1994 第 19 条，而是指如何"适用"GATT 1994 第 19 条中所定义的保障措施。对协议第 11 条（"禁止和消除某些措施旬的第 1 款（a）项要求成员不应据第 19 条的规定对特定商品采取或寻求紧急措施，除非该措施符合 GATT 1994 的第 19 条及《保障措施协议》的规定。"）专家小组认为，《保障措施协议》选择"适用"一词，意味着自 WTO 成立以后，GATT 1994 第 19 条的规定与《保障措施协议》的规定应该联系起来理解，二者之间的关系是相互补充。如果要采取 GATT 1994 第 19 条规定的保障措施，其实施过程必须符合保障措施协议的规定。也就是说，GATT 1994 第 19 条与保障措施协议依法律上共同存在，实施保障措施既要应用《保障措施协议》的条款，也要符合 GATT 1994 第 19 条的规定。《保障措施协议》并没有替代 GATT 1994 第 19 条，GATT 1994 第 19 条继续作为 GATT 的一部分具有效力，但第 19 条所含的条件应根据乌拉圭回合达成的《保障措施协议》的规定来理解。《保障措施协议》的目的在于"阐明并强调 GATT，特别是第 19 条"的原则，是在 GATT 基本原则的基础上对 GATT 1994 第 19 条规定的权利义务的定义和修订，使之更具有操作性，而这一点具体体现在"未能预见的发展"之上。

专家小组指出，1951 年 GATT 处理的帽子皮革纠纷中曾经分析过 GATT 1947 第 19 条所指的"未能预见的发展"。在当时谈判签订《保障措施协议》时，如果各成员希望明确"未能预见的发展"的含义，那么完全可以在《保障措施协议》中作详细规定，而不可能将其完全删去。从保障措施协议的前言来看，谈判者要制定的协议包含保障措施实施的各个方面，他们是有意删去了"未能预见的发展"这一条件的。专家小组据此认为在 WTO 协定生效以后，保障措施调查和实施的保障措施只要符合了《保障措施协议》的规定，也就满足了 GATT 1994 第 19 条的要求。因此，专家小组认为没有必要分别讨论欧共体关于 GATT 1994 第 19 条的诉请和《保障措施协议》的诉请。

2.3.3 欧共体针对《保障措施协议》提出的诉请

就欧共体针对《保障措施协议》第 2 条、第 4 条、第 5 条、第 6 条和第 12 条提出的诉请，专家小组将逐一审议，对于第 2 条和第 4 条，专家小组将审议：(1) 是否第 2 条（包括第 2 条第 1 款的脚注）允许所作的调查包括南锥体共同市场国家的进口量，而不对其实施保障措施；(2) 调查所涉及的国内产业和产品的范围；(3) 专家小组所采取的适当的审议标准；(4) 是否进口数量绝对或相对地增加；(5) 对阿根廷损害分析的审议；(6) 对阿根廷因果分析的审议。

2.3.4 关于关税同盟实施保障措施

欧共体指出，阿根廷的保障措施调查（包括进口和损害情况）是以总进口数据为依据的，其中包括源自南锥体共同市场国家的进口，但最后仅对非南锥体共同市场国家采取了保障措施。欧共体在原则上并不反对仅对非南锥体共同市场国家采取保障措施。但是前提是阿根廷不能把南锥体共同市场国家的进口数值计入"进口增加"、"严重损害"和"因果关系"的分析中，欧共体认为阿根廷的这种做法不符合《保障措施协议》的第 2 条和第 4 条。

欧共体认为，保障措施只应当在特殊情况下作为紧急措施使用。在进口急剧增加的情况下，成员可以采取保障措施作为减轻进口增加的压力的方法，但如果进口呈现下降而非增加的趋势，采用保障措施则是完全不恰当的。欧共体认为，阿根廷错误地解释了《保障措施协议》第 2 条第 1 款有关"进口增加"的条件，阿根廷依据总进口量进行保障措施调查分析，但仅对非南锥体共同市场国家采取保障措施，违反了《保障措施协议》第 2 条第 1 款。《保障措施协议》同 GATT 1994 第 19 条第 1 款一样，列出了 WTO 成员采取保障措施前必须遵循的条件，按照欧共体的分析，对《保障措施协议》中并未详细界定的"进口增加"的条件，应当依据拟采取保障措施的范围大小的变化而变化。如果阿根廷知道将不对南锥体共同市场国家适用保障措施，那么这些国家的进口便不应该计算在内。

阿根廷认为，《保障措施协议》并没有特别要求在关税同盟的情况下，如果同盟的成员国被排除在保障措施之外，则保障措施调查必须按欧共体所主张的方法进行，如果 WTO 协议的规定存在一种以上的解释，只要成员在该规定范围内采取措施，则该措施就应被认为是符合该协议的。《保障措施协议》第 2 条第 1

款的脚注反映了乌拉圭回合在"关税同盟"问题上所达成的有限的一致,成员之间关于 GATT 1994 第 19 条和第 24 条的关系并未取得完全一致的意见。阿根廷认为《保障措施协议》在就例外和特别情况进行规定的,都非常明确,如在一定情况下将发展中成员排除在保障措施之外。发展中成员例外就允许在损害调查时将源自发展中成员的进口包括在内,而在最终采取措施时将发展中成员排除在外。因此,在《保障措施协议》没有明确规定的情况下,欧共体没有理由反对阿根廷采取类似的做法。

专家小组指出,关税同盟实施保障措施有两种选择:其一是作为单一整体;其二是代表某一成员。在后一种情况下,《保障措施协议》第 2 条第 1 款脚注的第 3 句话列出两个条件:①"确定严重损害或严重损害威胁的所有要求应以该成员领土中存在的条件为基础";②"保障措施限于该成员"。本争端显然是属于后者。根据本案实际情况。所有的调查应当依据"该成员方中存在的条件"。关税同盟可以仅以一成员的名义发起保障措施调查,其所保护的市场是调查所指向的目标市场,但这并未要求阿根廷排除其他南锥体共同市场国家向阿根廷的出口。《保障措施协议》第 2 条第 1 款的注解只明确了谁可以实行保障措施、而没有明确可以对谁实行保障措施。

阿根廷认为:第 2 条第 1 款的脚注应理解为对第 2 条第 2 款进行限制的说明、这两者之间的关系一个是一般条款,另一个是特例,因此关税同盟不应适用最惠国待遇的要求。然而,专家小组指出脚注是被插入第 2 条第 1 款中"成员"一词之后的,因此它仅清楚地指出谁能够发起保障措施调查、并没有指出保障措施可能影响到的供给成员。专家小组还注意到,在《保障措施协议》中,凡是有例外条款的,起草者都写得非常明确。因而第 2 条第 1 款没有对第 2 条第 2 款中的最惠国待遇要求提出限制。专家小组指出,如果关税同盟以独立单位实施保障措施,措施只能针对同盟外成员出口的产品,因为同盟成员被作为"国内";而如果代表某一成员实行保障措施。而且损害是由同盟区内和同盟区外产品的进口共同造成的,根据协议第 2 条第 2 款,没有理由只对区外进口产品而不对区内进口产品实行保障措施。

3. 争议问题及判决结果

3.1 争议问题

在专家组和上诉机构的审理过程中,对《保障措施协议》以及 GATT 1994 第 19 条之间的关系的解释成为焦点之一。按照 GATT 1994 第 19 条的规定,保障措施适用的最重要的条件为"因意外情况的发展或因一成员承担本协定义务而产生的影响",而在《保障措施协议》中则并无此种规定。专家组认为,《保障措施协议》确实包括并发展了实施第 19 条规定的保障措施的条件,第 19 条不能理解为代表了 WTO 成员的全部权利和义务,而是实施第 19 条纪律的保障措施协议法反映了 WTO 成员就保障措施的权利义务的最新说明。《保障措施协议》应该理解为界定、澄清并在某些情况下修订了成员对保障措施的一揽子权利义务。根据条约的有效解释原则,专家组认为协议中的"因意外情况的发展"是一种明示的省略。

针对这一问题,上诉机构认为 GATT 1994 第 19 条与《保障措施协议》均是附件 1A 中所包含的货物贸易多边协议,都是 WTO 协定不可分割的组成部分,都约束所有成员。而《保障措施协议》第 1 条和第 11.1 条（a）都没有表明乌拉圭回合的谈判者旨在以《保障措施协议》替代第 19 条从而使这些规定不再适用,事实上第 19 条建立了使用保障措施的某种前提条件。根据《维也纳条约法公约》的有关条约解释的规定,在对 GATT 1994 第 19 条和《保障措施协议》第 2 条第 1 款进行比较之后,本着条约的善意解释的原则,上诉机构认为,如果谈判者有意明示删除这一条款,必然会在《保障措施协议》中加以明确说明,但他们并没有这样做。因而,除非具体规定之间存在冲突,《保障措施协议》的规定与 GATT 1994 第 19 条的规定是累积适用的。

3.2 判决结果

专家组于 1999 年 6 月 25 日分发报告,认为阿根廷的调查和裁定,对鞋只适用的最终保障措施与保障措施协议第 2 条、第 4 条不一致。这使得 DSU 第 3 条第 8 款意义上的欧共体据该协议的利益丧失或受到损害。专家组建议 DSB 要求阿根廷将其措施与其保障措施协议下的义务相一致。

上诉机构维持了专家组的阿根廷的措施与保障措施协议第 2、4 条不符的裁定,但推翻了与保障措施协议与 GATT 1994 第 19 条关系以及只对非 MERCOSUR 的第三国来源的供应采取保障措施的正当性有关的裁定和结论。DSB 于 2000 年 1 月 12 日通过了上诉机构报告。

【资料来源】

[1] 屈广清. 反倾销法律问题研究——高等院校文科教材 [M]. 北京：法律出版社, 2009 (2): 64 - 72.

[2] 叶全良, 韦琦, 陈瑶. 国际商务与保障措施 [M]. 北京：人民出版社, 2005.

第六部分 国际税法

税收管辖权问题

1. 案件背景

原告库克是一名美国公民，后移居并一直居住在墨西哥，取得了墨西哥永久居民身份，并从处于墨西哥的财产中获得收入。美国国内收入署马里兰地区收税官泰特依美国收入法规，责令库克将其收入转回国内向美国政府缴纳所得税为1 193.38美元。库克依从了这一指令，但提出抗议，声明产生该项收入的财产位于墨西哥城，并于支付部分税金后即提出诉讼。库克认为，只有当获得收入的个人及产生收入的财产位于美国的行政区域内时，美国税收当局才有权行使税收管辖权，美国无权对一个长住墨西哥城并有住所的美国籍人位于墨西哥城的个人财产和不动产的所得征税，因为财产位于美国领土之外，位于征税权范围之外。但联邦法院没有支持库克的观点。法院认为，征税权的存在不在于当事人的财产是否处于美国境内，或者当事人是否为他国永久性居民，征税权是以政府保护公民及无论位于何处的本国公民财产的本质特征决定的，因此，美国对于美国公民，无论其人身、财产处于哪个国家，都拥有税收管辖的权利。

2. 争议问题和结论

2.1 税收管辖权的概念

税收是国家取得财政收入的一项重要手段，税收的产生正是因为国家享有税收管辖权。税收管辖权是指一国政府享有的征税权，是一国政府自主决定对一定范围内的人或对象进行征税的权力。税收管辖权的内容包括了五方面内容：①征税主权即由谁征税。具体而言是由国家行使征税权，由国家的税务部门行使税收的管辖权，确定纳税主体即对谁征税。负有纳税义务的主体范围由一国政府自行规定；征多少税，包括税基、税率、税种的确定。②征税程序即如何征纳，涉及征税的时间、期限、方式以及地点等。只有主权国家才能作为征税主权，依据税收管辖权，一国政府有权自行决定对哪些人征税，征哪些税以及征多少税，通过征税国家对社会财富进行再次分配，并作为国家履行社会管理和提供社会公共产品及服务的成本支出。税收管辖权是国家主权在税收领域中的体现，是国家主权的重要组成部分，一国政府行使税收管辖权的依据，就在于国家的主权。根据国际法，主权国家是国际法的基本主体，主体国家享有的国家基本权利包括独立权、平等权、自卫权和管辖权。管辖权是国家权利的一种体现，管辖权的一般含义是指在国际社会中，主权国家对其领域内的一切人（除享受豁免权者）和事物以及一切居住在国外的本国人行使管辖的权力。税收管辖权是国家管辖权的一项重要组成部分。按照国际法的基本准则，任何一个主权国家都有权在不受任何外来干涉的情况下自由地行使管辖权，正是由于国家的税收管辖权来源于国家主权，因而它是一种完全独立自主的不受外来干预的权力。一国政府可以在完全独立自主不受外来干预的条件下，依据本国的政治经济状况来制定税收政策、确立税制和规定纳税人与征税对象等，这一税收管辖权独立自主的原则，已为世界各国所普遍承认和遵守。

税收管辖权与税收是同时产生的，但在国际经济交往不发达且国际税收形成之前，税收的范围仅限于一国国内范围，税收管辖权的行使局限于一国领土范围内的人和物，针对中央、地方征收税种的不同进行细化，并没在国际上引起广泛注意。随着国际交往合作的发展，纳税人的所得与财产不再局限于同一国家，出现了两个或两个以上的国家对同一征税对象课税、不同国家税收管辖权发生交叉的现象，导致国际重复征税等国际税收问题产生，税收管辖权问题在国际上才显得日益突出和复杂。

2.2 税收管辖权的限制

虽然从一国的角度来看，税收管辖权是一种不受任何约束和限制的权力。但是应该看到，国际社会是由众多大小不同但主权平等的国家所构成的，并且各国的税收管辖权都是平等的，这一客观事实本身就决定了税收管辖权独立自主的原则，但并不意味着一国政府可以随意地扩大其税收管辖权的范围。一国政府在行使税收管辖权时，也不可能绝对地不受任何限制和约束。

国家主权平等是近代国际法的基础，也是当代国际关系与国际法中最重要和最基本的原则。国家主权平等原则是指在国际交往中国家不分强弱大小，无论经济、政治、社会状况如何，一律平等，都是国际社会中的平等主体，均有平等权利与责任。各国都充分享有国家主权的固有权力，各国的法律人格、领土完整和政治独立必须得到充分的尊重，任何国家不能对他国提出强权要求，也不能为了满足自己的要求干涉他国内政，损害对方的利益。同时，根据国际法，各国都应当诚实履行自己的国际责任和义务。国家主权平等原则已得到《联合国宪章》、

1965年《关于各国内政不容干涉及其独立与主权之保护宣言》、1970年《国际法原则宣言》等现代国际法律文件的确认，无论是联合国或是其他区域性国际组织，在它们通过的有关国家间关系的基本原则的文件中，均列有国家主权平等原则，甚至将它列为各项原则之首。税收管辖权源于国家主权，理应适用国际公法的相应原则，各国税收管辖权一律平等，一国应当尊重其他国家的税收管辖权，并不得随意进行干涉。当两国之间没有进行相应的特殊约定时，一国税务机关不得在另一国境内进行税收行政行为，比如向另一国境内的纳税人送达纳税通知书，为征税在另一国收集税务情报，以及要求另一国的居民或者公司申报纳税材料。如果存在上述行为都将构成对另一国主权的侵犯。

税收管辖权的行使除了要尊重他国主权，遵守税收管辖权平等的原则外，还要受到外交税收豁免这一国际习惯的限制。1961年4月订立的《维也纳外交关系公约》与1963年的《维也纳领事关系公约》，对适用于外国代表机构和使领馆人员的外交税收豁免原则和范围做出了规定，上述两个公约分别于1975年12月和1979年8月在中国生效，中国在个人所得税法及有关税收法规中对外交税收豁免也做出了相应规定。而在外交实践中，为便于外国及国际组织代表更好地执行公务，表示对外交代表所代表的国家及国际组织的尊重，外交税收豁免已成为被国际上普遍接受的外交惯例，而无论有关国家是否参加了上述条约都应当遵守这一惯例。这样各国行使税收管辖权时无疑都要受到外交税收豁免的限制，一国税收机关不得向享有税收豁免权的外交代表机构和使领馆人员及国际组织代表行使税收管辖权，如果某国强行剥夺相关机构人员的外交税收豁免权，拒绝给予外交税收豁免待遇，在国际法上将被视为一种违法行为，会受到国际社会的谴责与制裁。

税收管辖权作为国家管辖权在税收领域的体现，不能超越国家管辖权所能达到的范围，必须遵循国家管辖权所确定的范围。在国际法中，行使管辖权必然遵循一定的原则，这些原则包括：首先是领土原则（或称领域原则）。这个原则是各类法系的国家行使管辖权的最基本原则。国家对在其所属领土（领域）内的人、物或发生的事件，有权按照本国的法律和政策实行管辖。这是由属地最高权原则引申出来的管辖权，所以也可称作属地原则。其次是国籍原则。国家有权对一切具有本国国籍的人实行管辖，而不问其居住在国内或国外。这是由属人最高权原则引申出来的管辖权，所以也可以称作属人原则：第二次世界大战以后，人的跨国活动增加了，所以逐渐以当事人的住所或习惯居所取代当事人的国籍来作为行使管辖权的联系因素。这个新发展起来的原则，人们称为永久住所或营业地原则。再次是保护性原则，或称安全性原则。这个原则主要适用在刑事管辖权上。它是指在外国犯有危害这个国家的主权和安全罪行的外国人，当其进入该国时，有权实行管辖。最后是普遍性原则，或称作世界性原则。根据国际法规定，对于某些特定的国际罪行，由于普遍地危害国际和平与安全以及全人类的利益，如战争罪犯、海盗、贩毒犯、空中劫持者，不论犯罪行为发生于何时和罪犯是何国籍，各国均有权对其罪行实行管辖。

在上述原则中，领土原则和国籍原则是主要原则，保护性原则和普遍性原则是辅助性原则。各国在实践中根据各自的不同情况，运用上述不同原则，从而形成不同领域中的特定管辖权，但领土管辖与国籍管辖较另外两类管辖适用更为广泛。作为国家管辖权在税收领域内体现的税收管辖权，各国在行使税收管辖权时主要遵守的是属人或者属地管辖权。国家必须依靠征税对象和纳税人与征税国之间的某种联系进行征税，在属地与属人管辖权下，国家依据纳税人与征税国之间存在的某种属人性质的联系、课税对象与征税国之间存在的某种属地性质的联系主张税收管辖权。

2.3 国籍税收管辖权

国籍税收管辖权，也称公民税收管辖权，是按属人原则确立的一种税收管辖权。国籍税收管辖权是指征税国根据纳税人与征税国之间存在的国籍关系主张行使适于征税的管辖权。此种税收管辖权强调按纳税人的公民身份，以纳税主体与国与国之间的国籍法律关系作为行使税收管辖权的依据，并不考虑纳税人与国家之间是否存在经济利益联系。依据国籍税收管辖权，具有该国国籍的人即应就其来自国内国外的全部所得与财产向其所属国籍的国家承担无限纳税义务。

国籍是指个人具有的属于某个国家公民或国民的法律身份，是一个人与某个国家固定的法律关系。国籍税收管辖权的行使及判定也可分为自然人与法人两方面内容，以下将对自然人与法人国籍税收管辖权进行介绍。

自然人的公民身份确认一个国家在行使公民管辖权时，首先应确定纳税人是否具有本国公民身份。根据各国的国籍立法和实践，自然人国籍的取得方式主要有以下几种：一种方式为因出生而取得国籍，国际上又有出生地制和血统制两种原则。采取出生地制的国家，不问父母的国籍，孩子出生在本国即取得本国国籍。采用血统原则的国家，则不管孩子出生地在哪里，孩子的国籍必须随父母双方或一方的国籍；另一种方式为通过申请加入取得一国国籍，申请加入国籍也称入籍和继有国籍，是指外国人或无国籍的人，按照某一国家法律规定，提出申请，经批准后取得该国国籍。继有国籍的取得方式很多，如因近亲属关系取得、因婚姻关系取得、因经济关系取得、因收养关系取得、因交换领土取得等。多数国家根据本国传统及社会经济现状同时实行上述几种国籍取得方式。世界各国国内法在国籍方面规定上存在的差异，常导致一个自然人拥有双重或多重国籍的情况发生。这些双重国籍的跨国自然人同时成为两个国家的公民，所属国国籍均可依据公民管辖权要求其履行纳税义务。据有双重国籍的自然人向每个所属国籍的国家纳税。这样就会产生公民管辖权的冲突：对此国际上大多国家都主张坚持"一人一籍"的国籍原则，即在一国公民合法取得别国国籍。原国籍国应将其国籍取消或使之丧失，并且对于保留别国国籍的自然人不给予本国国籍；对于转入别国国籍的自然人，自转入别国国籍之日即成为别国公民。原国籍国应终止对其行使公民管辖权。由转入国作为对其行使公民管辖权；对因恢复国籍等原因而从别国转入的自然人，也应从转入原有国籍国之日起，作为这个国家的公民个人，由原属国籍国恢复对其行使公民管辖权，其转出国应同时终止对其行使公民管辖权；公民税收管辖权单纯以自然人与国籍国之间的存在国籍法律关系作为行使税收管辖权的依据，而不考虑其与国籍国之间是否存在实际的经济关系。

3. 案件分析

正如库克诉泰特案所反映的，目前只有美国、墨西哥、荷兰以及保加利亚等少数国家还主张对自然人依据国籍身份行使征税权。依据公民与国家之间的国籍从属关系行使公民税收管辖权，主张对公民境内外的全部所得与财产征收税负，虽然在法律上有充分的依据，而且判定标准也简单明了，但是随着世界经济的全球化，以及跨国公司的迅速发展扩大，人员的国际流动日益普遍和频繁，一国单纯依据是否具有本国国籍为依据向公民主张无限征税，在该国公民长期居住国外并且主要财产收入也从国外取得的情况下，不仅与现实脱节并且缺乏经济上的合理性，在实施上也存在一定困难，而且极易与他国税收管辖权发生摩擦和冲突。因此，越来越多的国家已经以居民管辖权代替了国籍管辖权。

【资料来源】
张瑞萍，高国柱. 国际经济法教程［M］. 对外经贸大学出版社，2008.

转让定价税务争端案

1. 案例背景

2006年9月11日,美国国内收入局(IRS公司)宣布成功解决了与美国制药界巨头葛兰素史克公司(GSK公司)的转让定价税务争端。GSK公司向IRS公司支付34亿美元的税金,还放弃18亿美元的应得退税款。作为回应,IRS公司撤销了对该公司的逃税指控。这是迄今为止美国历史上最大的一次转让定价调整案例。

2. 案情介绍

葛兰素公司(Glaxo)是全球最大的制药企业之一,总部位于英国,业务中心在美国。从功能上分析,英国母公司Glaxo UK承担了研发职能,拥有Glaxo公司的传统医药产品的商标及专利权。20世纪70年代,Glaxo公司在美国成立子公司Glaxo US,主要负责装药、成品工作以及在美国市场上营销、分销传统医药产品的功能。Glaxo US从Glaxo UK处得到许可证,并向Glaxo UK支付特许权使用费。一开始,为了使Glaxo US盈利,特许权使用费率较低,为美国销售额的10%,1987年才根据独立交易原则提高了特许权使用费率。美国的子公司做了一些和产品有关的临床试验,费用都从英国母公司处得到了补偿。所有的营销方案及计划都是由英国母公司制定并且在其他市场使用过,然后才引入美国市场的。1989年,当溃疡药善胃得(Zantac)被引入美国时,便在美国药品市场运作得很成功。由于疗效显著,Zantac在引入美国市场两年后取代了Tagamet成为溃疡首选药。由于Zantac市场占有率的提高,Glaxo US支付的特许权使用费也提高了。

1994年,Glaxo US向美国联邦税务署(Internal Revenue Service,IRS)提出预约定价(APA)申请,但未获得批准。1999年12月,英、美两国税务当局应纳税人方面的要求启动了税收协定规定的相互协商程序,但由于双方主管当局对争议问题无法达成一致意见，且该案争议税额高达 50 亿美元，涉及两国的税收利益巨大，2004 年 1 月，英、美双方税务当局谈判破裂。IRS 认为 Glaxo US 与其英国母公司 Glaxo UK 之间存在转让定价问题，把大部分利润转移到了英国，因此，向 Glaxo US 发出了欠税追缴通知单。2004 年 4 月，Glaxo US 向法院提起第一次诉讼，2005 年 4 月又提起第二次诉讼。

3. 争论焦点

3.1　Glaxo US 是分销商还是全资子公司

Glaxo US 认为，Glaxo UK 研究开发了传统医药产品，且拥有这些产品的商标和专利权，所有的技术、营销平台和策略都是母公司开发并拥有的，因此，Glaxo US 是所有无形资产法律意义上的所有人；Glaxo US 的功能仅为营销、分销；Glaxo US 使用这些无形资产并获益，因此，需要向 Glaxo UK 支付特许权使用费；在确定 Glaxo US 的利润时，可以用再销售价格法。

IRS 认为，Glaxo US 是一个全资子公司，不仅承担营销、分销功能，还承担一定的研发和制造功能；Glaxo UK 的功能则类似于合约制造商，不应该拿到大部分的利润，而只能用成本加成法。

3.2　Glaxo US 是研发型无形资产还是营销型无形资产

Glaxo US 认为，自己在美国市场上获得的成功和丰厚利润是 Glaxo UK 的研发型无形资产带来的。Glaxo UK 一直以研发为理念，是全球制造业的巨头之一，其研发的传统医药产品疗效显著、声名显赫，在世界各国市场上都占据了重要地位。美国市场与其他国家市场没有什区别，利润大部分也是研发型无形资产带来的，因此，大部分利润都应归 Glaxo UK 所有。IRS 用剩余利润分割法把大部分利润划给美国子公司是不合理的。

IRS 认为，Glaxo US 的营销型无形资产起了主要作用，如果没有 Glaxo US 在美国市场上所做的大量的广告、宣传、推销、促销等活动，Glaxo 公司的传统医药产量不可能在美国市场上这么受欢迎，也就不可能有如此丰厚的利润。因此，利润的大部分应归 Glaxo US 所有，Glaxo UK 拥有无形资产所有权，超额利润不应归 Glaxo UK 所有。

3.3　Glaxo US 是法律意义的所有权还是经济意义上的所有权（无形资产）

Glaxo US 认为，Glaxo UK 是所有无形资产的法律所有权人，因此，无形资产带来的收益都应归其所有。

IRS 认为，判断收益的归属应该看其经济实质，强调了市场营销活动对提高无形资产价值的贡献。IRS 经过调查认为，Glaxo US 自 1989 年以来进行的市场销活动价值很高，市场营销型无形资产和商标的高价值是市场营销活动的结果。Glaxo US 是这些无形资产的经济所有权人，因此，超额利润应归其所有。IRS 运用剩余价值分割法，根据 Glaxo US 销售额 Glaxo US 的市场营销活动、Glaxo UK 拥有的专利权等因素，将实现的利润大部分配给了 Glaxo US。

4. 案件分析

该案是迄今为止美国历史上最大的一次纳税调整案例，曾引起国际税法学界和各国税务当局的广泛关注。对该案的看法，国内有两种有代表性的观点。

一种观点以国家税务总局贺连堂等人为代表，他们站在税务机关反避税的角度，认为该案表明营销性无形资产在创造利润过程中的作用得到了外国税务机关的强调。许多外资企业在中国的经营方式，与 Glaxo 集团在美国的经营方式一致，因此中国税务机关未来在进行反避税行动中，通过参照 Glaxo 一案，可以主张更高的转让定价调整数额。

另一种观点以厦门大学廖益新教授为代表，廖教授站在学术研究中立的立场，认为英美两国税务当局互不妥协的结果，只能是牺牲纳税人的利益，导致了对 Glaxo 公司的国际重复征税。如果任由有关国家税收领域彼此竞争从严的倾向持续蔓延和发展，将破坏原先建立在经济合作与发展组织（OECD）《跨国公司与税务当局转让定价准则》（以下简称《准则》）基础上的国际共识与和谐，对国际贸易和投资的发展造成消极影响。

下面就该案涉及的三个重要问题进行分析。

4.1 营销性无形资产的范围应如何界定

作为纳税人的 Glaxo US 认为，本案中有关药品涉及的专利和商标的所有权都属于 Glaxo UK 所有，Glaxo US 仅仅是母公司在美国的当地经销商，根据 Glaxo UK 的营销策略行事并按照许可销售协议的约定向后者支付有关专利和商标的特许权使用费，Glaxo US 从事的这些营销和市场推介活动本身并不构成某种无形资产。而美国 IRS 认为，本案中 Glaxo US 在美国市场从事的营销推介活动，已经超出了一般的药品经销代理服务范围，这些营销活动本身已经创造出某种关于 Zantac 商标药品在美国本地市场的营销性无形资产，从而大大增加了 Zantac 商标的价值。

目前许多国家的转让定价税制中并没有对无形资产概念范围做出精确的界

定，而营销性无形资产相对而言更是一个外延模糊的概念。OECD 在 1995 年发布了《跨国公司与税务当局转让定价准则》（以下简称《准则》），2010 年对其进行了修订。无形资产区分为贸易性无形资产（trade intangibles）和营销性无形资产（marketing intangibles）两类：贸易性无形资产是指除营销性无形资产以外的商业性无形资产，如专利和专有技术等，这类资产通常是通过风险大花费高的研发活动创造出来的；而营销性无形资产，则包括有助于商品或劳务商业利用的商标、商号、顾客名单、销售渠道和对相关产品具有重要促销作用的独特名称、符号或图画。但需要特别指出的是，《准则》并没有就这两类无形资产的外延范围做出明确界定。《准则》中虽然提及："营销性无形资产的价值取决于许多因素，包括以往用于某一商号或商标销售的产品或劳务的质量所形成的该商号或商标的信誉和可靠性、质量控制的程度、正在进行的研究和开发、营销的产品或劳务的分销和可利用性、为使潜在客户熟悉产品或劳务而发生的促销开支的范围及其成功度（特别是为了形成与经销商、代理商或者其他协助机构的支撑关系网所支出的广告和营销费用）、营销性无形资产所提供进入的市场的价值以及法律所规定的无形资产权利的性质。"但《准则》同时又指出："在确定是否以及何时存在贸易性无形资产或营销性无形资产时应当谨慎小心……并非所有的营销活动均能创造出营销性无形资产。衡量特定费用对某种营业资产的形成所起的作用，以及该营业资产在某一特定年度的经济影响是很困难的。"实际上，很难有一种可以在大多数案件中一致适用的界限标准。美国 IRS 在 Glaxo 案件中采用的"超常规"或"非常规营销费用支出"标准，仍然是一个抽象含糊的认定标准，并不能为跨国企业在今后类似的交易定价中提供明确的指导和预期性。

4.2 营销性无形资产的所有权归属应如何认定

在各国法律上，根据有关知识产权法律的规定或交易合同的约定，获得某项无形资产权利的人，通常会被认定为该项无形资产的所有权人。然而，由于关联企业间存在的共同利益关系和无形资产的转让定价交易情况的复杂多样性，单纯依据相关法律规定或合同条款确认无形资产所有权的归属，可能容易被关联企业利用来进行避税筹划安排。例如，关联企业间可以通过有意指定或合同安排的方式，将无形资产的所有权转移给位于避税港或低税国的某个关联方，并由后者向实际开发和使用该无形资产的其他关联方收取特许权使用费，从而达到转移利润避税的目的。因此，一些发达国家在转让定价税制方面，在承认无形资产的法律意义上的所有权人的同时，用"经济所有权人"和"实际控制人"等类似概念标准来认定有关交易中涉及的无形资产的所有权归属，以防止关联企业间无形资产所有权的归属安排纯粹形式化。但是，这些不同的概念标准彼此之间的关系如何，如何适当地适用这些概念标准，在有关国家规制转让定价的实践中常常是一个混沌不清的问题。

美国税务当局早自20世纪80年代起，就一直忧虑其境内的关联实体将耗资巨大研发的无形资产以低价转移给位于低税国的关联方，并在1994年转让定价税制改革时就确立了相应的无形资产所有权人判断规则。根据这些规则，无形资产所有权人的认定，以法律所有权为起点，但按照有关法律规定或合同条款确定的无形资产所有权，必须与基础交易的经济实质相符。如果关联各方就合同条款包括合同产生的风险如何分配达成的协议与基础交易的经济实质一致，则这样的合约规定将得到税务当局的承认，如果合同法律文件的规定与基础交易的经济实质不一致，或者关联交易各方并未就交易签订书面协议的情形下，税务机关有权推定与基础交易的经济实质相符的合同条件。在无法根据法律规定或合同条款确定无形资产的所有权时，无形资产的开发人将被认定为所有权人，其他参与开发活动的关联方，将被认定为开发协助人。

在Glaxo案中，美国IRS实际上就是采用了上述经济实质检测标准，基于美国子公司为Zantac商标药品在美国市场上销售投入了大量的营销费用的客观经济事实，认定它是有关Zantac商标药品在美国市场上形成的营销性无形资产的开发人（即经济所有权人），并在此基础上否定它与母公司之间达成的许可销售协议规定的按年度销售额的一定比例向母公司支付商标特许权使用费的条款的有效性，同时推定它们之间存在着一项关于美国商标和其他营销性无形资产的免除特许权使用费的许可协议。

虽然OECD在阐述无形资产和关联企业间涉及无形资产开发利用的成本分摊协议，但是该案有自身特点。首先，就该案中美国子公司与英国母公司之间的关联交易安排而言，似不宜认为是出于避税或减少税收的目的动机。因为关联交易双方所在的国家英国和美国，均为所得税税率水平较高的国家。利润从美国子公司转移到英国母公司并不会减少关联企业集团的整体税负，只会减少美国的税收利益份额而相应增加英国的税收利益份额。

其次，该案中关联交易的经济实质与交易的形式并无不合，交易的实质内容和交易的合同形式均是涉及专利和商标无形资产的产品的许可销售，美国IRS在该案中也没有主张对关联交易应重新定性。

最后，该案中关联企业间的交易安排结构似不存在妨碍IRS确定适当的转让价格的因素和情形，IRS完全是根据关联交易安排实施后发生的事实情况，质疑和否定关联企业双方事先达成的交易合同条件（主要是其中约定的特许权使用费支付条款）的公平合理性。

因此，美国IRS在Glaxo案中采取的推定合同条款做法，认为本案中关联企业进行的交易的经济实质，确证了它们彼此间存在着一项关于美国商标以及其他营销性无形资产的免支付特许权使用费的许可交易。

4.3 营销性无形资产的价值回报应如何确定

在 Glaxo 案件中，纳税人与美国 IRS 双方对关联交易各方各自履行的功能和从事的活动的事实认定并没有太大的分歧，争议症结主要在于双方对美国和英国母公司分别从事的活动和履行的功能。

OECD 指出，对上述情形下关联经销方是否有权分享可归属于营销性无形资产的额外收益问题，需要结合交易当事方之间的合同所规定的权利来进行判定。在通常情形下，如果关联经销商仅是作为一般的经销代理人，而由营销性无形资产所有人对其支出的营销费用予以补偿，这类情形下，经营所有权只应得到与其代理活动相应的补偿而无权分享可归属于营销性无形资产的收益。在经销商实际承担了营销活动费用（即无形资产所有人并未予补偿）的情形下，非营销性无形资产法律上所有人的经销商在多大程度上能够分享营销性资产所可能产生的收益，主要取决于该经销商的权利实质。如果经销商获得了商品独家经销权的长期合同权利，它可从销售额和市场份额中得到它用以提高价值的投资的收益。在此情况下，经销商取得收益的份额应以独立企业在可比性下可能取得的收益加以确定。

值得注意的是，美国税务当局在总结 Glaxo 案件经验的基础上，于 2007 年对《转让定价条例》进行了相应的修订补充。《转让定价条例》规定，如果关联交易当事方之间的合同未就经销方的增值性营销活动做出约定，税务机关有程据易的经济实质和受控交易方的行为方式，确定经销方的营销活动中无形资产价值贡献应获得的正常交易回报，并明确授权税务机关可以根据基础交易的经济实质，推定关联交易当事方之间存在能够使做出贡献的经销方获得回的协议或协议条款。例如，税务机关可以选择推定交易当事方之间存在就经营的增值性营销活动提供或有付款的单独服务协议；或者推定交易当事方之间存在着经销方拥有在美国市场排他性的使用该商标权利的长期协议，从而经销方能够从它履行的增值性营销活动中受益；或者推定交易当事方之间存在经销方在美国拥有长期排他性受益商标的协议，商标所有人在终止此项协议时应对经销方支付补偿。

与 OECD《准则》中的相关规定相比，在 Glaxo 案件后美国转让定价税制的修订在审查国际关联企业间涉及营销性无形资产转让定价是否符合正常交易原则问题上，赋予了税务机关更大的事后审查和重新调整的权力。

在 Glaxo 案件中，纳税人采用了再销售价格法，按照这种方法下，Zantac 商标药品在美国市场销售实现的利润总额中的约 70% 将分配给 Glaxo UK，30% 归属于 Glaxo US。然而，美国 IRS 认为 Glaxo US 不应扣除其就商标和其他营销性无形资产支付给英国母公司的特许权使用费，为了确定 Glaxo US 的正常交易回报，IRS 适用了利润分割法，并就美国子公司和英国母公司及其关联企业的各自贡献进行评估。按照 IRS 适用利润分劈法的结果，80% 的利润应分配给美国子公司，仅有20%的利润归属于英国母公司。而在争议各方最终达成的和解协议中，60%的交易利润划分给美国子公司，40%的利润分配给英国母公司。争议各方所主张的利润分配比例以及最终和解的结果存在的巨大差异，从某个侧面反映了目前关于营销性无形资产的价值评估缺乏明确一致的原则和标准。

Glaxo 案件给我们以下启示：

葛兰素史克案件是美国历史上最大的一次转让定价调整案例，调整税额达34亿美元，时间跨度长达16年。IRS 表示，这个案例表明了转让定价问题是美国企业税务管理中最大的问题之一，今后 IRS 要以转让定价为其工作重点。美国的反避税工作较为成熟和完善。相对美国而言，我国的反避税工作起步较晚，因此，转让定价问题也是我国税务管理中的最大问题之一，它不仅操作复杂，而且涉及国与国之间税收利益的分配问题。自2004年以来，我国反避税工作逐渐走上正轨，并取得了一定的成绩，但与在反避税方面比较先进的国家相比，我们还有一定的差距。葛兰素史克案件在各方面对我国反避税工作都有很大的借鉴意义。

（1）我国的外商投资企业多为加工类型，我们原先关注的更多是有形资产的转让定价，对无形资产的转让定价重视不够，很少对无形资产转让定价进行调查。葛兰素史克案件使我们对无形资产转让定价有了新的认识。

（2）葛兰素史克案件中 IRS 强调了营销型无形资产在创造利润中的重要作用。我国很多外商投资企业与 GSK 的情况类似，将来开展反避税工作时可以参考葛兰素史克案件作出更大的转让定价调整。

（3）IRS 对葛兰素史克案件运用了剩余利润分割法，而我国应用的一般是成本加成法或净利润法。事实上，如果外商投资企业的产品最终在国内市场上销售，其营销活动对无形资产有增值作用，所以运用剩余利润分割法更加可行。

【资料来源】

[1] 陈东，李俭. 使用转让定价方法确定独立交易价格时应注意的问题[J]. 涉外税务，2009.

[2] 王静波. 外商投资企业转让定价的税收问题研究[M]. 经济科学出版社，2008.

美国诉欧盟计算机设备关税税目分类案

1. 背景知识

国际对于关税的保护措施有很多种,当世界上主要国家普通提高关税和加强非关税壁垒时,不仅和谐国家的进出口商品的数量要减少,而且由于相互影响、相互作用的结果,将进一步使进口商品的数量减少,影响国际贸易的发展。在其他条件不变的情况下,世界主要国家关税税率的证件程度或非关税壁垒的加强程度与国际贸易的发展速度呈反比关系。

由于关税措施具有较高的透明度,不像其他措施那样具有金币性和任意性,便于其他国家和交易主体辨明保护的程度,容易体现不歧视原则,因此,在国际WTO法律框架内被允许作为唯一的保护措施,但是同时也被要求应当逐步削减。各国对于关税削减的承诺体现在关税减让表中,缔约方受关税减让表中的内容约束,不得随意改变。

于是在本案中具体设计同一产品,由于在关税税则上分类的变化,就会缴纳数倍于原税率的关税,一个成员方是否可以不给予任何解释,而将同一种产品划到税率高得多的分类中。

2. 案情和事实

乌拉圭回合结束之时,欧盟将自动信息处理器及其组件、磁性或光谱扫描仪、刻录机、信息处理机以及其他设备(即 ADP 设备)在《1994 年关税与贸易总协定喀什议定书》的减让 IXXX 中规定的税目 87.711,其约束率为 2.5%(从当时的基本税率 4.9% 降至该约束税率)等,1995 年 5 月,欧盟通过法规,把局域网设备作为电子通信设备分类在税目 85.17,并按电子通信设备实行征税,而当时的英国和爱尔兰一般把局域网设备作为 ADP 设备征收关税,个人电脑也归入 ADP。

美国认为欧盟对上述计算机设备的重新分类使美国的相关商品所受的待遇低于欧盟在减让表 IXKX 中承诺的待遇，欧盟违反了 GATT 1994 第 2 条的规定。1996 年 11 月 8 日，美国根据 WTO《关于争端解决的规定与程序的谅解》（DSU）第 4 条和 GATT 1994 第 22 条第 1 款，要求与欧盟进行磋商。1997 年 1 月 23 日，双方进行了磋商，但是未达成双方都满意的结果。

1997 年 2 月 11 日，美国请求成立专家组。1997 年 2 月 14 日，美国又分别提出英国、爱尔兰进行磋商，内容涉及局域网设备和多媒体个人计算机关税税目分类的问题。2 月 24 日，英国和爱尔兰正式答复美国，决定不再与其进行磋商。3 月 20 日，争端解决机构决定由已经成立的专家组合并审理这三项投诉。1998 年欧盟提出撒谎那个数，1998 年 6 月 5 日，上述机构提交报告，推翻了专家组报告中部分内容。1998 年 6 月 22 日，DSB 通过了上述机构报告和经上诉机构修正的专家报告。

3. 争议问题

（1）美国应在乌拉圭谈判中澄清局域网设备在欧盟如何分类。
（2）欧盟是否有权利使产品受到待遇低于其在关税减让表中所中承诺的待遇？
（3）税减让过程中双方的义务关系。

4. 分析和评述

通过关税减让达到国际贸易自由化是《关税与贸易总协议》的最初宗旨，因为在《关税与贸易总协定》序言中开宗明义的指出：缔约方在处理他们的贸易和经济事业的关系方面，应以提高生活水平、保证充分就业、保证实际收入和有效需求的巨大持续增长为目的，为此缔约方应达成协议，通过大幅度的削减关税和其他贸易障碍，取消国际贸易中的歧视待遇。

本案例涉及的同一种产品，由于在关税税则上分类的变化，就会缴纳数倍于原税率的关税。本案的问题在于，一个成员方式是否可以不给予任何解释，而将同一种产品划到税率高得多的分类，本案专家组在确定这一问题时使用了出口方"合同预期目标"的标准，也就是以出口方在关税谈判时可以合理预期某一种产品应当被分在某一类作为目标，而且专家组还认为，在双方对关税减让的范围进口方澄清其减让表的范围使用这样的标准，出口方只需要证明其"合理预期"的理由，而进口方有义务证明为什么出口方的预期目标不是"合理"的，矩阵责任主要在进口方，出口方一般都可胜诉。

欧盟将局域网设备分类在电子通信设备中，使该产品所售待遇低于其在关税减让表中所中承诺的待遇，不符合 GATT 第 2 条 1 款的规定。欧盟要求专家组驳回美国的请求，因为美国的指控不够具体，美国提出的局域网设备过笼统，也未指明指控的具体措施，欧盟并引用了"香蕉案"中的观点来支持自己的主张。而专家组认为，"香蕉案"不适用于本案，因为，产品为局域网所有设备和措施是指欧盟各成员海关针对局域网设备，包括计算机、电视的所有措施，根据《维也纳条约法公约》第 31 条和第 32 条的规定进行，即条约应依其用于按上下文并参照条约之目的及宗旨说具有之通常意义，善意的进行解释。如果一个出口成员有理由预期某个产品得到特定的关税待遇，就没有必要去澄清，因为这样会引起双方之间的不信任，使实际运作更加艰难，从而与关税谈判的目标和宗旨相违背。此外，减让是进口方提出的，应当由进口方澄清其减让表的范围才合情理，为了支持专家组的观点，专家组引用了"意大利提高约束关税案"和"加拿大新闻纸案"中专家组意见，进一步确认澄清关税的责任在进口队而非出口队。

基于上述分析，上述机构最终的裁定主要内容包括：①维持专家组关于美国成立专家组的请求到 DSU 第 6 条第 2 款的要求；②推翻专家组关于美国有权"合法预期"局域网设备会作为 ADP 设备征税，欧盟没有给局域网设备以不低于减让表 LXXX 所规定的待遇，违反了 GATT 第 2 条第 1 款的裁定；③推翻专家组关于美国没有义务澄清欧盟对局域网设备关税减让范围的裁定。

通过本案，我国得到了很大的启示：①关税减让表作为 GATT 组成部分，对 WTO 成员有约束力，对于已经明确入关税减让表中的产品，任何一个成员不得擅自改变其分类和税率，否则就是违反了 GATT 第 2 条规定的义务。②WTO 成员可以在一定的条件下通过与主要供货利益者进行谈判方式修改关税减让表。如上所述，减让表原则上不得通过修改提高统一产品的税率，这也是贸易自由化要求，因此若修改提高税率或撤回，则主要供货者等有权采取单方面获得补偿。③GATT 规定的关税减让在一定的条件下有例外规定：关税减让的修改和撤回；对发展中国家成员关税减让的优惠；游离于关税减让之外的产品及服务；GATS 对承诺表的修改和撤回等。

【资料来源】
韦经健，王彦志. 国际经济法案例教程 [M]. 北京：科学出版社，2005.

国际税收无差别待遇争议

1. 背景介绍

税收无差别待遇指一国政府给予本国境内的外国人以等同于本国人的税收待遇，不加歧视。税收无差别待遇是国家间签订国际税收协定中的一项特别规定条款，是处理国家间税收分配关系的一条重要原则。

其具体要求是缔约国一方的公司或个人，在缔约国另一方负担的税收和有关条件，不能比缔约国另一方的国内公司或个人在相同情况下负担的税收和有关条件不同或更重。

税收无差别待遇一般指以下4个方面：

（1）国籍无差别。即不能因为纳税人的国籍不同，而在税收负担上有差别。

（2）常设机构无差别。即缔约国一方企业设在缔约国另一方的常设机构，其税收负担不应高于缔约国另一方从事同样经营活动的企业。

（3）支付无差别。即缔约国一方在确定、计算本国企业利润时，对其支付给缔约国另一方居民的利息、特许权使用费等款项，应与在相同条件下支付给本国居民一样看待，都应作为费用进行扣除，以保证不因支付对象居民身份不同而给予差别待遇。

（4）资本无差别。即缔约国一方不能因本国某个企业的资本为对方国家的企业或个人所拥有或控制，而给予比本国其他企业不同或更重的税收负担或有关条件。

实行税收无差别待遇的税种范围，在经合发范本和联合国范本中均提出应包括各种税，但有些国家认为只应包括所得税。

2. 案情介绍

A国与B国订立的《避免双重征税协定》中规定："缔约一国不应对另一国的产品征收任何形式的超过国内类似产品直接或间接承受的国内税负，不论其为直接或间接。"在税收协定签订后 6 个月，A 国政府决定对汽车征收特别消费税，但是计算方法依汽车是本国生产还是进口有所不同，国产汽车以出厂价作为计税依据，而进口汽车按出厂价加一定的比例税率征收附加税。A 国是 B 国汽车的主要进口国，由于该特别消费税的征收，致使 B 国汽车出口数量下降。B 国因而向 A 国发函，认为 A 国违反了双方间的税收协定，要求 A 国立即取消对进口汽车的歧视待遇。双方因此发生争议。

3. 问题焦点

本案例涉及的主要法律问题是：税收的无差别待遇以及 A 国的立法是否构成了对进口汽车的歧视待遇？

4. 分析与评论

根据 A 国与 B 国间的税收协定，双方互相给予对方产品无差别待遇。在国际税法领域中，最主要的原则就是征税公平。这一原则是世界各国一致同意的。各个税收协定和《经济合作与开发组织范本》及《联合国范本》中的"无差别待遇"条款，就体现了征税公平的原则。"无差别待遇"，即反对税收歧视，是指缔约国一方国民在缔约国另一方负担税收或有关条件，不应与该缔约国国民在相同的情况下负担或可能负担的税收或有关条件有所不同或比其更重。无差别待遇也应适用于不是缔约国一方或双方的居民。无差别待遇是国际税收协定的一项主要内容。

税收上的"无差别待遇"衍生于国际法上的"国民待遇"原则，其目的是使对方的国民和本国的国民能够在同等的税负下从事经济活动，以便在平等的基础上竞争。无差别待遇的运用范围，按照《经济合作与开发组织范本》和《联合国范本》，应当包括各个税种，但许多国际税收协定都只限于所得税。由于"无差别待遇"直接关系到跨国投资者在东道国所享受的税收待遇，因此，发达国家对此都十分关注；同时，对发展中国家来说，只有实行无差别待遇，才有利于吸引外资，所以，在许多国际税收协定中，都列入了无差别待遇的条款。税收的无差别待遇原则并不是绝对的。也就是说，对相同或类似产品适用不同税率并非必然构成税收歧视。国家有权按一定的标准适用不同的税率，只要其可以证明使用这项标准是合理的、客观的，与当事人居民身份无关，不构成对来自其他国家的进口产品任何直接或间接的歧视，同时也不是保护国内和竞争产品，那么，这种做法并不违反税收协定的"无差别待遇"原则。

税收的无差别待遇原则往往只涉及相同或类似的产品。所谓"类似产品"指从消费者的角度来看，可以满足相同的需要，所以，在适用税收的"无差别待遇"原则时；并不要求适用不同税率的产品和性质完全一样，而只要求它们具有类似或可比的用途。国际税收除无差别待遇、国籍无差别待遇外，还包括常设机构的无差别待遇，支付的无差别待遇、资本的无差别待遇以及征税程序上的无差别待遇等。

在本案例中，A国政府认为其立法并未构成对外国产品的歧视待遇。因为外国出口商往往给进口商一定的价格优惠，以弥补其在国内的销售等费用。因而需要对进口汽车征收较高的税负以抵消进口商的利润。但是，B国政府指出出口商给予进口商一定优惠，以弥补其在国内发生的费用是正常的，国际上通行的做法是不把这种优惠计入进口商的利润。因而A国的征税标准不合理，构成了对外国汽车的歧视，违反了其所承担的无差别待遇义务。由于A国无法拿出充分的证据证明其征税的客观性、合理性，在B国的强烈要求下，A国不得不修改该特别消费税法。

【资料来源】

汤树梅，赵秀文，董安生. 国际经济法案例分析 [M]. 北京：中国人民大学出版社，2006.

外国公司办事处所得税案件

1. 案件介绍

美国 A 公司在中国北京设有销售办公处 B（以下简称 B 办事处），并作为 A 公司在中国制造和销售的营业基地。在 B 办事处设立经营一段期间后中国税务部门与 A 公司驻 B 办事处的常驻代表就 B 办事处的所得税登记与缴纳问题发生争议。A 公司代表提出：A 公司为美国注册公司，而 B 办事处仅为 A 公司的驻外机构，不具有独立纳税主体地位，B 办事处的所得应纳入 A 公司的所得，并应向美国的税务机关按其所在国税率缴纳。而中国税务部门则提出：B 办事处虽非中国法人，但中国税务部门对其收入所得也具有税收征管权，该办事处在中国的所得税缴纳不影响美国税务机关的税收管辖权，也不影响 A 公司的缴税利益。双方就此发生一系列争议或不同意见。

2. 问题焦点

本案例法律问题是，在本案例争议中，如果税务机关对 A 公司下属 B 办事处具有税收管辖权，其根据是什么？本案例争议中的 B 办事处具有何种税法上的地位？在本案争议中，A 公司实际性的所得税分配情况如何？

3. 评价和分析

根据中、美两国的法律和双边协定，中国的税务机关和美国的税务机关对于 A 公司 B 办事处的收入所得均具有税收管辖权。在国际投资税收中，多数国家均确认居民税收管辖权和收入来源地税收管辖权两种税收管辖原则。在本案中，我国税务机关根据收入来源地原则对 A 公司 B 办事处在中国所形成的收入来源中的净所得有权依法征收所得税；美国的税务部门则根据法人住所地或注册地原则对 A 公司（包含 B 办事处）所形成的收入所得依法征收所得税。各国税法对于跨国企业或企业的跨国所得均主张居民税收管辖权和收入来源地管辖权，这是形成税收管辖权冲突和双重征税可能的根源。但是在有关国际条约或协定的调整下，相关国家间的税收管辖权实际已按对等原则得到了协调和承认，从而基本上消除了双重征税的可能。

尽管 A 公司在中国设立的 B 办事处不具有法人地位和独立的核算地位，但亦属于中国涉外税法上的"常设机构"，中国税务机关有权对该类外国公司常设机构在中国形成的收入来源中的净所得征收所得税。根据中、美两国关于避免双重税收协定和经济合作与开发组织关于避免双重税收示范公约的规定，常设机构又称为"永久性营业地"，它是指投资母国企业在投资东道国设立的有固定的营业场所的稳定营业的经营机构，包括管理场，分支机构，办事处，工厂，作业场所，矿场，油井或气井，采石场等其他开采自然资源的场所，建筑工地，建筑，装配或安装工程等。在国际税法中，构成常设机构实际上是东道国行使收入来源地税收管辖权的基本根据：按照多数国家的税法和国际税收协定，对于常设机构的所得税征收以收入来源地国家的管辖权为优先，投资母国的居民税收管辖权实际上按抵免制行使，许多投资母国基于鼓励政策甚至放弃对常设机构的所得税征收。

我国税法和中、美两国关于避免双重税收的协定，在排除了 A 公司及 B 办事处享受税收优惠（即不属于减免税范围）的条件下，我国税务机关有权依法对 B 办事处在中国形成的收入来源中的净所得部分按 33% 征收所得税，并出具纳税证明：美国税务机关在对 A 公司计算征收所得税时，应当对 B 办事处在中国已缴纳的所得税扣除，视同为已在其本国缴纳。

【资料来源】

龙英锋. 国际税法案例教程 [M]. 上海：立信会计出版社，2011.

参 考 文 献

[1] Caroline Delisle Klepper. The Convention for the International Sale of Goods: A Practical Guide for the State of Maryland and its Trade Community, 15 MD. [J]. Int'L. & Trade 235, 237 (Fall 1991)

[2] Richard M. Lavers. Contracts for the International Sale of Goods. 60 – Nov. Wis. B. Bull. 11. 11 – 12 (November 1987)

[3] 安丰雷. WTO《反倾销协议》第17.4条解析——从"危地马拉水泥案"到美国《1916年反倾销法案》[J]. 当代法学, 2003 (3).

[4] 伯尔尼联盟. 保护文学艺术作品伯尔尼公约, 1992 (7).

[5] 曾皓. ICSID与解决国际投资争端 [J]. 湖南工程学院学报, 2013 (13卷03期): 26 – 30.

[6] 陈安. 国际经济法学刊 [M]. 北京: 北京大学出版社, 2006.

[7] 陈安. 国际投资争端仲裁 [M]. 上海: 复旦大学出版社, 2001.

[8] 陈晶莹. 国际贸易法案例详解 [M]. 北京: 对外经济贸易出版社, 2002.

[9] 陈俊红, 孙东升. 美欧诉WTO转基因农产品争端案及对中国的政策启示 [J]. 国际贸易, 2008 (1).

[10] 邓宏光, 周园. 网络商标侵权的新近发展 [J]. 重庆社会科学, 2008 (5).

[11] 付仲文, 李宁. 美欧转基因农产品争端诉WTO案例分析 [J]. 世界农业, 2008 (3).

[12] 龚柏华, 王星. 国际商务研究 [J]. 上海对外贸易学院学报, 2006 (3).

[13] 郭寿康, 赵秀文. 国际经济法 [M]. 北京: 中国人民大学出版社, 2012.

[14] 国家保护知识产权工作组. WTO知识产权争端解决机制及案例评析 [M]. 北京: 人民出版社, 2008.

[15] 韩立余. 国际经济法学原理与案例教程 [M]. 北京: 中国人民大学出版社, 2010.

[16] 韩立余. 国际经济法原理与案例教程 [M]. 北京: 中国人民大学出版社, 2006.

[17] 侯鲜明. 美欧之间转基因产品贸易争端与启示 [J]. 对外经贸实务, 2007 (6).

[18] 江保国. WTO 转基因农产品贸易争端第一案述评 [J]. 法商研究, 2007 (5).

[19] 雷奥古斯特. 国际商法 [M]. 北京：机械工业出版社, 2010.

[20] 李福来. 浅析国际投资中间接征收的认定：以平安公司诉比利时政府案为例 [J]. 法制与社会, 2013 (4)：55-56.

[21] 李树建. 论商标侵权行为认定中的混淆标准——最高人民法院 (2009) 民三终字第 3 号判决评析 [J]. 知识产权, 2012 (6).

[22] 李轩. 论 CISG 中的风险转移 [J]. 经济与法, 2013 (7) 下.

[23] 梁咏. 我国海外投资之间接征收风险及对策——基于"平安公司—富通集团案"的解读 [J]. 法商研究, 2010 (1)：12-19.

[24] 林一飞, 张亮. 国际贸易法律与诉讼仲裁实务 [M]. 北京：对外经济贸易大学出版社, 2010.

[25] 龙英锋. 国际税法案例教程 [M]. 上海：立信会计出版社, 2011.

[26] 罗晓霞. 商标权的双重属性及其对商标法律制度变迁的影响 [J]. 知识产权, 2012 (5).

[27] 吕亚芳. 中国企业海外投资纠纷的现状与反思 [J]. 经济体制改革, 2014 (5)：143-147.

[28] 苗迎春. 中美经贸摩擦研究 [M]. 湖北：武汉大学出版社, 2009.

[29] 潘晓宁. 商标权限制制度比较研究 [D]. 上海：华东政法大学, 2010.

[30] 彭岳. 国际投资中的间接征收及其认定 [J]. 复旦学报（社会科学版）, 2009 (2)：64-72.

[31] 屈广清. 反倾销法律问题研究——高等院校文科教材 [M]. 北京：法律出版社, 2004.

[32] 谭华霖. 知识产权权利冲突论纲 [D]. 北京：中国政法大学, 2007.

[33] 汤树梅, 赵秀文, 董安生. 国际经济法案例分析 [M]. 北京：中国人民大学出版社, 2006.

[34] 王贵. 从 Saipem 案看国际投资法的问题与走势 [J]. 中国政法大学学报, 2011 (2)：48-57.

[35] 王彦志. 国际投资争端解决的法律化：成就与挑战 [J]. 当代法学, 2011 (3)：15-23.

[36] 韦经建, 王彦志. 国际经济法案例教程 [M]. 北京：科学出版社, 2005.

[37] 吴汉东. 知识产权基本问题研究 [M]. 北京：中国人民大学出版社,

2005.

[38] 武长海. 应对国外知识产权摩擦: 全民进行时 [J]. 国际贸易, 2006.

[39] 徐崇利. 国际投资中的间接征收及其认定 [J]. 复旦学报（社会科学版）, 2009（2）: 64 – 72.

[40] 徐崇利. 利益平衡与对外资间接征收的认定及补偿 [J]. 环球法律评论, 2008（6）: 28 – 41.

[41] 许春明, 单晓光. 中国知识产权保护强度指标体系的构建及验证 [J]. 科学学研究, 2008（4）.

[42] 杨桢. 英美契约法论 [M]. 北京: 北京大学出版社, 2007.

[43] 叶全良, 韦琦, 陈瑶. 国际商务与保障措施 [M]. 北京: 人民出版社, 2005.

[44] 尹佳妮. 美日商标制度比较及对我国的启示 [J]. 法制与社会, 2008（34）.

[45] 应瑞瑶, 沈亚芳. 美欧转基因产品贸易争端原因分析及对我国的启示 [J]. 国际贸易问题, 2004（5）.

[46] 于洪丽. 中国贸易安全现状研究 [D]. 北京: 首都经济贸易大学, 2011.

[47] 余敏友, 席晶. 论 WTO 争端解决机制中的证据规则（下）[J]. 法学评论, 2003（11）.

[48] 余先予. 国际私法学 [M]. 北京: 中国财政经济出版社, 2004.

[49] 张丽英. 国际经济法教学案例 [M]. 北京: 法律出版社, 2004.

[50] 张乃根. 试析 WTO 争端解决的法律约束力 [J]. 复旦大学学报（社会科学报）, 2003（11）.

[51] 张强, 孙秋玉, 周泳. 国际投资纠纷与预防案例分析 [M]. 山西: 山西经济出版社, 1996.

[52] 张瑞萍, 高国柱. 国际经法教程 [M]. 北京: 对外经贸大学出版社, 2008.

[53] 张学森. 国际商法 [M]. 上海: 上海财经大学出版社, 2007.

[54] 郑成思. 反不正当竞争——知识产权的附加保护 [J]. 科技与法律, 2003（4）.

[55] 周汉民. 融入世界经济: 入世五年来中国外经贸发展的成就与问题 [J]. 世界贸易组织动态与研究, 2007（2）.

[56] 祝建军. 对在先使用商标不侵权抗辩是否成立的思考——从两则案例出发 [J]. 知识产权, 2011（3）.

出 版 说 明

本书作者对相关企业管理情况的分析、评议，不代表出版方的立场和观点。未经本书作者和出版方同意，严禁转载本书中的内容。

本案例撰写者对案例中所涉及的企业情况及数据来源的可靠性、真实性负完全法律责任，由此而引起的法律纠纷与出版方无关。